广州市教育科学"十二五"规划课题"教育信息技术与高中政治学科教学有效整合的实践研究"
（编号：1201542848）

广州市教学成果培育项目"教育信息技术与思想政治课教学融合的生态课堂模式"（编号：201982209）

广东省教育科学"十三五"规划"强师工程"项目"云智能翻转课堂促进思想政治课深度学习的实践研究"
（课题批准号：2020YQJK025）

信息技术与高中思想政治教学融合下的生态课堂

骆霞 ◎ 著

广东高等教育出版社
Guangdong Higher Education Press
·广州·

图书在版编目（CIP）数据

信息技术与高中思想政治教学融合下的生态课堂/骆霞著. —广州：广东高等教育出版社，2022.3

ISBN 978-7-5361-7231-9

Ⅰ. ①信… Ⅱ. ①骆… Ⅲ. ①政治课－课堂教学－教学研究－中学 Ⅳ. ①G633.202

中国版本图书馆 CIP 数据核字（2022）第 274955 号

XINXI JISHU YU GAOZHONG SIXIANG ZHENGZHI JIAOXUE RONGHE XIA DE SHENGTAI KETANG

出版发行	广东高等教育出版社
	地址：广州市天河区林和西横路
	邮政编码：510500　电话：（020）87551436
	http://www.gdgjs.com.cn
印　刷	广州市友盛彩印有限公司
开　本	787 毫米×1 092 毫米　1/16
印　张	17.25
字　数	319 千
版　次	2022 年 3 月第 1 版
印　次	2022 年 3 月第 1 次印刷
定　价	45.00 元

序一：每一个时代的学习文化都有其独特的技术指纹

胡小勇[①]

党的十八大以来，学校教育围绕"培养什么人、怎样培养人、为谁培养人"这一根本问题，推进教育改革。在教育实践中，我们坚持把立德树人作为根本任务，坚持深化教育改革创新，努力构建德智体美劳全面培养的教育体系，形成更高水平的人才培养体系，着重培养创新型、复合型、应用型人才。

2019年3月18日，习近平总书记在全国学校思想政治理论课教师座谈会上发表重要讲话时提出："我们办中国特色社会主义教育，就是要理直气壮开好思政课，用新时代中国特色社会主义思想铸魂育人，引导学生增强中国特色社会主义道路自信、理论自信、制度自信、文化自信，厚植爱国主义情怀，把爱国情、强国志、报国行自觉融入坚持和发展中国特色社会主义事业、建设社会主义现代化强国、实现中华民族伟大复兴的奋斗之中。"思想政治课承载着非常重要的育人任务，是实现立德树人根本任务的关键课程。思政课教学既有一般意义上的教学的共性，又有其独特的育人价值和学科特性。思想政治课教师是铸魂育人、启智润心的主力军，他们使命光荣，责任重大。

随着互联网时代、大数据时代的来临，现代信息技术大大提高了社会生产力的发展速度，对社会生活方式和社会结构产生了深刻的影响。信息技术的飞速发展，带来了丰富的全球资讯与海量的资源。课堂教学引入信息技术后，相对于传统课堂教师平铺直叙的口述和板书，信息技术将图片、录音、视频、文字等多种形式应用于课堂教学活动中，图、文、声、像并茂，通过

[①] 胡小勇，华南师范大学教育信息技术学院副院长，教授、博士生导师、教学名师。

生动、直观的展示和师生互动，通过视觉等感官冲击，增强课堂表现力和教学感染力，激发学生的兴趣，开拓学生的发散思维能力，实时评价学生的学习效果，对学生开阔认知视野、拓展知识广度和促进教学评价具有重大意义，增强了课堂教学的丰富性、互动性和实效性。信息技术和思想政治课教学的融合，推动了课堂教学改革创新，不断增强思想政治课的思想性、理论性和亲和力、针对性，促进学校思想政治课高质量发展。

骆霞老师坚持自己的教育理想，是学生、家长和学校可信、可敬、可靠的乐为、敢为、有为的思政课教师。在教育教学中，她积极运用现代信息技术等手段建设生态课堂、智慧课堂，采用案例式教学、探究式教学、体验式教学、议题式教学等多种教学方式，实现"教学内容、教学目标、教学载体"的有机统一，取得了积极成效。

生态课堂、智慧教育之所以成为教学改革的潮流，是因为基础教育还普遍存在以教师为中心和以讲授为主的传统教学方式，学生被动学习，兴趣不高，效率较低。实施课堂教学改革，积极发挥信息技术的作用，创建新型的教学模式，促进了教学方式变革，重构了学生的学习流程，突出了学生的主体地位，催生了新型教学工具，助力了教学内容创新，对思政课教学结构中四个要素的地位和作用产生了深刻影响，延伸了传统课堂的教学空间，有利于学生高阶思维训练和创新能力培养，促进深度学习，提升教学质量。

《信息技术与高中思想政治教学融合下的生态课堂》一书，是骆霞老师在其先后主持广州市教育科学"十二五"规划课题"教育信息技术与高中政治学科教学有效整合的实践研究"、广州市教学成果培育项目"教育信息技术与思想政治课教学融合的生态课堂模式"和广东省教育科学"十三五"规划课题"云智能翻转课堂促进思想政治课深度学习的实践研究"驱动下，通过探索信息技术与思想政治教学融合的生态课堂、智慧课堂所取得的成果，是她任教20年来对高中思想政治课教学的探索和创新，是她长期研究生态课堂、翻转课堂、智慧教育的结晶。

骆霞老师的这本著作是其结合自己的教学实践而开展的课题研究成果。该书系统地阐释了信息化教学环境下思想政治生态课堂的理论基础、内涵实质、现实依据、组成要素、基本特征、实现途径等，梳理了信息技术与思想政治教学融合的生态课堂教学模式的实施程序、操作实践、课程结构，重点分析了信息技术与思想政治教学融合的生态课堂翻转实践和应用模式。骆霞老师将信息技术融入思政课的教学目标、教学方法、教学准备、教学过程和教学反馈等环节中，创造了一种新型的教学环境，使课堂更加生动灵活、教学更有针对性、学生的学习方式更便捷、学习效果更佳，发挥了教师"教"的积极性和学生"学"的主动性。

每一个时代的学习文化都有其独特的技术指纹。在数字化时代，智能技术等新技术将成为新时代的强势知识和生存技能。智能技术等新技术的发展，需要人们更加关注思维的发展和关键问题的解决。智能技术等新技术引发教与学文化的变革，促进教育场景的转变升级。教师需要站在当下看待世界、看待未来，了解并掌握人工智能相关技术和知识。

2020年新冠肺炎疫情暴发，催生了新的教学方式和学习方式。技术可以助力教育教学，但是技术代替不了平凡的教学。人和技术完美结合才能办好人民满意的教育。因此，只有始终坚持人本思想，才能正确认识并充分发挥信息技术的作用。相信本书的出版，有利于学校总结课堂改革经验，扩大同行间的交流，对思想政治课教师具有专业指引和示范作用。

序二：应用现代信息技术提炼教育主张

陈吉君①

记得教育部原部长陈至立曾经指出，现代信息技术是当代教育改革的制高点。于是，我国在20世纪末开始了从基础教育到高等教育的教育现代信息技术理论学习与实践探索，其用语也经历了"应用"—"整合"—"融合"的变化历程。

现代信息技术在我国教育领域用语的变化历程，不仅表明信息技术对推动教育变革的巨大作用，而且体现了我国教育工作者不断探索、不断反思与不断改进的进取精神。

社会生活的本质是实践，教育教学活动也是如此。再好的理论，如果不能为实践服务，那必定没有生命力。同理，再好的实践，如果不能将其上升为理论，那必定没有广延性。

把现代信息技术理论和学科课程教学实践有机结合，在学科课程教学中自觉应用现代信息技术，在应用现代信息技术进行学科课程教学的过程中不断总结、提炼自己的教育主张，是教师实现自我专业梯度发展的一种非常好的方式。我认识的骆霞老师就是这样实现自我专业梯度发展的。

我们的相识是从短信和电子邮件的交流开始的，后来是QQ通信，现在是微信联系。我们讨论的话题关键词的变化也和前面说到的现代信息技术在教育领域中的用语变化是一致的，也经历了"应用"—"整合"—"融合"的变化历程。这也体现了骆霞老师自身专业的梯度发展。

骆霞老师自身专业的梯度发展过程，也是她在高中思想政治课教学中不断探索现代信息技术应用的过程。她一边实验，一边思考。其应用实验与思考的成果都凝练和体现在本书里。这不仅给她的高中思想政治课插上了翅膀，也展示了现代信息技术与学科课程教学融合理论的广延性。

---

① 陈吉君，广州市第七中学正高级政治教师。

  骆霞老师作为真正一线的高中思想政治课教师，具有积极学习教育改革前沿理论并在自己的课堂教学中大胆应用的勇气，这体现了她抢占教育改革制高点的进取精神。更为重要的是，她能对自己的课堂教学与现代信息技术融合的探索过程进行反思，并将其升华为较系统的哲学性教育主张，与广大一线思想政治课教师分享，从而使她的探索更具有生命力。

序三：把课堂的学习权、发展权还给学生

何 亮[①]

骆霞老师的学术专著完稿，嘱我指正并作序，我欣然应允，但拖了半年才匆匆下笔。一来生性懒散、办事拖沓，许多事直到最后一刻才肯动手；二来对教育信息技术实在不熟，不敢妄语。说来惭愧，对于日新月异的信息技术，我一直心存敬畏，虽然也懂一些基本运用技术，但对更高更新的技术从来不敢触碰。2022年新冠肺炎疫情期间，上级要求线上教学，我们只好硬着头皮开展网络授课，刚开始自然是错漏百出乃至贻笑大方，久之便领略到了线上教学的神奇和现代信息技术的魅力。"禁足"期间逛游网络，我无意间发现某网站可免费下载数字图书，于是迫不及待地下载了数百部向往已久的学术名著，并从此爱上了奇妙的数字阅读。我的这段经历或许可以说明：信息技术并不神秘，关键在于决心和勇气，只要不存偏见，任何人都可以学习和使用。中老年教师要虚心向年轻人学习，不断提高媒介素养。在传统教育中浸淫成长的教育主导者，一定要顺应时代潮流，满腔热情地拥抱现代教育技术。

上好课的前提是了解学生。现在的大中学生成长于数字时代，是名副其实的"网络原住民"。他们很早就接受信息技术教育，能熟练地从网络中获取和加工信息，惯于使用互联网休闲娱乐，在广泛的社会交往中形成多元价值观。可是，对于"00后"一代人，我们过去研究关注的并不多，尤其对他们学习思想政治课的心理和行为模式都知之甚少。新课改20年来，为了提高教学效率，各地思想政治课教师通过努力，探索出各种教学手段和教学模式并取得一定成效，但从总体上看，我们的投入与产出比率并不理想，思想政治课仍被许多学生列为"最不喜欢的课"之一。究其原因，主要在于我们没有真正了解数字化时代的学生，不能充分发挥学生的主体性，教学内容

---

① 何亮，华南师范大学哲学与社会发展学院副教授、硕士研究生导师，教学名师。

陈旧，教学途径单一，教学手段落后。

骆霞老师立足广州大同中学实际，坚持"以人为本，激发人的潜能，尊重师生的发展需求"的生态教育理念，在认真钻研现代教育技术的基础上，结合思想政治学科特点，探索出"信息技术与高中思想政治教学融合的生态课堂"模式。该模式充分利用现代教学媒体营造教学环境，构建新的教学结构和评价标准。教师把课堂的学习权、发展权还给学生，这对于提高学生的学习兴趣、改善学习效果、提升学习成绩以及培育学科素养等具有积极的促进作用。本模式为思想政治课教学方式的转变提供了有价值的参考，值得同行借鉴学习。

前　　言

我国传统教学在行为主义教学理论和学习理论的指导下，重视课程的系统性和知识的连贯性，具有教学效率高、受众广等优势。学生和教师、学生和同伴之间面对面的实时交流对于培养学生的合作精神、道德意识和社会责任感，驱散学习孤独感具有明显优势。但在传统课堂教学中，教师常常基于经验的教学预设去讲，学生则主要是听，课堂上实行同一步调的学习进程，教学差异性难以体现。学生在完成课后作业时，遇到困难无法自己解决。教学评价滞后，重结果轻过程，主要采用终结性评价。

教师独白式、单向度的话语抹杀了学生的兴趣和热情。重知识获取的碎片化和学习的广度，轻学习的深度挖掘，教学反馈凭经验，难以鉴别学生的学习效果，评价手段单一、唯分数论、重终结性评价等弊端依然存在。

随着时代的进步和社会的发展，我们更加重视学生的深度学习、个性化发展与综合素质的提高。新技术让知识的传授变得更加便捷，教师应把重心放在学生对知识的理解与内化吸收上。因此，为了应对大数据、人工智能等技术带来的人才需求和教育形态的变化，需要改变传统教学模式。要实现上述目标，离不开信息技术与课程的融合创新。

目前，信息技术与学科整合从应用整合阶段转向深度融合阶段。信息技术如何发挥积极的作用有待进一步挖掘。变革课堂教学结构，实现课堂教学系统四个要素（即教师、学生、教学内容和教学媒体）地位与作用的改变有待深入研究。我们依托广东省教育科学"十三五"规划、广州市教育科学"十二五"规划课题研究和广州市教学成果培育项目研究，实现了重课堂教学形式的多样化、轻教学结构的改变，解决了重知识获取的碎片化和学习的广度、轻学习的深度挖掘和重技术实现、轻教学评价研究的问题。创建了新

的教学模式,提出了新的实现途径,变革了教学结构,创新了师生评价方式,提高了学生的学习兴趣,促进了学生深度学习、个性化发展与综合素质的提高,培养了学生的思政课核心素养,实现了学生、教师、家长三方互动,评价走向"数据主义"和"即时反馈"。重参与、重互动、重思维、重生成;教师乐教、善教、精准评价;学生乐学、善学、评价促学。具体表现在下面几个方面:

一是创建了新的教学模式。探索"信息技术与高中思想政治教学融合的生态课堂教学模式",在自主学习、合作探究、先学后教、以学定教的教学理念指导下,在学案导学的基础上,以翻转课堂的微课视频作为教学材料,以多媒体学案作为学习的导航,在议题引领下创设问题情境,设置议学任务,生成学科知识。在整个教学过程中,信息技术、网络环境、学案等被融合进学生学习的全过程。

在云智能翻转课堂教学范式下,借助"慧学君"教学平台(其他实验学校使用希悦开放平台、睿易互动教学云平台、希沃易课堂等),构建"云智能翻转递进式课堂",通过学生平板电脑即时反馈投票、随机抢答等方式,创造活泼的课堂气氛,拓展学生的思维空间,形成有价值的信息反馈教学、动态调整教学。采集学生在不同教学场景的学习数据,准确定位学生的知识短板,收集学生的学习档案,借由数据诊断学习难点和弱点并提供补救学习方案,推送个性化教育教学资源,加强家校交流互动,提高教学有效性,全面提升课堂教学效率。

二是提出了新的实现途径。教室座位布局大胆革新,采用组块型排列方式。增进互动,促进课堂人际交往,形成平等融洽的人际关系。采用多种多样、丰富多彩的教学方法进行各种简单与复杂、单向与双向、直接与间接、多方面和多层次的交往,使课堂呈现多样化的特征。

三是构建了新的教学结构。应用教育信息技术工具,开展以"自主—探究—合作"为标志的教与学的活动,构建数字化环境下"以学生为中心、以学习为主线、教师提供学习支架"的课堂教学结构。

四是改革了教师学生评价标准。提出评价一堂好课的标准是看"教师之导""学生之学"和"课堂之得"三个维度。完善学生"星级"评价体系,打破唯分数评优秀的标准,教师对学生的实际水平与课堂上在小组中的表现仔细观察和深入了解,从学习能力和交流与合作两大方面进行评价。

五是创设了新的课型模式。包括课堂多媒体教学环境的情境探究模式、项目式学习模式、网络环境下协作模式、翻转课堂递进式模式、微信移动在线辅导模式和在线翻转议题式教学模式。

六是促进了学生深度学习。强调基于问题与合作的议题式教学,开展辨析式学习方式,提升学生思维品质,探索构建一种能有效促进学生课堂深度学习的情景,以规避浅表化教学倾向,培养学生的高级思维、批判性思维和创新意识与解决问题的能力。

七是实现了学生、教师、家长互动。教师根据学生学习情况及时、有针对性地调整教学进度和教学内容,为分层教学提供科学依据,提高课堂教学效率。改变教学时空限定,学生可以随时随地观看微课视频、导学案、课件和教学视频等学习资源,满足学生个性化学习需要。家长可以通过家长端实时查看孩子在平台上的作业完成情况、答题正确率,了解孩子在课堂上的表现和对知识的掌握情况。

八是为省、市、区提供教学范式。我们结合实验学校参研教师教学一线的工作实践和经验反思,并融合思想政治学科专业特点创设"信息技术与高中思想政治教学融合的生态课堂教学模式",为思政课教学方式的转变提供了有价值的参考,在省内外产生一定影响,发挥了示范引领作用。

本书附录一中有五篇课题组成员的市级、区级、校级公开课教学设计,并附有教学实录视频二维码,读者朋友扫码即可直接观看视频。

骆 霞

2021 年 12 月

目录

第一章 信息技术与教育信息化 … 1
第一节 信息技术对教育发展具有革命性影响 … 1
一、信息技术的基本内涵 … 2
二、信息技术的发展历程 … 3
三、教育与信息技术的关系 … 4
四、信息技术促进教育变革的原理 … 10
五、信息技术对教育发展所起的作用 … 10
第二节 信息技术是实现教育信息化的重要途径 … 12
一、教育信息化的内涵 … 12
二、教育信息化的发展 … 13

第二章 信息技术与高中思想政治教学融合 … 18
第一节 信息技术与课程融合概说 … 18
一、信息技术与课程整合的历程 … 18
二、信息技术与课程融合的内涵 … 24
第二节 信息技术与高中思想政治教学融合的理论阐释 … 26
一、信息技术与高中思想政治教学融合的基础分析 … 26
二、信息技术与高中思想政治教学融合的理论基础 … 28
三、信息技术与高中思想政治教学融合的基本内涵 … 32
四、信息技术与高中思想政治教学融合的重要原因 … 32
五、信息技术与高中思想政治教学融合的基本要素 … 36
第三节 信息技术与高中思想政治教学融合的教学结构 … 39

  一、"以教师为中心"的教学结构 ………………………………… 40
  二、"以学生为中心"的教学结构 ………………………………… 40
  三、"主导—主体相结合"的教学结构 …………………………… 41
  四、信息技术与课程融合的教学结构 …………………………… 42
 第四节 信息技术与高中思想政治教学融合的原则和意义 ………… 44
  一、信息技术与高中思想政治教学融合的基本原则 …………… 44
  二、信息技术与高中思想政治教学融合的重要意义 …………… 45

第三章 信息技术环境下的生态课堂 …………………………………… 47
 第一节 课堂教学改革呼唤"课堂生态化" ………………………… 47
  一、课堂教学改革正当时 ………………………………………… 47
  二、生态及课堂生态学研究 ……………………………………… 49
  三、生态课堂的校本愿景 ………………………………………… 51
 第二节 信息技术环境下生态课堂的理论基础 …………………… 54
  一、生态课堂的理论依据 ………………………………………… 54
  二、生态课堂的组成要素 ………………………………………… 58
  三、生态课堂的内涵实质 ………………………………………… 58
  四、生态课堂的基本特征 ………………………………………… 61
 第三节 信息技术环境下高中思想政治生态课堂的实现途径 ……… 64
  一、优化课堂教学环境 …………………………………………… 64
  二、发挥主导主体作用 …………………………………………… 68
  三、完善教学优化信息 …………………………………………… 72

第四章 信息技术与高中思想政治教学融合的生态课堂教学模式 …… 73
 第一节 信息技术与高中思想政治教学融合的生态课堂教学模式的
    理论分析 ……………………………………………………… 73
  一、"教学"和"教学模式"的概念 …………………………… 73
  二、信息技术与高中思想政治教学融合的生态学分析 ………… 80
  三、信息技术与高中思想政治教学融合的生态课堂教学
    模式的基本内涵 ……………………………………………… 83
  四、信息技术与高中思想政治教学融合的生态课堂教学
    模式的层次分析 ……………………………………………… 84

第二节　信息技术与高中思想政治教学融合的生态课堂教学
　　　　模式的实施程序 ······ 86
　一、小组建设：打造学习共同体 ······ 92
　二、学案编写：画好教学线路图 ······ 95
　三、课堂操作：从"形同"走向"神聚" ······ 103
　四、深度教学：提升了学业水平 ······ 105
　五、课堂评价：激励中共生发展 ······ 111
　六、工具桥梁：利用相关的资源 ······ 117

第三节　信息技术与高中思想政治教学融合的生态课堂教学
　　　　模式操作实践 ······ 119
　一、信息技术与高中思想政治教学融合的生态课堂教学
　　　模式课例展示 ······ 119
　二、信息技术与高中思想政治教学融合的生态课堂教学
　　　模式的教学策略 ······ 125

第四节　建构信息技术与高中思想政治教学融合的生态课堂的
　　　　课程结构 ······ 131
　一、"大同文化"特色课程 ······ 132
　二、高中思想政治课程结构 ······ 135

第五章　信息技术与高中思想政治教学融合的生态课堂翻转实践
　　　　　 ······ 138

第一节　翻转课堂的由来和发展 ······ 138
　一、翻转课堂的由来 ······ 138
　二、翻转课堂的发展 ······ 139
　三、国内翻转课堂的探索和不足 ······ 139

第二节　国内外翻转课堂教学模式分析 ······ 141
　一、杰姬·格斯丁翻转课堂的教学模型 ······ 141
　二、罗伯特·塔尔伯特翻转课堂结构图 ······ 142
　三、重庆聚奎中学翻转课堂模式 ······ 143
　四、张金磊等人提出的翻转式教学模式 ······ 144

第三节　"学、议、展、导、用"翻转课堂教学模式 ······ 145

第四节　"学、议、展、导、用"翻转课堂教学模式实验研究 ······ 152

一、实验目的 …………………………………………………… 153
二、实验设计 …………………………………………………… 153
三、实验假设 …………………………………………………… 154
四、实验过程 …………………………………………………… 155
五、实验结果及分析 …………………………………………… 156
六、实验结论 …………………………………………………… 160
第五节 "学、议、展、导、用"翻转课堂的价值追求 ………… 161
一、转变了教育观念，营造了生态教育氛围 ………………… 162
二、转变了教学方式，展现了课堂生态活力 ………………… 162
三、释放了生命活力，激发了学生潜能发展 ………………… 162
四、提高了教学成绩，实现了教师专业化发展 ……………… 163

第六章 信息技术与高中思想政治教学融合的生态课堂应用模式
……………………………………………………………………… 165
第一节 情境探究模式 …………………………………………… 165
一、情境探究模式：新课教学 ………………………………… 167
二、情境探究模式："命题＋讲题"模式 …………………… 168
第二节 项目式学习模式 ………………………………………… 170
一、课前调查 …………………………………………………… 172
二、确定项目 …………………………………………………… 173
三、小组活动 …………………………………………………… 173
四、形成、展示、推广作品 …………………………………… 174
第三节 网络协作教学模式 ……………………………………… 175
一、网络协作教学模式的内涵 ………………………………… 175
二、网络协作教学模式的操作要点 …………………………… 176
第四节 云智能翻转课堂递进模式 ……………………………… 185
一、云智能翻转课堂的内涵 …………………………………… 185
二、云智能翻转课堂递进教学模式 …………………………… 186
三、云智能翻转课堂递进模式的操作流程 …………………… 190
四、云智能翻转课堂递进模式的实践意义 …………………… 197
第五节 微信移动在线辅导模式 ………………………………… 200
一、微信通信平台及其教育功能 ……………………………… 200

二、微信移动在线辅导设计原则 ································ 201
　　三、微信移动在线辅导实践 ···································· 202
　　四、微信移动在线辅导的积极意义 ······························ 203
　第六节　在线翻转议题式教学模式 ································ 203
　　一、在线翻转议题式教学模式构建 ······························ 204
　　二、在线翻转思政课堂议题式教学模式操作流程 ·················· 206

第七章　信息技术与高中思想政治教学融合的生态课堂教学模式的思考 ·· 214

　第一节　从理论上审视，生态课堂是有效的教学模式 ················ 214
　第二节　在实践中思索，生态课堂存在实践困惑 ···················· 217
　　一、关于课堂中提问谁 ·· 217
　　二、关于学生中途发问 ·· 217
　　三、关于整合教学内容 ·· 218
　　四、关于课堂时间的舍得 ······································ 218
　第三节　在实践中优化，生态课堂焕发精彩课堂魅力 ················ 218
　　一、科学的教学理念是魅力生态课堂的源 ························ 219
　　二、明晰的教学目标是魅力生态课堂的根 ························ 220
　　三、教师的人格魅力是魅力生态课堂的魂 ························ 220
　　四、有效的教学行为是魅力生态课堂的桥 ························ 221
　第四节　在实践中探索，生态课堂要处理好四对关系 ················ 221
　　一、处理好课本与数字教学资源的关系 ·························· 221
　　二、处理好教师主导与学生主体的关系 ·························· 221
　　三、处理好课内教学与课外拓展的关系 ·························· 222
　　四、处理好个体与全体的关系 ·································· 222

附录一　教学设计 ·· 223

　"消费及其类型"教学设计 ·· 223
　"伟大的改革开放"教学设计 ······································ 227
　"法治政府"教学设计 ·· 231
　"精准分析　高效复习"期中考试试卷讲评反思课教学设计 ············ 233
　"运动是有规律的"教学设计 ······································ 237

附录二　导学案设计 ………………………………………… 243
　　"司法公正"导学案设计 ……………………………………… 243

参考文献 ………………………………………………………… 247
后记：向幸福再出发 …………………………………………… 252

第一章
信息技术与教育信息化

> 每个人都守着一扇只能从内开启的改变之门，不论动之以情或晓之以理，我们都不能替别人打开这扇门。
>
> ——弗格森

第一节　信息技术对教育发展具有革命性影响

教育改变人生，我们要跟上时代的脚步，就必须不断接受新事物、不断学习，提升自身素养。目前，"以教师为中心"的传统课堂教学结构依然存在，教师独白式、单向度的话语权抹杀了学生的兴趣和热情。重知识获取的碎片化和学习的广度，轻学习的深度挖掘；教学反馈凭经验，难以鉴别学生的学习效果；评价手段单一、唯分数论，重终结性评价的现象依然存在。

信息技术的发展影响着教育理念、教育模式和教育走向。当信息技术与教育碰撞出火花后，教育在信息技术的推动下不断革新，逐步形成网络化、数字化、个性化的教育体系。同时，教师开始放手让学生自主学习，培养其自我发现、分析并解决问题的能力。由此，我们需要在传统的教学方式上加以创新，寻找更有效的教学方式，培养学生的学科素养、创新能力、合作交流能力和终身学习的能力，以适应数学化学习的趋势。

思想政治课作为落实立德树人根本任务的关键课程，为了应对大数据、人工智能等技术带来的人才需求和教育形态的变化，必须进行课堂教学改革，以适应信息时代的要求。笔者通过持续多年的课题研究和教学实践，创

建了适合校情和学情的"教育信息技术与高中思想政治教学融合的生态课堂模式",通过信息技术和课堂教学的深度融合,变革课堂教学方式,构建数字化环境下"以学生为中心、以学习为主线、教师提供学习支架"的课堂教学结构,促进学生深度学习、个性化发展与综合素质的提高,做到教学评价从"经验主义"向"数据主义"、从"滞后反馈"向"即时反馈"转变,培养学生的思政学科素养,提高教学质量和效益。

那么,什么是信息技术?信息技术的发展历程是怎样的?教育与信息技术有什么关系?信息技术如何促进教育变革,对教育教学产生了什么影响,发挥了什么作用?这些问题是我们首先需要了解的。

一、信息技术的基本内涵

随着信息化社会的到来,以网络化、多媒体化、数字化和智能化为代表的现代信息技术已成为拓展人类能力的创造性工具,改变着人们传统的生活、学习和工作方式,影响着教育的内容与方法。

信息技术(information technology,IT)的概念众说纷纭。有的学者认为,"信息技术是以计算机技术、微电子技术和通信技术为特征的获取、存贮、传递、处理分析以及使信息标准化的技术"。也有的学者认为,"信息技术是在信息科学的基本原理和方法的指导下扩展人类信息功能的技术,是实现信息化的核心手段"。

信息技术的定义,可以从广义、中义和狭义三个层面来解释。就广义而言,信息技术是指能充分利用与扩展人类信息器官功能的各种方法、工具、技能的总称。该定义强调的是从哲学上阐述信息技术与人的本质的关系。就中义而言,信息技术是指对信息进行获取、采集、存储、加工、表达、显示的各种技术的总称。该定义强调的是人们对信息技术功能与过程的一般理解。就狭义而言,信息技术是指利用计算机、网络等各种硬件设备及软件工具与科学方法,对图文、数值、声像等各种信息进行获取、加工、存储、变换、传输与使用的技术。

本书所指的信息技术,是狭义层面的信息技术。就教育中应用的信息技术而言,本书认同我国著名的信息学专家钟义信教授的观点,即信息技术是指以信息论和控制论为基础的电子信息技术,包括六个方面的技术:信息获取技术、信息传递技术、信息存储技术、信息处理技术、信息再生技术、信息施效技术。教育过程中信息获取、信息传递、信息存储、信息处理、信息再生和信息施效的操作,外在表现为教育过程的数字化、虚拟化、网络化、智能化等，给教育带来革命性的影响。①

二、信息技术的发展历程

在人类历史的进程中，随着社会的发展、科技的进步，信息技术也在不断发展，迄今为止经历了五个发展阶段，每个阶段都是由一种传播媒介的革命而引发的。

（一）语言的产生

大多数语言学家主张语言的产生是从劳动起源的，社会劳动需要协作、需要交流，因此产生了有声的语言。语言的出现帮助人们组成社会，组织生产，是改造客观世界的力量，同时也帮助人们脱离事物本身，利用语言的表征去传递信息、发展自己的思维。有了语言，人们得以有效地组织自己的社会关系，把学会的东西传授给社会的新成员，并且一定的语言反映出讲这种语言的人的经验和正在发展的文化。

（二）文字的创造

在语言诞生了几十万年之后，人们发现语言不能存储，传递也受到时空限制，因此创造发明了文字。文字是用来表述和记录自然语言的技术，使口语脱离人变为书面语言而独立存在，能将信息永久贮存并且传送到更远的地方。文字使信息传递超越了时间和空间的限制，使人与人的交往频率加大，是人类历史文明的一大进步。

（三）印刷术的发明

我国在唐代已发明了雕版印刷术。1041—1048年间，宋代的毕昇发明了活字印刷术。印刷术使历代积累的知识能以书本和报刊的形式长期贮存和广泛传播，使人类分享信息的能力大大加强，提高了科学文化水平，深刻地影响着社会经济和政治。

文字的诞生和印刷术的发明，是人类文明史上具有重大意义的事件。文字记录语言并使之得以保存和流传下来。印刷术的大量复制、存储信息，打破了"耳传口授"的小圈子，使教育技术有了新的发展；依托书籍的传播媒介使更多的人接受教育。

（四）电信、广播和电视技术

19世纪末至20世纪初期，有线电报、有线电话、电影、无线电广播、

---

① 于鹏，陈三军，倪小伟，等. 互联网+教育：云智能教育探索［M］. 北京：电子工业出版社，2017：31-32.

录音技术、电视、录像技术的相继发明与应用，使信息传播得更快、更远，不仅能传送语言、文字的信息，还能传送静止图像、活动图像的信息，促进了社会经济的发展，相继产生了几次工业革命。

（五）计算机与互联网技术

计算机诞生于20世纪40年代，至今已经历了四代发展。第四代计算机采用了大规模集成电路和集图形、图像、声音、文字于一体的多媒体技术，应用了网络技术，实现了计算机之间的相互信息交流和资源共享。近年来，互联网技术快速发展，在教育中得到广泛应用。互联网技术最大的价值不仅在于其继承了无线电和电视技术的优点，而且它让信息传播变成实时双向交互，以前的信息传播除了语言可以进行实时交互（有时空限制）外，大部分技术很难做到实时的双向交互。互联网技术是一个多用户、实时、双向交互的平台，可以说信息交互打破了过去所有的局限，比如时空限制、媒体形式单一的限制、无法交互的限制，这是人类历史上信息传播得到的最大的解放。

信息技术的发展经历了五个阶段。前三个阶段是由语言到文字再到印刷术，相隔的时间都很长，它们被称为传统的信息技术。后两个阶段是从电信到计算机网络，相隔时间很短，发展速度很快，甚至交叉发展，同时相互补充使用，在教育领域被统称为现代信息技术，其在教育上的运用被称为现代教育技术。

三、教育与信息技术的关系

（一）教育要运用信息技术

从原始社会到信息社会，教育对信息技术的依赖性越来越强。现代信息技术在教育中的运用还产生了一门学科——现代教育技术（电化教育或教育技术）。原始社会的教育，除了通过亲身实践获取事物信息外，主要依靠语言传送信息去认知更多的事物。文字和印刷术发明后，人们能用文字贮存信息资源，能用书本去教更多的学生。现代信息技术出现后，人们将幻灯片、电影、电视、计算机等技术运用于教育，统称为"电化教育"。

（二）信息技术的发展促进了教育变革

信息技术的发展也促进了教育的变革（见表1-1）。

表 1-1 信息技术与教育变革

信息技术	开始使用时间	教育变革领域
语言	原始社会	家庭教育
文字	公元前 3000 年	专职教育
印刷术	唐代	学校和班级教育
电信、广播、电视	19 世纪末 20 世纪初	多媒体教育
计算机、网络	20 世纪末 21 世纪初	网络远程教育
人工智能	21 世纪前期	智能化教学

信息技术经历了五次革命,每一次革命都促进了社会发展,也引起了教育方式的根本变革。在语言技术阶段,教育只能由家长通过生产实践与语言传送信息,使后代获得知识与技能,是一种家庭教育的方式。在文字技术阶段,下一代要从文字中获取信息,就要学习与掌握文字技术。开始是写在竹简上、锦帛上,后来写在纸张上。由此,出现了专职的教师,教育离开了家庭,出现由专业教师负责的专职教育方式。在印刷术阶段,出现了教科书,学生不仅可以从专职教师的言行中获取信息,还可以从书本中获取信息。由此,一个教师不再是单独教一个人,而是同时教很多人,出现了学校和班级教育方式。在电信、广播、电视技术阶段,除教科书外,还出现了众多的视听教育媒体,如幻灯片、投影、录音、录像、计算机课件等,这些媒体贮存除文字之外的声音、静止图像、活动图像信息,从此学习者的学习进入了一个多媒体教育的时代。在计算机、网络技术阶段,计算机已将文字、声音、图像融为一体,实现了多媒体教学。网络技术的高速发展,使计算机中存贮的大量信息能得到迅速传送与交流,出现网络远程教育方式和在线直播教学方式。

从信息技术发展的第五阶段来看,信息技术有高速、大容量、综合化、数字化、个人化的发展趋势。信息技术在学校的应用方式,经历了从媒体到环境的发展变迁。20 世纪 90 年代后期开始的以基础设施为中心的教育信息化建设,使我国的多媒体教学设施得到了迅速的发展与普及。多媒体教室、多媒体网络教室成为信息技术在学校应用的典型表现。其中,计算仪、投影仪、屏幕、网络设备等教学媒体作为信息技术存在的基本形态,成为多媒体教学的主要阵地。在这一时期,信息技术被看作教学中对各种媒体和工具的使用,只是作为一种辅助工具协助教师进行课堂教学。

信息技术的发展历史显示,在数字革命时代,技术的迭代更新为教育变革和发展提供了强有力的支撑。学校中的信息技术存在已经从单一的媒体转变为数字化、智能化学习环境，传播方式从"单向线性传播"向"网状多向流动"转变，教学结构从"以教师为中心"向"以学生为中心"再向"主导—主体相结合"转变，教学时空从"固定课时教室"向"随时随地"转变，学习方式从"统一进度、统一难度"向"个性化协作学习"转变，教学方式从"封闭式"向"开放式"转变。

具备"数字化校园"特征的信息化学习环境逐渐成为基础教育信息化建设的主流。移动和互联网技术的迅猛发展，使得各种形态的数字化学习环境的构建成为现实。智能手机、平板电脑等移动设备走进校园，网络教学平台不断升级迭代以满足实际教学需求。新兴的云计算技术、自适应学习技术、物联网及社交网络等技术，促使学习环境从数字化走向智能化。

2021年2月3日，中国互联网络信息中心第47次发布的《中国互联网络发展状况统计报告》显示，截至2020年12月，我国网民规模达9.89亿人，较2020年3月增长8540万人，互联网普及率达70.4%。截至2020年3月，在我国网民群体中，学生占比最大，为26.9%；其次是个体户/自由职业者，占比为22.4%。2020年初，全国大中小学校响应"停课不停学"延期开学，教学活动改至线上，2.65亿在校生转向线上课程，在线教育应用呈现爆发式增长态势。截至2020年3月，我国在线教育用户规模达4.23亿人，较2018年底增长110.2%，占网民整体的46.8%，其中手机在线教育用户规模达4.20亿。

以互联网为代表的数字技术正在加速与经济社会各领域深度融合，成为促进我国消费升级、经济社会转型、构建国家竞争新优势的重要推动力。移动网络的普及对我们的日常生活、学习和工作都产生了至关重要的影响。全民移动互联的时代已经到来，移动互联已经成为我们日常生活的一部分。

随着美国教育技术国际协会"国家教育技术标准（NETS）"项目的推进，各种标准陆续颁布，并随着技术的发展不断更新，如面向学生的NETS（1998）、面向教师的NETS（2000）、教育技术支持标准（2004）、面向学生评估和评价的技术标准（2004），描述了学生、教师、教学中应该了解哪些技术以及如何更好地使用技术。从美国新媒体联盟（NMC）历年发布的《地平线报告》（*The Horizon Report*）（见表1-2）可以看出，现在和将来会有越来越多的新技术进入教育领域。

表1-2 2006—2018年《地平线报告》中对进入教育领域的新兴信息技术的预测

年份	未来五年全球范围内会对教育产生重大影响的新兴信息技术		
	1年或者更短	2～3年	4～5年
2006	社会计算、个人广播	口袋里的手机、教育游戏	增强现实和增强可视化、情景感知环境和设备
2007	用户自创内容、社交网络	移动电话、虚拟世界	新的学术和新的出版形式、大型多人在线教育游戏
2008	草根影像、协作网络	移动宽带、数据混搭	综合人工智能、社会操作系统
2009	移动设备、云计算	地理资讯、个人网页	语意察觉应用、智能对象
2010	移动计算、内容开放	电子书、简单的增强现实技术	基于手势的计算、可视化数据分析
2011	电子书、移动设备	增强现实技术、基于游戏的学习	基于手势的计算、学习分析
2012	移动应用、平板电脑	基于游戏的学习、学习分析	基于手势的计算、物联网
2013	大规模开放式在线课程、平板电脑	大数据量化学习分析、基于游戏的学习	3D打印技术、可穿戴技术
2014	翻转课堂、学习分析	3D打印技术、游戏和游戏化	量化自我、虚拟助手
2015	自带设备	创客空间、可穿戴技术	自适应学习技术、物联网
2016	自带设备、自适应学习、学习分析	创客空间、增强现实技术、虚拟现实技术	情感计算、机器人技术
2017	自适应学习技术、移动学习	物联网、下一代学习管理系统	人工智能、自然用户界面
2018	分析技术、创客空间	自适应学习技术、人工智能	混合现实、机器人技术

《地平线报告（2019高等教育版）》预测了2019—2023年可能影响全球高等教育技术应用的六项技术发展，包括移动学习、分析技术、混合现实、人工智能、区块链和虚拟助理。《2020年地平线报告（教与学版）》介绍了

自适应学习技术，人工智能/机器学习，学生成就分析，教学设计、学习工程和用户体验设计提升，开放教育资源，扩展现实技术（包括 AR、VR、MR、HAPTIC）等应用于教学的新技术。

当前，信息技术发展迅猛，以交互式电子白板、电子书包、云计算、平板电脑、自适应学习技术、虚拟现实技术（VR）、增强现实技术（AR）、人工智能、物联网、可穿戴技术等为代表的技术形态为教育教学提供了强大的支撑力。

（1）交互式电子白板。交互式电子白板可以与计算机进行信息通讯。将电子白板连接到计算机，并利用投影仪将计算机上的内容投影到电子白板屏幕上，在专门的应用程序的支持下，可以构造一个大屏幕的教学环境。人们可以利用特定的定位笔代替鼠标在白板上进行操作，也可以运行应用程序，对文件进行编辑、注释、保存等操作。交互式电子白板具有交互性、实时记录和存储功能，集文字、声音、图片、影像于一体。近年来，交互式白板一体机作为教育信息化的基础教学平台，有效解决了大尺寸显示难题，具有一机多用（白板教学、音视频播放、实物展示、收看电视等）、便捷易用（集成面板控制、一键式开关、腔体分装结构等）的优势。

（2）电子书包。电子书包是一对一移动学习方式的一种实现形式。它以有线网络、无线网络和移动终端为媒介，如平板电脑、智能手机等，以云平台和丰富的学习资源、工具为支撑，支持学生课前、课中和课后等各环节的学习。

（3）云计算。云计算是基于互联网相关服务的增加、使用和交付模式，通常涉及通过互联网来提供动态、易扩展且经常是虚拟化的资料。云计算对基础教育的影响体现为：基于云的合作工具更易于学生就研究问题组成讨论小组，展开交流和讨论；通过使用云计算，支持同地或异地的合作和讨论；通过网格计算的方式，基于云的服务器被广泛组织起来；通过与庞大的数据库相连，研究者的研究能力得到大幅度提升。依托云计算的不断完善和发展，学生能够完全根据自己的兴趣与需求进行学习探究，充分体现学习个体的差异性。

（4）平板电脑。对改善和丰富学习经验而言，平板电脑带来的惊喜已经超越笔记本电脑。它体积小，携带方便，有无线网络技术的支持，因此广泛应用于教育领域，成为移动学习的主要学习工具。平板电脑没有手机的来电和信息功能，能减少对学习的不良影响，提高学生的学习投入。

（5）自适应学习技术。自适应学习是相对于传统的在线教育学习系统而言的。它通常指给学习者提供相应的学习环境、实例或场域，通过学习者自身在学习中发现、总结，最终形成理论并能自主解决问题的学习方式。自适应学习系统通过技术手段，检测学生当前的学习水平和状态，并相应调整学习活动和进程，帮助学生实现差异化和个性化学习。

（6）虚拟现实技术。虚拟现实技术是一种可以创建和体验虚拟世界的计算机仿真系统。它利用计算机生成模拟环境，是一种多源信息融合的交互式三维动态视景和实体行为的系统仿真，可使用户沉浸到该环境中。它营造了"自主学习"的环境，一改传统的"以教促学"的学习方式，代之为学习者通过自身与信息环境的相互作用来得到知识、技能的新型学习方式。虚拟学习环境、虚拟现实技术能够为学生提供生动、逼真的学习环境，从而加速和巩固学生学习知识的过程。

（7）增强现实技术。增强现实技术的发展已经有将近半个世纪，其通过在空间中叠加信息层生成感知的新体验，即混合现实。增强现实技术的关键特征是具备响应用户输入指令的能力，成为促进学习的一个新机遇。这种交互过程对学习和评价具有显著影响。通过增强现实技术，基于与虚拟事物的交互，学习过程与知识的可视化能促使学生构建新的学习理解。

（8）人工智能。人工智能是研究、开发用于模拟、延伸和扩展人的智能的理论、方法、技术及应用系统的一门新的技术科学，是计算机科学的一个分支。人工智能可以对人的意识、思维的信息过程进行模拟。该领域的研究包括机器人、语音识别、图像识别、自然语言处理和专家系统等。[1]

（9）物联网。物联网是通过各种信息传感设备，如传感器、射频识别（RFID）技术、全球定位系统、红外线感应器、激光扫描器、气体感应器等，实时采集任何需要监控、连接、互动的物体或过程，采集声、光、热、电、力学、化学、生物、位置等各种需要的信息，与互联网结合形成的一个巨大的网络，可使人与物、物与物相连，实现信息化、远程管理控制和智能化。

（10）可穿戴技术。可穿戴技术是指用户可以随身佩戴的设备，如结合了科技元素的手表、眼镜、头盔、背包等，它们通过追踪个人的行为模式，采集数据进行分析，并提出个性化的建议。在基础教育中，可穿戴技术最有价值的应用是增强实地考察和调查的潜力，如收集考察地周围环境的数据，通过电子邮件或其他网络应用程序获取数据。

上述技术形态相互交叠、相互渗透，为教育教学创新实践带来前所未有的发展空间，增强了信息技术与教育教学的融合，加快了从"以教为中心"向"以学为中心"的转变，以及从以课堂学习为主向多种学习方式的转变。

---

[1] MBA智库·百科. 人工智能 [EB/OL]. (2021-12-1) https://wiki.mbalib.com/wiki/%E4%BA%BA%E5%B7%A5%E6%99%BA%E8%83%BD.

变革的时代需要教育工作者紧跟时代脉搏，面向未来，以新的思想、技术、模式开展教学研究。

信息技术经历了从1.0到4.0的转变，从20世纪八九十年代的投影仪、幻灯片，到21世纪初期的PPT，再到近年来兴起的大规模在线课程、虚拟仿真实验室、智慧教室。随着大数据、互联网和人工智能的快速发展，基础教育将信息技术运用到教育教学过程中，不断更新教学手段与教学方法，丰富教学内容与教学形式，激发学生学习积极性，提升教学效果。可见，信息技术使教育发展产生了根本性变革。

四、信息技术促进教育变革的原理

信息技术的发展正改变着人们的生产、生活和学习方式，影响着人们的教育理念、教育模式和教育走向。信息技术的运用从手段和形式上改变了传统教学，也从观念、过程、方法以及师生角色诸多层面赋予教学以新的含义。信息化带动教育走向现代化，促进教育创新与变革，其原理简述如下：

信息共享与交流的灵活性与跨时空性改变了人类实践活动的时间与空间组成结构，进而改变人们受教育的方式，将以往的定点学习方式变革为可移动教育方式。

信息表征方式的多媒体化和非线性为教育变革提供丰富的信息化手段，为教学提供多媒体教学资源，进而改变学习者的认知方式。信息技术的非线性组织与各种教育信息之间的丰富链接，能够为教学提供多媒体教学资源，从而可以激发受教育者的学习兴趣，拓展教育双方讲授与接受的经验范围，促进他们对知识的理解与认识，从而实现在线教育与离线教育的结合。

信息利用的动态交换性改变了学习资源的分布形态与对其拥有关系，进而改变教育参与者之间的教育关系。网络通信技术为教育变革提供一对多、多对多的交互交流，促进教师、学生、家长、社会以及各专业学科教育专家之间跨时空的交互沟通与交流，实现正式教育与非正式教育的对接。

信息处理的自动化和高速度为教育变革提供了行为主体的智能代理功能，进而改变了教育的系统生态。教师与学生通过信息技术更加便捷地检索、获取、加工、利用、评价或发布信息，并利用信息工具，更加快捷方便地对教育管理与教学实践有关信息进行分析与决策。

五、信息技术对教育发展所起的作用

按照教育教学过程中运用信息技术的程度，我国教育发展可以分为三个

阶段：传统教育阶段、信息化教育阶段和未来教育阶段。我国教育在不同阶段的特征分析见表1-3①。

表1-3 我国教育在不同阶段的特征分析

基本特征	传统教育	信息化教育	未来教育
中心点	教师	学校	学生
学习方式	班级与分组学习	数字校园与云教室	大数据下个性化学习
资源分享	集体授课，个人学习	校本资源共建共享	私人专享定制服务
应用场景	无	单一应用场	智能化应用综合平台
技术基础	计算机+资料库	互联网、数据中心	云计算、大数据、人工智能
教育特色	人工化	人机化	人性化
信息获取	线下手工信息登记统计	重要信息跟踪记录	全时间链行为记录
教学决策	个人决策	重要节点数据支持	云端大数据综合支持
教育生态	学校教育	家校沟通教育	家校协同教育

传统教育方式以教师为中心，学生的学习方式主要是班级学习和分组学习，用计算机（投影仪、交互式电子白板等）进行辅助教学和教学基本信息的登记统计，依靠教师个人决策，缺少家校间的互动。信息化教育以学校为中心，利用互联网实现学生、班级、学校、区域之间的数据互联互通，实现优质教育资源共享。数字校园和云教室打破了学习时空的限制。教学终端和学习终端均可获得数据。数据跟踪记录为教学决策提供支持。未来教育以学生为中心，通过云计算、大数据和人工智能等信息技术记录学生全时间链的行为数据，实现云端大数据支持下的个性化培养、家校协同的教育生态。我国的教育从过去的传统教育阶段进入了现在的信息化教育阶段，正在迈向未来教育阶段。②

---

① 于鹏，陈三军，倪小伟，等. 互联网+教育：云智能教育探索［M］. 北京：电子工业出版社，2017：5.

② 于鹏，陈三军，倪小伟，等. 互联网+教育：云智能教育探索［M］. 北京：电子工业出版社，2017：6.

第二节　信息技术是实现教育信息化的重要途径

一、教育信息化的内涵

教育信息化的概念是在 20 世纪 90 年代伴随着"信息高速公路"的兴建而提出来的。1993 年，美国克林顿政府推出国家信息基础设施（National Information Infrastructure，NII），俗称"信息高速公路"（Information Superhighway）计划，其核心是发展以互联网为核心的综合化信息服务体系和推进信息技术在社会各领域的广泛应用，特别是把 IT 在教育中的应用作为面向 21 世纪实施教育改革的重要途径。美国的这一举动引起世界各国的积极反应，许多国家政府相继制定了推进本国教育信息化的计划。①

我国的网络技术发展起步比较晚。"教育信息化"第一次在我国教育界比较明确地被提出来是在 2001 年 7 月。教育部在当年发布的《全国教育事业第十个五年计划》中正式把"教育信息化"写入了我国的教育建设与发展纲要中，并将其列为全国教育事业"十五"计划的战略要点。此后，教育信息化被提上重要地位，国内涌现出研究"教育信息化"的热潮。

华东师范大学祝智庭教授认为，"我们将教育信息化看作为一个追求信息化教育的过程，其结果是达到一种全新的教育形态——信息化教育。教育信息化的主要特点是在教学过程中广泛应用以电脑多媒体和网络通讯为基础的现代化信息技术"②。

北京师范大学何克抗教授认为，"教育信息化是指信息技术在教育和教学领域的普遍应用与推广。其本质是运用以多媒体计算机和网络通信为核心的信息技术，来优化教育教学过程，从而达到提高教育教学效果、效率和效益的目标"③。效果指学科教学质量和学生综合素质的提高；效率强调用较

---

①② 钟志贤，杨蕾. 21 世纪的教育技术：走进教育信息化——华东师范大学祝智庭教授访谈［J］. 中国电化教育，2002（3）：7.

③ 何克抗，吴娟. 信息技术与课程整合：信息技术与课程深度融合的理论与实践［M］. 2 版. 北京：高等教育出版社，2019：10.

短的时间达到预期效果；效益是指用较少的资金投入获取更大的效果。①

西北师范大学南国农教授认为，教育信息化是指在教育中普遍运用现代信息技术，开发教育资源，优化教育过程，以培养和提高学生的信息素养，促进教育现代化的过程。教育信息化是一个过程，一个运用现代信息技术，不断改进教育教学，培养、提高学生的信息素养，促进教育现代化的过程。②

综上分析，"教育信息化"是被赋予了中国式印记的词语。本书将其定义为：在国家教育部门的统一规划和组织下，将信息技术全面应用于教育过程，以促进开发利用教育资源，优化教学过程，提高学生创新能力，最终实现教育现代化的过程。

二、教育信息化的发展

（一）建设、应用：教育信息化1.0时代

早在20世纪80年代，我国政府就开始关注信息技术对教育的影响。在30多年的时间里，国家发布了80多项相关文件和政策，指导教育信息化多个相关领域的发展。很多专家学者和一线教师对"教育信息化"进行了深入细致的研究。

自20世纪90年代末开始，随着网络技术在我国的迅速普及，整个社会的发展与信息技术的关系越来越密切，人们越来越关注信息技术对社会发展的影响。政府高度重视教育信息化，相继推出了一系列旨在深入推进教育信息化、深化教育改革、实现教育跨越式发展的政策措施。

1999年6月13日，中共中央、国务院发布了《关于深化教育改革全面推进素质教育的决定》，明确规定了今后一段时期内我国教育改革的方向，即全面推进素质教育，强调重视培养学生收集处理信息的能力，在高中阶段的学校和有条件的初中、小学普及计算机操作和信息技术教育，自此，正式揭开了我国开展中小学信息技术教育的序幕。

2000年10月25日，教育部主持召开了全国中小学信息技术教育工作会议，提出要用5～10年时间在全国中小学基本普及信息技术教育，全面实施"校校通"工程，以信息化带动教育的现代化，努力实现基础教育的跨越式发展。

---

① 何克抗，吴娟. 信息技术与课程整合：信息技术与课程深度融合的理论与实践[M]. 2版. 北京：高等教育出版社，2019：10.

② 南国农. 教育信息化建设的几个理论和实际问题（上）[J]. 电化教育研究，2002（11）：3.

2001年,教育部颁布的《基础教育课程改革纲要(试行)》指出要大力推进信息技术在教学过程中的普遍应用,促进信息技术与学科课程的整合,逐步实现教学内容的呈现方式、学生的学习方式、教师的教学方式和师生互动方式的变革,充分发挥信息技术的优势,为学生的学习和发展提供丰富多彩的教育环境和有力的学习工具。

20世纪末至2008年是我国教育信息化的第一个发展阶段,发展速度很快,但同时也暴露了"教育信息化层次较低""投资利用效率低""教育信息化人才与资源短缺"等一系列问题。回顾信息技术在教育中的应用,以及总结经验与教训,我们发现信息技术的运用未能实现对教育系统的重大结构性变革,而是停留在手段、方法的层面上,这就使得信息技术对于推动深化教育改革来说并非是必不可少的因素,更谈不上对教育发展产生革命性影响。[1] 而在2010年后,国家再一次将教育信息化的发展置于重要地位,相继颁布了两个纲领性的文件,用以指导2010—2020年教育信息化的发展。

2010年7月,《国家中长期教育改革与发展规划纲要(2010—2020年)》颁布,强调把教育信息化纳入国家信息化发展整体战略,明确指出"信息技术对教育发展具有革命性影响,必须予以高度重视"。"革命性影响"这一提法是一个重要信号,标志着信息技术驱动教育变革的合法地位得以确立,也意味着信息技术今后在教育中的地位将由从属走向引领。[2] "把教育信息化纳入国家信息化发展整体战略,超前部署教育信息网络……充分利用优质资源和先进技术,创新运行机制和管理模式,整合现有资源,构建先进、高效、实用的数字化教育基础设施。加快终端设施普及,推进数字化校园建设,实现多种方式接入互联网……加快中国教育和科研计算机网、中国教育卫星宽带传输网升级换代。制定教育信息化基本标准,促进信息系统互联互通。"

2012年正式颁布的《教育信息化十年发展规划(2011—2020年)》提出,通过优质数字教育资源共建共享、信息技术与教育全面深度融合、促进教育教学和管理创新,助力破解教育改革和发展的难点问题。通过建设智能化教学环境,利用信息技术开展启发式、探究式、讨论式、参与式教学,鼓励发展性评价,探索建立以学习者为中心的教学新模式,提高信息化教学水平。"推进信息技术与教育教学深度融合",标志着我国教育信息化总体上处

---

[1] 何克抗,吴娟. 信息技术与课程整合:信息技术与课程深度融合的理论与实践[M]. 2版. 北京:高等教育出版社,2019.

[2] 于翠翠. 信息技术驱动的课堂教学结构变革[J]. 课程·教材·教法,2018,38(3):117.

于"初步应用整合"阶段，正在向"融合创新"阶段迈进。实现教育信息化的途径和方法就是实现信息技术与教育教学深度融合。目前，教育的核心仍然是学校教育，学校教育的核心是课堂教学，因此，信息技术与教育深度融合的核心是信息技术与教学深度融合。同时指出，为实现国家教育信息化规划目标，完成发展任务，着重解决国家教育信息化全局性、基础性、领域共性重大问题，实施"中国数字教育2020"行动计划，在优质资源共享、学校信息化、教育管理信息化、可持续发展能力与信息化基础能力等五个方面，实施一批重点项目，取得实质性重要进展。

为落实教育规划纲要，构建教师队伍建设标准体系，全面提升中小学教师信息技术应用能力，促进信息技术与教育教学深度融合，2014年5月，教育部办公厅印发《中小学教师信息技术应用能力标准（试行）》，对教师在教育教学和专业发展中应用信息技术提出了基本要求和发展性要求。应用信息技术优化课堂教学能力为基本要求，主要包括教师利用信息技术进行讲解、启发、示范、指导、评价等教学活动应具备的能力。应用信息技术转变学习方式的能力为发展性要求，主要针对教师在学生具备网络学习环境或相应设备的条件下，利用信息技术支持学生开展自主、合作、探究等学习活动所应具有的能力。根据教师教育教学工作与专业发展主线，将信息技术应用能力区分为技术素养、计划与准备、组织与管理、评估与诊断、学习与发展五个维度。可见教师要不断提高自身信息素养，不断增强信息技术应用能力，加强专业知识与信息技术整合力度，拓宽成长路径，实现专业自主发展。

2016年6月，教育部印发《教育信息化"十三五"规划》，提出"信息化已成为国家战略，教育信息化正迎来重大历史发展机遇"，强调"深化信息技术与教育教学的融合发展，从服务教育教学拓展为服务育人全过程"，"推动形成基于信息技术的新型教育教学模式与教育服务供给方式"，"到2020年，基本建成'人人皆学、处处能学、时时可学'、与国家教育现代化发展目标相适应的教育信息化体系"。"要依托信息技术营造信息化教学环境，促进教学理念、教学模式和教学内容改革，推进信息技术在日常教学中的深入、广泛应用，适应信息时代对培养高素质人才的需求……着力提升学生的信息素养、创新意识和创新能力，养成数字化学习习惯，促进学生的全面发展，发挥信息化面向未来培养高素质人才的支撑引领作用……培养教师利用信息技术开展学情分析与个性化教学的能力，增强教师在信息化环境下创新教育教学的能力，使信息化教学真正成为教师教学活动的常态"。

2017年，中共中央、国务院颁布的《新一代人工智能发展规划》提出，要围绕教育、医疗、养老等迫切民生需求，加快人工智能创新应用，为公众提供个性化、多元化、高品质服务；在中小学阶段设置人工智能相关课程，逐步推广编程教育……2020年，国家标准化管理委员会、中央网信办、国家发展改革委、科技部、工业和信息化部五部门联合发布《国家新一代人工智能标准体系建设指南》。

2018年1月，《教育部关于印发〈普通高中课程方案和语文等学科课程标准（2017年版）〉的通知》强调，要注重普通高中课程改革与高考综合改革统筹衔接，推动"教""考""招"形成育人合力，促进学生全面而有个性的发展。其中《普通高中思想政治课程标准（2017年版）》强调尊重学生身心发展规律，改进教学方式。在课程实施中，要充分利用现代信息技术，拓展教育资源和教育空间。

（二）融合创新、智能引领：教育信息化2.0时代

2018年4月13日，教育部印发《教育信息化2.0行动计划》，标志着教育信息化从1.0时代的"建设、应用"到2.0时代的"融合创新、智能引领"的转变。《教育信息化2.0行动计划》提出，必须聚焦新时代对人才培养的新需求，强化以能力为先的人才培养理念，将教育信息化作为教育系统性变革的内生变量，支撑引领教育现代化发展，推动教育理念更新、模式变革、体系重构；强调发展智能教育，主动应对新技术浪潮带来的新机遇和新挑战；探索泛在、灵活、智能的教育教学新环境建设与应用模式。借助计算机终端以及大数据、人工智能技术、物联网、虚拟现实和增强现实（VR/AR）等技术，可以打造数字化场景，呈现全新的学习空间与环境，改变师生传统的交互方式与学习评价方式，实现教学方法的创新和教学模式的变革，推动信息技术与教育深度融合，促进教育信息化从融合应用向创新发展的高阶演进。

2018年1月20日发布的《中共中央、国务院关于全面深化新时代教师队伍建设改革的意见》，专门提出教师要主动适应信息化、人工智能等新技术变革，积极有效开展教育教学。

2019年2月，中共中央、国务院印发《中国教育现代化2035》，强调加快信息化时代教育变革，建设智能化校园，统筹建设一体化智能化教学、管理与服务平台；利用现代技术加快推动人才培养模式改革，实现规模化教育与个性化培养的有机结合。

2019年6月11日发布的《国务院办公厅关于新时代推进普通高中育人方式改革的指导意见》，强调深化课堂教学改革，提高课堂教学效率；培养学生适应终身发展和社会发展需要的正确价值观念、必备品格和关键能力；积极探索基于情境、问题导向的互动式、启发式、探究式、体验式等课堂教学；推进信息技术与教育教学深度融合。

2019年，习近平总书记在致国际人工智能与教育大会的贺信中，强调中国高度重视人工智能对教育的深刻影响，积极推动人工智能和教育深度融合，促进教育变革创新，充分发挥人工智能优势，加快发展伴随每个人一生的教育、平等面向每个人的教育、适合每个人的教育、更加开放灵活的教育。

2020年3月，《中共中央、国务院关于构建更加完善的要素市场化配置体制机制的意见》提出，要"充分体现技术、知识、管理、数据等要素的价值"。这显示技术、数据均是生产要素，未来对教育信息化建设和人才培养会有更高要求和显著需求。

2020年10月，《中国共产党第十九届中央委员会第五次全体会议公报》明确提出2035年要建成"教育强国"。想要在整体上实现教育的跨越式发展，智慧教育是必不可缺的一环。

20多年来，国家陆续出台的政策性文件不断支持着教育信息化的发展。我国基础教育领域的信息化进展，从推出中国第一代白板、投影仪等多媒体电子教室到"三通两平台"，再到智慧教育解决方案，围绕计算终端以及大数据、人工智能技术打造数字化场景，实现教学方法的创新和教学模式的变革。教育信息化是一个动态的历史进程，是信息技术与教育教学不断融合发展的过程。[1] 信息技术与学科教学融合是发展学生核心素养、实现教育信息化和学生个性化学习的重要路径。

目前，教育领域只是将信息技术应用于改进教学手段、方法这类"渐进式的修修补补"，或者是只关注了如何运用信息技术去改善"教与学环境"或"教与学方式"，这些都没有触及教育系统的结构性变革。[2] 国家通过信息技术与教育的深度融合触及教育系统的结构性变革，促使信息技术对教育产生革命性影响。

教育信息化经历了20多年从无到有的快速发展期，目前已进入相对平稳的增长期，已有超过千亿元的投资进入教育信息化市场。国家对信息化教学基础设施建设的投入大大加快了教育行业尤其是基础教育部分的硬件和网络环境的发展速度，使教育信息化建设有了良好的基础平台和发展空间。中国政府将信息技术引入教育领域，期望信息技术能够弥补现行教育中的某些不足，变革人才培养体系，提高教学效率，进一步优化教育效果，打造个性化、特色化、多样化的高品质教育，以应对第四次工业革命带给教育的挑战。

---

[1] 杨宗凯，杨浩，吴砥. 论信息技术与当代教育的深度融合［J］. 教育研究，2014（3）.

[2] 何克抗，吴娟. 信息技术与课程整合：信息技术与课程深度融合的理论与实践［M］. 2版. 北京：高等教育出版社，2019：46.

第二章
信息技术与高中思想政治教学融合

> 有一个好的思想，是不够的，最主要的是使用好它。
>
> ——笛卡儿

第一节　信息技术与课程融合概说

一、信息技术与课程整合的历程

（一）课程的概念

1. "课程"的词源分析

在西方英语世界里，"课程（curriculum）"一词最早出现在英国教育家斯宾塞（H. Spencer）的《什么知识最有价值？》（1859）一文中。它是从拉丁语 currere 一词派生出来的，意为"跑道（race-course）"。根据这个词源，最常见的课程定义是"学习的进程（course of study）"，简称"学程"。这一解释在各种英文词典中很普遍，英国的《牛津字典》，美国的《韦伯字典》《国际教育字典》都是这样解释的。但这种解释在当今的课程相关文献中受到越来越多的质疑，人们对"课程"的拉丁文词源有了新的理解：currere 一词的名词形式意为"跑道"，由此可见，课程就是为不同学生设计的不同轨道，从而引申出一种传统的课程体系；而 currere 的动词形式是指"奔跑"，这样理解的话，课程的着眼点就放在个体认识的独特性和经验的自我建构上，会得出一种完全不同的课程理论和实践。

"课程"一词在我国始见于唐宋期间。唐朝孔颖达为《诗经·小雅·小弁》中"奕奕寝庙，君子作之"句作疏："维护课程，必君子监之，乃依法制。"但这里"课程"的含义与我们今天所用之意相去甚远。宋代朱熹在《朱子全书·论学》中多次提及"课程"，如"宽着期限，紧着课程""小立课程，大作工夫"等。虽然他对"课程"没有明确界定，但其含义是很清楚的，即指功课及其进程。

2. 几种典型的课程定义

（1）**课程即教学科目**。课程等同于所教的科目，这种认识在历史上由来已久。我国古代的课程有礼、乐、射、御、书、数六艺；欧洲中世纪初的课程有文法、修辞、辩证法、算术、几何、音乐、天文学七艺。事实上，西方的学校正是在"七艺"的基础上增加其他学科，逐渐建立起各级学校的课程体系。目前，我国的《辞海》《中国大百科全书》以及众多的教育学教材，也认为课程即学科，或者指学生学习的全部学科（即广义的课程），或者指某一门学科（即狭义的课程）。这种定义的实质，是强调学校向学生传授知识的作用。现在，国家已把活动和社会实践正式列入课程，这说明把课程等同于学科的认识是不全面的。

（2）**课程即教学活动**。这一定义把教学的范围、序列和进程，以及教学方法和技术的设计等所有的教学活动都组合在一起，形成对课程的较全面的看法。但是，这一定义本身就存在疑义。有人认为，课程是指有关学校教育计划的范围和安排的书面文件。诸如教学计划、教学大纲（现在趋向于课程标准）、教科书、教学参考书、练习册，甚至还包括教师备课的教案。但有人对教师教学活动仔细观察后认为，许多教学活动是基于非书面计划的课程。

（3）**课程即学习经验**。美国教育家杜威（J. Dewey）根据实用主义的经验论，对"课程是活动或预先决定的目的"这类观点提出反对。在他看来，手段与目的是一个连续体。所谓课程，即学生的学习经验。美国课程专家泰勒（R. W. Tyler）在《课程与教学的基本原理》一书中，对学习内容、学习活动与学习经验做了比较、分析后认为，学习经验是指学生与环境中外部条件的相互作用。学生的学习取决于他自己做了些什么，而不是教师做了些什么。把课程定义为学习经验，是试图把握学生实际学到些什么。因为经验是在学生对所从事的学习活动的反思中形成的，课程是指学生体验到的意义，而不是要再现的事实或要演示的行为。

综上所述，课程是指学生应学习的学科总和及其进程与安排。广义的课程是指学校为实现培养目标而选择的教育内容及其进程的总和，它包括学校所教授的各门学科和有目的、有计划的教育活动。狭义的课程是指某一门学科。

（二）融合的概念

要讲清"融合"的概念，就要先讲清"整合"的概念。

中国自20世纪90年代末开始关注信息技术对社会发展的影响。2000年发布的《教育部关于在中小学普及信息技术教育的通知》要求从2001年开始用5~10年的时间，在中小学（包括中等职业技术学校）普及信息技术教育，以信息化带动教育的现代化，努力实现我国基础教育跨越式的发展。积极探索信息技术教育与其他学科教学的整合，努力培养学生的创新精神和实践能力，促进中小学教学方式的根本性变革，全面提高中小学迎接21世纪挑战的能力。这是我国第一次在文件中提出了"整合"的概念。

在英文中，"整合"一词表述为integtation。这一单词在汉语中有多层含义，如综合、集成、一体化等，但它的主要含义"整合"，是指由系统的整体性及其在系统核心的统领、凝聚作用而导致的使若干相关部分或因素合成为一个新的统一整体的建构、程序化的过程。所以"整合"的目标是一个系统内各要素通过相互渗透、相互影响、整体协调成为融合体，整体取得最优的效果。

"融合"，英文为coalescing，在汉语中是指几种不同的事物熔成或熔化合成一体。"融合"的本意为调和两种或多种不同的事物成一体，具有调和与和洽性的含义，强调事物间的相互结合、彼此和合。"融合"可以使系统内各要素实现整体协调、相互渗透、相互联系、相互作用，使之具有内在的协调性和一致性，使系统各要素发挥最大效益，达到"1+1>2"的效果。

要讲清楚信息技术与课程教学融合，就要先讲清楚信息技术与课程整合。需要特别指出的是，在2012年之前，将信息技术应用到课堂教学中有一个特定的名称，即"信息技术与课程整合"[①]。

（三）信息技术与课程整合研究概况

1. 国内有关研究

"信息技术与课程整合"这个概念在2000年时任教育部部长陈至立在"全国中小学信息技术教育工作会议"上发表的讲话中被正式提出，强调要

---

① 何克抗，吴娟. 信息技术与课程整合：信息技术与课程深度融合的理论与实践[M]. 2版. 北京：高等教育出版社，2019.

"努力推进信息技术与其他学科教学的整合"。该研究 20 年来不断深入发展，我国教育者已经意识到这种研究的重要性和可行性。

北京师范大学何克抗教授对发达国家的信息技术与课程整合的各个阶段进行了分析，以 1959 年美国 IBM 公司的第一个计算机辅助教学系统为起点，将信息技术与课程整合分成三个阶段：20 世纪 60 年代初至 80 年代中期的计算机辅助教学阶段，80 年代中期至 90 年代中期的计算机辅助学习阶段，从 90 年代至今的信息技术与课程整合阶段。从他的论述中，可以看出这三个阶段是信息技术不断深入实际教学的过程：从教师的教授工具变成学生的学习工具，再转变成一种全新的教学方式。这其中的转变包含了对信息技术理解的不断深入。关于信息技术与课程整合发展史的研究专著中，有很多都借鉴并采用了何克抗教授的分析。

华中师范大学杨宗凯教授结合联合国教科文组织（UNESCO）2005 年提出的信息技术与教育教学融合发展过程的四阶段理论，对比分析我国的实际发展状况，提出我国信息技术与教育教学融合发展的四阶段特点。一是"起步"阶段，信息技术与教育教学融合的特点仍然是"以教师为中心"，信息技术只是作为一种辅助工具协助教师进行课堂教学，并没有在学校的教育教学和管理中得到广泛接受和使用。如办公软件操作、电子邮件使用等被加入教学内容，教师的板书被 PPT 演示文稿所代替，教育管理软件开始在学校初步应用。二是"应用"阶段，信息技术与教育教学融合主要体现在教育教学和教学管理中普遍使用信息技术来提升教学质量和管理效率。教师开始注重在引入信息技术的过程中改变教学方法，教育主管部门和学校开始采用信息技术来支持教师培训和专业发展。三是"整合"阶段，信息技术与教育教学融合主要体现在促进教师的专业能力发展和基于信息化环境的教学方法的创新。教师充分整合信息技术与课堂教学，组织和开展"以学生为主体"的学习活动，充分发挥学生的自主性和积极性，提升学习效果，同时利用信息化教学及管理平台，开展基于互联网的教学和教研工作，提升教师自身信息技术应用能力。四是"创新"阶段，信息技术全面融入教育教学主要体现在信息技术开始改变教学模式，学校和教育机构重构学校的组织结构，学生成为学习活动的中心，教学活动和教学内容的组织围绕促进学生的"学"而进行，同时各级教育主管部门和学校管理效率不再由信息技术的处理能力所决定，而是由其内部管理结构和事务处理流程所决定。[1]

2000 年是我国信息技术与课程整合的开启之年。由此开始，我国信息技

---

[1] 杨宗凯，杨浩，吴砥. 论信息技术与当代教育的深度融合[J]. 教育研究，2014（3）.

术与课程整合进入一个效仿、改革、创新的历史阶段。2000年,《教育部关于在中小学普及信息技术教育的通知》首次提出"信息技术与其他学科教学的整合"。从"校校通"到"班班通,堂堂用",从教学工具向教育杠杆转变,伴随我国基础教育信息技术硬件环境的基本形成,有关信息技术与课程整合的研究逐渐展开,归纳起来分别是信息技术与课程整合的理论、信息技术与课程整合的技术观、信息技术与课程整合的资源、信息技术与课程整合的学科实践、信息技术与课程整合的研究取向。

(1) 信息技术与课程整合的理论。华南师范大学李克东教授指出:"信息技术与课程整合是指在课程教学过程中把信息技术、信息资源、信息方法、人力资源和课程内容有机结合,共同完成课程教学任务的一种新型的教学方式。""'信息技术与课程整合'是我国面向21世纪基础教育教学改革的新视点,是与传统的学科教学有着密切联系和继承性,又具有一定相对独立性特点的新型教学类型,对它的研究与实施将对发展学生主体性、创造性和培养学生创新精神和实践能力具有重要意义。"①

北京师范大学余胜泉教授认为,信息技术与课程整合"是在课程教学过程中把信息技术、信息资源、信息方法、人力资源和课程内容有机结合,共同完成课程教学任务的一种新型的教学方式。信息技术与课程整合强调信息技术要服务于课程;强调信息技术应用于教育;强调应当设法找出信息技术在哪些地方能增强学习的效果,能使学生完成那些用其他方法难以做到的事,或学会些重要的生活技能"②。

由以上学者的观点可以看出,信息技术与课程整合并不是简单的纳入或功能的叠加,也不仅仅是工具或技术手段层面的应用,而是如何将信息技术实际地融入学科课程的有机整体中,使其成为一个新的统一体。

(2) 信息技术与课程整合的技术观。华东师范大学教授祝智庭用生态观来解释技术的角色。他认为,技术的作用是帮助培植和发展新型的学习生态圈,形成丰富、有利的物质性的学习环境,并扩展和改善人际社会互动。然而,总体而言,对信息技术的潜能和价值的理解还相当滞后,最具有说服力的证据就是新技术的教育运用研究始终都没有成为信息技术与课程整合研究的主流,只能徘徊在边缘。目前,对信息技术与课程整合的技术研究主要还是集中于具体学科视角中的技术研究和通用技术应用。

(3) 信息技术与课程整合的资源。有学者认为,资源包括一切有关教学

---

① 李克东. 数字化学习(上):信息技术与课程整合的核心 [J]. 电化教育研究,2001 (8): 46-49.

② 余胜泉. 信息技术与课程整合的目标与策略 [J]. 人民教育,2002 (2): 53.

的外在环节和内在环节，以及整合过程中所需的教学资源、学习资源和拓展资源等。资源的丰富性、实用性和易得性是整合过程的重要组成因素。伴随我国中小学课程改革的实施，对信息技术与课程整合的资源研究已经逐步由"对教材的媒体化"转变为通过资源的建设营造启发学习、协作学习、建构学习的学习环境。"电子书包"的出现和初步使用，正试图改变中小学教学资源中的无差异性、教材化、交互性差等不足。

（4）信息技术与课程整合的学科实践。我国信息技术与课程整合的学科实践主要分三个阶段：第一个阶段是"学习信息技术"，即开设专门的信息技术课程。第二个阶段是"用技术学习"，即将信息技术融合到具体的学科实践中，"这不仅是开设'信息教育课程'的问题，事实上牵扯到整个课程的信息化，包括：如何把信息技术融合到各科教学中；如何利用信息技术手段积极改造课堂生活、改变学生的学习方式；如何利用信息技术设计、开发和管理各种教学资源，建构信息化教学环境等"。第三个阶段是创新性使用技术，转变教学模式和教育现状。

（5）信息技术与课程整合的研究取向。信息技术与课程整合主要存在两种研究取向：一种是"课程"的研究取向；另一种是"技术"的研究取向。通过运用以建构主义理论为基础的"课程"研究取向，研究者们试图重新回答什么是学习、什么是学习环境、如何在个体经验基础上建构知识。而"技术"的研究取向则主要强调技术在信息技术与课程整合中的主导作用。

2. 信息技术与高中思想政治课程整合研究综述

通过查阅"信息技术与高中思想政治课程整合"的相关研究文献，可以总结出三个问题：大部分研究者是在理论上强调信息技术与课程整合应达到信息技术整合高层次，也就是培养学生的学科核心素养，但没有达到整合高层次的实例作为论证；不少研究者对信息技术整合的模式进行归纳分析，但还没有从"生态课堂"角度出发，研究"信息技术与思想政治课整合的生态课堂"；大部分研究者侧重理论阐释或者是对整合提出建议，分析整合的误区。

当前教育信息技术与学科整合处于由初步的应用整合阶段转向深度融合阶段。教育信息技术如何发挥积极的作用有待进一步挖掘。变革课堂教学结构，实现课堂教学系统四个要素（即教师、学生、教学内容和教学媒体）地位与作用的改变有待深入研究。我国提出"教育信息技术与教育教学深度融合"的全新观念，也就是强调"教育信息技术与教育教学有效整合"，这是我国面向未来基础教育教学改革的新视点。

（四）信息技术与课程整合的内涵

结合上述信息技术与课程教学整合研究的基本概况，对于信息技术与课

程整合的内涵，本书认同北京师范大学何克抗教授的观点："所谓信息技术与课程（或学科教学）整合，就是通过将信息技术集成于学科的教学过程中营造一种新型教学环境，实现一种既能发挥教师主导作用又能充分体现学生主体地位的以'自主、探究、合作'为特征的'教与学方式'，从而把学生的主动性、积极性、创造性充分发挥出来，使传统的'以教师为中心'的课堂教学结构发生根本性变革，由'教师为中心'的教学结构转变为'主导—主体相结合'的教学结构，从而使学生的创新精神和实践能力的培养真正落到实处。"①

二、信息技术与课程融合的内涵

经过十多年的研究，各方学者对"融合"概念的界定略有差异。杨宗凯教授认为，"信息技术改变了教学活动的各项要素，引发了教学方法、教学工具、教学内容等环节的深刻变革"，并"推动了教育模式和学习环境等领域的全面创新"②。解文明教授认为要充分发挥信息技术优势，运用信息技术改善"教与学环境"和"教与学方式"即实现课堂教学结构的根本变革，构建新型课堂教学结构。③ 何克抗教授认为，目前的信息技术与课程整合，往往都是只从改变"教与学环境"或改变"教与学方式"的角度去强调信息技术在教育领域的应用（或者去定义整合的内涵），因而都未能抓住问题的本质与关键。在这个特定背景下，《教育信息化十年发展规划（2011—2020年）》放弃传统的"信息技术与课程整合"（即"信息技术与学科教学整合"）观念与做法，倡导信息技术应与教育"融合"。④

"融合"操作起来比"整合"更为复杂，数字化环境要求更高。"融合"不是信息技术与教育的简单叠加，也不是用信息技术去固化传统教学的弊端，而是用信息技术去创新教学：一方面放大传统教学的优势，同时弥补传统教学的不足；另一方面推动全新的更具优势的教学方法产生，引领教育的系统性变革。所以，要实现信息技术与教育的融合，真正发挥信息技术对教

---

① 何克抗，吴娟. 信息技术与课程整合：信息技术与课程深度融合的理论与实践[M]. 2版. 北京：高等教育出版社，2019：38-39.

② 杨宗凯，杨浩，吴砥. 论信息技术与当代教育的深度融合[J]. 教育研究，2014（3）.

③ 解文明，欧少闽. 信息技术与教学深度融合实践：以大学英语教学为例[J]. 中国医学教育技术，2014；28（1）.

④ 何克抗，吴娟. 信息技术与课程整合：信息技术与课程深度融合的理论与实践[M]. 2版. 北京：高等教育出版社，2019：46.

育的"革命性影响",最终还是要改变传统的课堂教学结构。

基于此,笔者认为:融合强调有机的结合、无缝的连接,包含着相互渗透、互不分离、相互作用、一体化的过程。信息技术要有效融入课堂教学中,需要对教学环境、教学方法、教学结构进行完善,进而促进课堂教学的整体改革。信息技术的使用要与学科课程结构、课程内容、课程资源以及课程实施等融合为一体,改变教学过程中教师的教学方式与学生的学习方式,改变信息资源传播渠道,使教学各要素丰富和谐,从而实现思想政治课教学的变革;改变以往的教学模式,改变教学过程中教师、学生、教学内容和教学手段四大要素的地位与作用,提高学生信息获取、分析、加工、交流、创新、利用的能力,更好地培养其协作意识和自主能力。

由此,信息技术与课程融合是指信息技术与课程深层次整合,信息技术在教学中的应用向深层次的方向发展,不只是课前、课后,更重要的是把信息技术渗透到学科教学活动中,突破使用主体(师生)与使用客体(硬件、软件等)之间的明显界限,变革教学结构,营造新型教学环境,为学生构建随时、随地、多途径的个性化、智能化、数字化的课堂学习环境,创建新的教学模式,即既能发挥教师主导作用又能突出体现学生主体地位的以"自主、探究、合作"为特征的以学为主的新型教与学方式,培育学生的学科核心素养,培养学生的高阶思维能力,实现课堂教学系统四个要素即教师、学生、教学内容和教学媒体和谐统一的过程。

上述定义包含三个基本属性,即营造信息化教学环境、实现新型的教与学方式、变革传统的课堂教学结构。这三个基本属性并非是平行、并列的,而是彼此相关、逐步递进的。

信息技术的核心是计算机、通信以及两者结合的产物——网络。这三者是一切信息技术系统结构的基础。信息技术教学应用环境的基础是多媒体计算机和网络化环境,其最基础的是数字化的信息处理。信息化学习环境经过数字化信息处理,具有信息显示多媒体化、信息传输网络化、信息处理智能化和教学环境虚拟化的特征。[1] 营造信息化教学环境,是信息技术与课程融合的基本内容。所谓信息化教学环境是指能够支持真实的情境创设、启发思考、信息获取、资源共享、多重交互、自主探究、协作学习等多方面教与学要求的教学环境,也就是能支持新型教与学方式的教学环境。[2] 如教的环境

---

[1] 李克东. 数字化学习(上):信息技术与课程整合的核心[J]. 电化教育研究,2001(8):47.

[2] 何克抗. 信息技术与课程深层次整合理论[M]. 北京:北京师范大学出版社,2008:6.

有网络通信、计算机、云智能教学平台（投影仪、电子白板、触摸一体机等），学的环境有平板电脑、即时反馈系统等。

实现以"自主、探究、合作"为特征的以学为主的新型的教与学方式是一节"融合"课要达到的目标之一。有了新型的教与学方式，再加上正确教育思想观念的指导和相关学习资源的支持（这种支持体现在为学生提供认知探究工具、协作交流工具和情感体验与内化的工具上），才有可能最终实现"融合"目标。同时，将"以教师为中心"的传统课堂教学结构改变为既能充分发挥教师主导作用，又能突出体现学生主体地位的"主导—主体相结合"教学结构，是信息技术与课程融合的实质与落脚点。

改变传统的课堂教学结构，批判地继承传统"先教后学"的教学模式，转变为"先学后教"的教学模式。传统"先教后学"教学模式的一般过程是：导入新课—讲授新知—课堂练习—布置作业。"先学后教"教学模式则是教师课前对教学内容进行精心设计与准备，课上师生共同进行主题式研讨。具体为：教师课前编写导学案，学生自主学习；教师根据学生掌握情况在课堂上进行或集中，或分类，或个别的指导，师生共同研讨、交流、展示，教师布置堂上达标测试、巩固新知。这种"先学后教"的教学模式要达到事半功倍的效果，必须建立在师生都能随时随地获取大量信息资源的基础上。基于信息技术的数字化教学平台为这种教学模式的实现提供了可能。

信息技术与课程融合强调的是教育信息技术与教学相互改变、不断适应的过程。一方面信息技术支持课堂教学方法、模式的变革；另一方面，在"融合"阶段的课堂教学中，信息技术成为教学开展的核心要素。教学方法创新是实现信息技术与课程融合的必经之路。教师要紧跟时代步伐，调整固有思维模式，以信息技术为依托，促进信息技术与课程融合，迎接数字化教学时代和人工智能时代的到来。

第二节　信息技术与高中思想政治教学融合的理论阐释

一、信息技术与高中思想政治教学融合的基础分析

（一）高中思想政治课程标准的特点

课程标准作为国家开展教育教学工作的基础性文件，是各级学校教材编

写、教学评估以及升学考试命题的根本依据，也是教师实施教学工作的基本标准。课程标准明确地规定了课程理念、教学目标、教学内容与学科性质，以及教师的教学方法、教学技能和学生学习过程，对教师在实施教学活动过程中遇到的问题制定了相应的解决对策。

2013年，教育部启动了普通高中课程标准修订工作。本次修订深入总结21世纪以来我国普通高中课程改革的宝贵经验，充分借鉴国际课程改革的优秀成果，努力将普通高中课程方案和课程标准修订成既符合我国实际情况又具有国际视野的纲领性教学文件，构建具有中国特色的普通高中课程体系。[1] 普通高中课程标准于2017年底修订完成，2018年1月16日由教育部发布。2020年5月，教育部对2017年版普通高中思想政治课程标准进行了修订。普通高中思想政治课程标准有以下特点：凝练了学科核心素养；更新了教学内容；研制了学业质量标准；增强了指导性。[2] 简言之，高中思想政治课程的核心价值是进行马克思基本观点教育，基本功能是提高学生社会理解和参与能力，培养目标是培养新时代学生思想政治素养。

（二）普通高中思想政治课程基本理念

普通高中思想政治课程基本理念是坚持正确的思想政治方向；构建以培育思想政治学科核心素养为主导的活动型学科课程；尊重学生身心发展规律，改进教学方式；建立促进学生思想政治学科核心素养发展的评价机制。[3]

课程理念就是我们对课程的期许，涉及目标、结构、内容、实施、评价等方面，它是对课程应该是什么样子的理论构想，是把握课程标准所有要义的指南。从前面的阐述中，我们可以看到，高中思想政治课程强调"四个以"，即以"三贴近"为基础、以学科知识为支撑、以培育核心素养为主导、以建构活动型学科课程为主线。同时，其强调着力改进教学方式和学习方式，充分利用现代信息技术，拓展教育资源和教育空间，推进现代信息技术与课程教学融合。这些要求给新时代的思想政治课教学指明了方向。

---

[1] 中华人民共和国教育部. 普通高中思想政治课程标准（2017年版2020年修订）[S]. 北京：人民教育出版社，2020：前言2.

[2] 中华人民共和国教育部. 普通高中思想政治课程标准（2017年版2020年修订）[S]. 北京：人民教育出版社，2020：前言4-5.

[3] 中华人民共和国教育部. 普通高中思想政治课程标准（2017年版2020年修订）[S]. 北京：人民教育出版社，2020：2-3.

二、信息技术与高中思想政治教学融合的理论基础

（一）认知主义学习理论

认知主义学习理论学派认为，学习个体本身作用于环境，人的大脑的活动过程可以转化为具体的信息加工过程。人作为学习的主体，总是与认知对象及认知环境不断地进行信息交换，人的认知过程实际上是一个信息加工过程。

认知主义学习理论代表人物、美国教育心理学家布鲁纳认为，学习是主动地形成认知结构的过程。人主动参加获得知识的过程，主动对进入感官的信息进行选择、转换、存储和应用。他认为，学习是在原有认知结构的基础上产生的，是通过把新得到的信息和原有的认知结构联系起来，去积极地建构新的认知结构。学习包括三种几乎同时发生的过程：新知识的获得、知识的转化、知识的评价。这三个过程实际上就是学习者主动地建构新认知结构的过程。

认知发展促进论的倡导者维果茨基、皮亚杰（Jean Piaget）等认为，儿童认知发展和社会性发展是通过同伴相互作用得以促进的。维果茨基曾指出，人的心理是在人的活动中发展起来的，是在人与人之间的相互交往过程中发展起来的。在儿童的发展中，所有的高级心理机能都是两次登台的：第一次是作为集体活动、社会活动，即作为心理间的机能。第二次是作为个体活动，作为儿童的内部思维方式，作为内部心理机能，即人的高级心理机能发展是借助人们的交往实现由外而内的内化过程。

对"最近发展区"的理解中，维果茨基强调了它是由儿童独立解决问题的实际发展水平，与在成人指导下或与能力较强的同伴的合作中所体现的潜在发展水平之间的差距。所以，最近发展区不仅体现在教师的教中，也体现在与能力较强的同伴合作之中。通过小组内部的争论、商议、讨论、协调等方式，小组达成某个问题的共同意见与解决办法，这是心理发展的社会关系渊源。

皮亚杰及其许多追随者认为，语言、价值观、规则、道德和符号系统（读、算）均只有在与别人的相互作用中才能掌握。他们坚持主张增加课堂合作学习的时间，使得学生在学习任务上协同合作，以便产生有益的认知冲突、高质量的理解和恰当的推理活动，从而提高学习成绩。

（二）建构主义学习理论

最早提出建构主义学习理论的是皮亚杰。他认为，知识不是客观的东西

(经验论),也不是主观的东西(活力论),而是个体在于环境交互作用的过程中逐步建构的结果。认识的生长不仅仅是经验的结果,而强调是个体在认知生长过程中的积极作用所产生的结果。建构主义学习理论的核心观点是:认识是在认识主体(学生)与客观环境(社会文化情境和自然环境)的相互作用中形成的。简单来说,学习是"知识的建构"。学生是信息加工的主体,是知识意义的主动建构者,借助他人(包括教师和学习伙伴)的帮助,利用必要的学习资料,通过意义建构的方式获得。它强调"情境、协商、会话、意义建构"四要素。信息技术便具备创设四要素学习环境的技术优势。

建构主义学习理论将教学情境作为教学过程的重点,认为教学情境要紧紧围绕教学目标,根据教学任务和教学内容来创设,有所选择和取舍;要遵循"真实性""思想性""趣味性""开放性"的原则,激发学生的情感,以此推动学生认知活动的进行。信息技术的发展为建构主义学习提供了方便的条件。教师利用新技术和智能设备创造数字化的学习环境,为学生提供各种情境资源,如文字、图片、音频、视频等,引导学生积极思考,在其原有认知结构的基础上促进学生主动建构,完善自己的知识结构,增进师生、生生互动,开展协商、会话和探究,促进学生意义构建,提高学生的实践能力和学科核心素养,培养学生的创新精神。

(三)人本主义学习理论

人本主义学习理论的主要代表人物马斯洛(A. Maslow)和罗杰斯(C. R. Rogers)认为,人际关系是有效学习的重要条件,它在教与学的过程中创造了"接受"的气氛,因此学习应注重学习的情感因素。人本主义学习理论把关注点集中在学习是人的个体需要与发展欲望上,突出调动学习者的内在动力,这符合思想政治课堂教学中通过信息技术手段培养学习兴趣,调动学生参与学习的积极性,进而提高学习效率的出发点。

人本主义学习理论认为,学习是一种在教师帮助下自我激发、自我促进、自我评价的过程。真正的学习是意义学习,即学习者的身心都参与到学习当中,学习是由学习者内心生出的欲望。其主要观点是强调人的因素和"以学生为中心",主张意义学习及自发的经验学习,促进学生学会学习并增强适应性,倡导学生的自我评价;强调尊重人的潜能,挖掘人的潜能,既主张平等,也承认错误。这是一种注重情感、符合人性的学习理论。

(四)系统科学理论

系统科学是控制论、信息论、系统论的统称。"系统"一词的内涵十分丰富。一般来说,系统是指由互相联系、互相制约、互相依存的若干组成部分(要素)结合在一起形成的具有特定功能和规律的有机整体。

系统论认为，由各要素构成的有序、开放的系统功能大于各部分功能之和。利用信息技术可以深层次整合教与学资源、校内资源和校外资源、教学资源和其他社会资源，促进学生主动、和谐发展，促进教师素质不断提高。

控制论和信息论的反馈原理告诉我们，任何系统只有通过反馈，才能实现有效的控制。教师必须通过学生的口头回答、脸部表情、眼神动作等反馈信息，及时了解学生对知识的理解程度，及时调控教学行为。教育信息技术以其良好的交互性特点使教师更全面、更及时地了解各个层次学生的学习情况，及时调控自己的教学行为，使不同基础和不同水平的学生都获得最大限度的发展。

以系统科学理论为指导，思想政治课教学只是整个教学系统的一个要素，我们必须从总体上把握教育和信息技术的发展规律，研究信息传播的规律，研究有效整合的手段和方法，最终达到思政课教学与信息技术整合的最优化教育效果，实现最优化的教学目标。

（五）贝罗 S-M-C-R 传播理论

贝罗 S-M-C-R 传播理论把传播过程分解为四个基本要素：信源、信息、通道和受传者（如图 2-1 所示）。

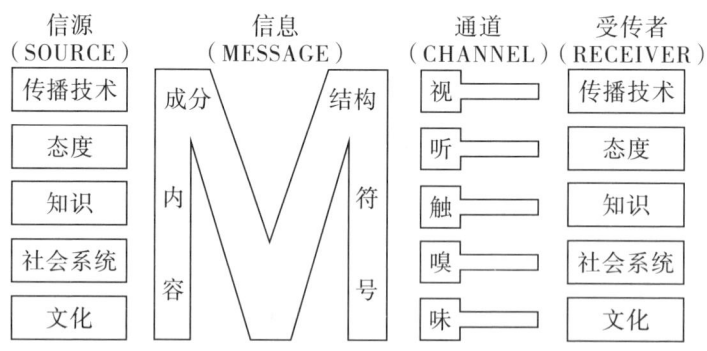

图 2-1 贝罗 S-M-C-R 传播理论①

信息是传播过程的内容，通道是传播过程的工具。信息不仅仅局限于传播的内容，还包括为达到传播目的所选择的符号、对传播内容进行组织所进行的处理、组成信息的成分以及组织信息形成的结构。教师可通过选择不同传播技术（如板书、挂图、投影、视频、动画、电子交互白板、实物演示仪和模型等），对学生的不同感官造成一定刺激，从而影响传播效果。在教学过程中，教师尽可能地运用多种传播模式和通道，用合理、有效的传播技术

---

① 唐敏，黄彦新. 基于贝罗传播模式的中学有机化学教学设计 [J]. 化学教育，2016, 37 (23): 14-19.

刺激不同的感官,让学生更容易接受、理解和掌握知识,有助于提高教学效果。教师的"教"要建立在学生已有信息的基础上,对教材、学情进行分析,整个传播过程在一定的社会系统和文化中进行。教师要联系社会生活实际进行信息传播。①

(六) 马斯洛需求层次理论

美国心理学家亚伯拉罕·马斯洛1943年在《人类激励理论》一书中提出需求层次理论,将人类需求像阶梯一样从低到高按层次分为五种,分别是:生理需求、安全需求、社交需求、尊重需求和自我实现需求。信息技术与课程融合对满足学生成长需要的作用如图2-2所示。

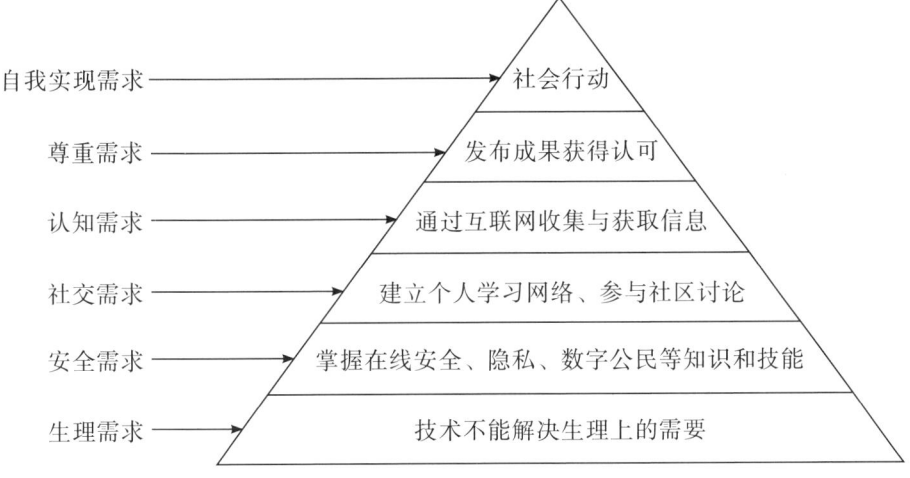

图2-2 需求层次理论下信息技术与课程的融合

由图2-2可知,信息技术与课程融合有助于以下五种需求的满足:一是安全需求。在线网络安全、数字隐私保护、数字公民的知识、技能和责任等内容需要融入教学中。二是社交需求。学生使用QQ、微信、微博、钉钉、个人空间等社交软件,既能扩大社交范围,也能以此建立学习社区。三是认知需求。学生能够通过互联网查询并获得有用的资料,进而探索未知、获得新知。四是尊重需求。学生在QQ、微博、微信上发表日志、上传图片与视频、发布个人成果后,能够使更多人知晓,得到更多人的认可,进而获得自我尊重、成就感等情感体验。五是自我实现需求。学生运用信息技术工具设计创作海报,创作文章、音视频作品等,从而实现个人潜能。需求的满足即

---

① 唐敏,黄彦新.基于贝罗传播模式的中学有机化学教学设计[J].化学教育,2016,37(23):14-19.

意味着潜能的发展，满足学生成长的多重需求成为信息技术与课程融合的内在动力。

三、信息技术与高中思想政治教学融合的基本内涵

在运用信息技术改善"教与学环境"和"教与学方式"的基础上，进一步实现教育的结构性变革，也就是通过信息技术与课程教学融合，改变传统的"以教师为中心"的课堂教学结构，构建"以学生为中心、以学习为主线、教师提供学习支架"的新型课堂教学结构，实现课堂教学结构和教学方式的根本变革。

结合思想政治学科特点和教学实践，信息技术与高中思想政治教学融合，即指具有信息素养的高中思想政治课教师在思想政治学科教学活动中，突破使用主体（师生之间）与使用客体（硬件、软件等）之间的明显界限，变革教学结构，营造新型教学环境，为学生构建随时（any time）、随地（any where）、多途径（anyway）的个性化、智能化、数字化课堂学习环境，通过既能发挥教师主导作用又能突出体现学生主体地位的以"自主、合作、探究"为特征的以学为主的新型教与学方式，培育学生政治认同、科学精神、法治意识和公共参与等核心素养，培养学生高阶思维能力，促进深度学习的实现，课堂教学系统四个要素（即教师、学生、教学内容和教学媒体）的和谐统一的过程。

四、信息技术与高中思想政治教学融合的重要原因

深入推进信息技术与学科教学的深度融合，依托信息技术营造信息化教学环境，促进教学理念、教学模式和教学内容改革，这是新时期教育教学改革的重要课题。中学思政课教学的核心是开发学生智慧潜力、发展学生创造力。在"以教师为中心"的传统教学中，学生的主体地位较为微弱，教师仅仅将课本中的内容教授给学生，很难实现"教师主导、学生主体"的新型教学模式。而在信息技术教学环境下，教师能在课堂上运用多媒体信息技术，将思想政治课教学内容通过多种形式直观展现在学生面前，充分吸引学生的注意力，诱发学生的求知欲，改善课堂氛围，做到实时评价反馈，增强教学效果。因此，将信息技术与思想政治课教学融合是十分必要的。

（一）信息技术与高中思想政治教学融合是信息化教育的客观要求

信息化教育与工业时代教育的不同点，在于前者是通过互联网等信息技

术手段来帮助学习者个体的学习，促进学习者个性的发展。工业时代教育的功能则强调自上而下规范学习、规范学习者，使之标准化、模具化，以便批量生产和造就工业化所需要的大量人才。这种教育模式具有学制统一、班级授课、分科学习等特征，专注于对学习者的直接塑造或改变，是"以教师为中心""以教定学"的教育。而互联网技术在教育领域的广泛应用，打破了传统教育中学校、教师知识传授的垄断地位，旗帜鲜明地提出"以学生为中心"，利用信息技术为学习服务、为学习者服务，提倡学制多样化、教育个性化和学生自主和谐发展。因此，信息化教育是基于互联网技术的、以服务为鲜明特征的新教育形态，它是为学习服务、为学习者服务的教育，是"以学定教"的教育。

（二）信息技术与高中思想政治教学融合是教学创新发展的必然趋势

信息技术的发展把人类从现实物质空间带入了数字虚拟空间，带入了由互联网、通信网、计算机系统、数字设备及其承载的应用、服务和数据等组成的网络空间。信息技术的飞速发展，使人们的学习方式产生了深刻的变革：学生从传统的接受式学习转变为积极主动学习、探究学习和研究性学习。学生要学会充分利用互联网上的丰富信息来补充书本外的知识，缩短书本知识与现实社会的差距，使所学的知识有效地应用于现实生活当中并为以后的生活、工作服务。因此，将信息技术应用在思想政治课教学上，作为展现教学内容、传播知识的重要工具，既可以实现对教学内容的有效组织与管理，易于学生掌握教学内容；同时又可以突破书本是知识主要来源的限制，呈现教科书以外的教学内容，用各种相关的教学资源来丰富课堂教学，扩充教学知识量；还可以提供、影、音、声、光等多种感官的刺激，激发学生学习的积极性和创造性，创设特定的情境，提高教学效率。此外，可以借助网络传播方式，通过专业的教学网站、微信公众号，以及钉钉、QQ等平台实现教学内容的实时开放。因此，随着信息技术带来信息革命和科技的飞速发展，将信息技术与思想政治课程融合的教学改革，是教学创新发展的必然趋势。

（三）信息技术与高中思想政治教学融合是"经验之塔"理论的实践需要

1946年，美国教育家爱德加·戴尔在其《视听教学法》一书中提出"经验之塔"理论，认为人一生中获得的经验分成三种类型，包括抽象的经验、观察的经验和做的经验（如图2-3所示）。其中直接经验位于"经验之塔"的底层，表示直接经验是上面两大类经验的基础，人的学习过程总是从最底层的"做"的经验开始，然后不断上升到最顶层的"抽象"的经验。

而"抽象"的经验获得比较困难，人们在学习的时候需要具备足够的学习和认知能力，但是上升到"抽象"的经验是学习的必然目的。完整的戴尔"经验之塔"一共包含三大类十个层次。最底层为有目的的直接经验（做），而最顶层为语言符号，中间包含了参与活动、观摩示范、电影、幻灯等层次。"经验之塔"对信息技术与思想政治教学融合的启示有以下几个方面。

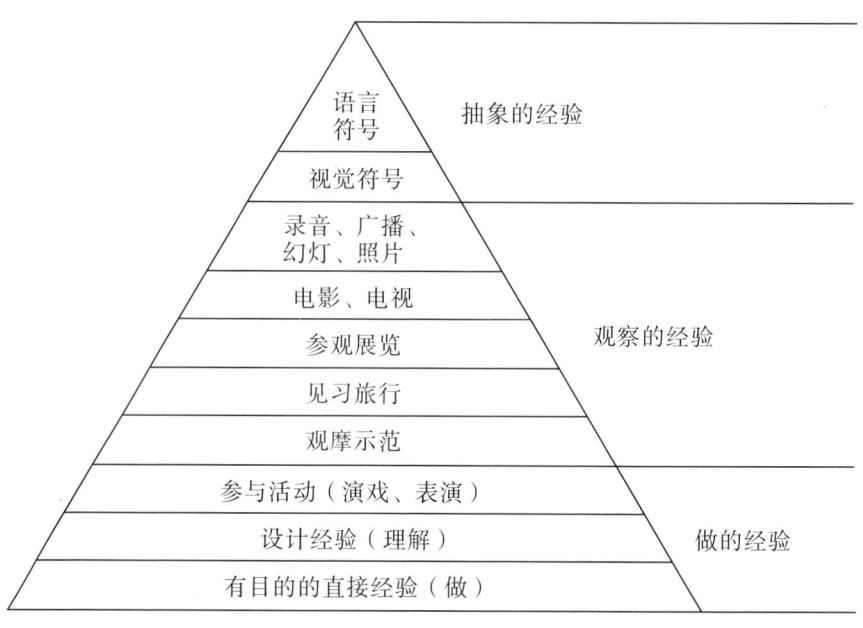

图2-3 戴尔"经验之塔"理论

（1）运用信息技术，让学生在形象、生动的演示中加深理解，化繁为简、化难为易，使抽象的知识转化为具体的视觉图像，变难为易、变枯燥为生动，提高学生学习效果。

（2）运用信息技术手段创设情境，引导学生带着问题探索，调动学生的多种感官，发展学生的创新思维能力。

（3）利用信息技术，通过声、形、图、文的有机结合，让学生产生身临其境的感觉，增强教学感染力，丰富学生的知识内涵，把学生被动接收知识变为主动吸收知识。

（4）利用信息技术优势促进教师自身知识更新，扩充知识储备，提升教师的信息素养和树立终身学习的理念，不断提升自我。

（四）信息技术与高中思想政治教学融合是课程改革的客观要求

2016年9月13日，由教育部委托，北京师范大学联合国内高校近百位专家成立课题组，历时3年完成的《中国学生发展核心素养》发布，主张以培养"全面发展的人"为核心，把核心素养分为"文化基础、自主发展、社会参与"三个方面，表现为"人文底蕴、科学精神、学会学习、健康生活、责任担当、实践创新"六大素养，具体细化为"国家认同"等十八个基本要点。《中国学生发展核心素养》明确将核心素养界定为"学生应具备的，能够适应终身发展和社会发展需要的必备品格和关键能力，是关于学生知识、技能、情感、态度、价值观等多方面要求的综合表现"。简言之，就是学生"在什么情境下运用什么知识能做什么事（关键能力），是否持续地做正确的事（必备品格），是否一贯地正确做事（价值观念）"。

2018年1月16日，教育部发布《普通高中思想政治课程标准（2017年版）》，并于2020年5月11日发布《普通高中思想政治课程标准（2017年版2020年修订）》，指出要关注信息化环境下的教学改革，根据经济社会发展新变化、科学技术进步新成果，及时更新教学内容和话语体系；更加关注学生核心素养的培养；强调着力改进教学方式和学习方式，充分利用现代信息技术，拓展教育资源和教育空间，通过议题引入、引导和讨论，推动教师转变教学方式，以及通过问题情境的创设和社会实践活动的参与，促进学生转变学习方式，在合作学习和探究学习的过程中，培养创新精神，提高实践能力。[1] 思想政治课教学必须由过去的学科本位转向以人的全面发展为主，教师在教学过程中应特别关注与学生积极互动、活跃课堂氛围，处理好知识传授与能力培养之间的关系，注重培养学生独立自主学习能力、探究能力，引导学生质疑、调查、探究，促进学生在教师指导下主动地、富有个性地学习，提高政治学科核心素养。

（五）信息技术与高中思想政治教学融合是师生自身发展的客观要求

教学活动中，教师的"教"与学生的"学"是一个"学习共同体"，它不仅是一种教学活动，而且是充盈于师生之间的精神氛围。对教师来说，上课不仅是传授知识，而且是分享理解、专业成长和自我实现的过程。对学生来说，上课是学习知识、凸显主体性、解放创造性的过程。

作为教师，不仅要学会熟练地操作电脑，而且要学会更好地利用计算机强大的功能和互联网上丰富的教学资源。现代教师的基本素质就是能够从资源无限丰富的网络世界里收集、整理信息，把知识记忆型教育变成知识创新型教育，培育学生创新意识和创新能力。

教师要树立培养学生创新意识的教学思想。教师在教学过程中，将信息

---

[1] 中华人民共和国教育部. 普通高中思想政治课程标准（2017年版2020年修订）[S]. 北京：人民教育出版社，2020：2-3.

技术与思想政治课教学融合，不仅可以培养学生学习与应用信息技术的兴趣，帮助学生掌握计算机基础知识和基本的操作技能，教会学生如何收集、利用信息，使学生能适应信息社会的学习和生活方式，提高学生现代信息资源的搜集、处理与分析能力，而且可以培养学生的科学思维能力、创新精神和实践能力，使学生能适应社会发展的需要。

（六）信息技术与高中思想政治教学融合是由思想政治课的特点决定的

一些学生把高中思想政治课称作"放松课""休息课""睡觉课"，在课堂上打盹、说小话、做作业。一些学生觉得高中思想政治课难懂、枯燥，只是迫于教师压力才记忆背诵，学得既痛苦又没有效率。教师教得辛苦，热情不高，动力不足，对教学产生迷茫与困惑。

高中思想政治课信息容量大、时政性强，并与实际的社会生活密切相关，具有时效性、思想性、实践性等特点。在思想政治课教学过程中，教师应该把握教材的特点和教学目标，同时又不被教材束缚，及时填充新的知识内容。高中思想政治课以新情境、新材料、新观点作为独特标志，理论联系实际是其生命之所在。新课程要求教师按照"学教并重"的教学理念来设计课程教学。高中思想政治课的特点要求教师利用信息资源的丰富性，信息技术的便利性和快捷性，创造全新的教学环境，改变授课方式，更好地展现高中思想政治课的特色。

五、信息技术与高中思想政治教学融合的基本要素

高中思想政治课教学既是政治课程体系中的一部分，自身又是一个复杂的开放性的完整系统，有其特定的功能和目的所在。依据不同的标准维度，教学系统可以分为不同功能的要素。从主客体关系来看，思想政治课教学系统主要有教师、学生、教学内容、教学媒体四个要素。在信息技术与高中思想政治教学融合过程中，上述四个要素所处的地位和它们发挥的作用是不相同的。

（一）教师

振兴民族的希望在教育，振兴教育的希望在教师。教师是否具有搜集、整理、运用信息的能力，关系到教育信息化目标能否顺利地实现，关系到能否培养出一批适应现代信息社会的新型人才。这就要求思想政治教师具备更高的信息素养，能够在课堂教学中灵活运用现代信息技术。

教师是信息技术与教学融合成败的关键。信息技术与思想政治教学融合的前提是教师具备较高的信息素养，能够正确而有效地应用信息技术。作为

一名优秀的教师，良好的信息素养不仅仅体现在能够运用现成的信息素材制作课件，还体现在能够对网络上的材料进行分类、加工，制作出质量上乘的课件，能够从现有的教学资源中选出最优的电子课件，并会调用多媒体素材库、中国教育信息资源库以及互联网上丰富的信息资源来开展信息化教学。

信息技术在高中思想政治教学中发挥的作用与教师的教学思想和教学观念是分不开的。信息技术应用课堂，不仅仅要求教师具备较高的信息素养，教会学生必备的学科知识，更重要的是要求教师转变传统的教学观念，从而带动教学方式、评价方式的根本性改变。如果教师的教学观念仍然还是传统的教学观念，那么教师就不能很好地发挥信息技术在教学中的优势，而只是把先进的信息技术当成传统教学的附属物。教师在实现信息技术与思想政治教学融合的过程中，应积极运用信息技术，借助信息技术教学工具改进教学方法、教学手段，通过对教学过程的精心设计，为学生提供更多的体验和实践机会，有效地启发他们的思维，带动他们主动发展。

（二）学生

学生已经不是单纯意义上的"被动接收者"，而是"意义建构的主动探索者"。学生原有的知识水平是开展融合教学时需要考虑的一个重要因素。在开展教学活动前，教师应该事先确认教学所用的信息资源、多媒体教学软件需要学生掌握哪些基础知识，然后去调查学生已有的知识水平，看其是否具备这些基础知识。对于不具备这些基础知识的学生，教师要给其补习，提供帮助。

开展融合教学时应该考虑的另一个重要因素就是学生的兴趣。兴趣产生的原因是多方面的：或者对思想政治课感兴趣，或者对信息技术本身感兴趣，或者对两者都有兴趣。如果学生仅仅对信息技术这种新兴的技术感兴趣，教师就应该采取一些方法，将学生的兴趣转移到学科上，防止课堂的效果受到影响。教师提高学生信息素养的重点应该是使学生在掌握信息技术的基础上创新思维方式，多角度地、辩证地看问题。

（三）教学内容

教学内容也是一个非常关键的要素。教师需要设计动脑思考的场景，引导学生去思考、分析、解决问题，培养学生探究学习的能力，增强学生把方法的学习和知识的学习放到同等重要位置上的意识。高中思想政治课关注人的发展的价值取向。学生通过对高中思想政治课的学习，将形成正确的人生观、世界观和价值观，能够理解当今社会一些问题的根源所在，提高自己的知识水平和自身素质，改变思维方式，以辩证的方法来看问题。思想政治课要把学生自身发展放在第一位，首先让学生掌握本学科的基本知识、提高知

识水平、形成正确的三观；其次，提高学生的实践能力，使学生能够理论联系实际，在今后的工作与生活中做出正确的价值判断和价值选择，形成健康的生活方式。

（四）教学媒体

教学媒体是指直接加入教学活动，在教学过程中传输信息的手段。教学媒体是教学系统中的物质要素，是信息的载体和传输通道。传统教学媒体由于自身的功能条件所限，在教学中只能起到视觉辅助和工具辅助的作用，不能在本质上拓展教学空间。

现代信息技术支持下的教学媒体已成为教学过程和学生自主进行学习活动的重要物质基础和环境平台。多媒体电脑、网络平台和智能教学平台大大拓展了教学媒体的功能，使信息的传输呈现出超量信息、超速度、非线性、交互性的特点，同时，为教学提供了跨时空的硬件环境和丰富的软件资源。教学媒体已成为教学系统发展的重要条件，并越来越显示出极大的教育潜能。

教学活动与教学手段和教学工具同时存在，教学工具是顺利教学的基础，教学活动离不开教学工具。随着科学技术的发展，教学工具也在不断发展，从传统的黑板等简单的教学工具，到后期的幻灯机，它们是教师讲授知识的媒介，有一定的局限性。随着信息技术的产生和发展，教学媒体也有了进一步的发展，它能够突破传统教学媒体的局限性，使师生之间、学生之间充分地互动，提高学生的学习积极性，培养学生解决问题的能力。

选择恰当的教学媒体对于提高教学质量是非常重要的。教师如果能恰当地运用教学媒体，结合课程内容，给书本知识赋予鲜活的形象，对于提高学生的学习积极性、主动性、创造性是非常有利的。教师应根据教材内容选取生动有趣的画面，将静态的知识动态化、直观化、生动化，帮助学生掌握知识内在的规律，完成知识体系构建。在课堂上，教师应充分发挥教学媒体的天然优势，使之更好地服务于教学。

教学系统结构性变革的核心指向如何处理好教师、学生、教学内容、教学媒体这四个课堂要素之间的关系，使它们以科学合理的结构形成一个有机整体，在有序状态中动态运行并趋向平衡。

第三节　信息技术与高中思想政治
教学融合的教学结构

对于实现信息技术与课程融合的途径方法，北京师范大学何克抗教授提出应强调三个环节：一是要深刻认识课堂教学结构变革的具体内容；二是要实施能有效变革课堂教学结构的创新"教学模式"；三是要开发出相关学科的丰富学习资源，以便作为学生的认知探究工具、协作交流工具。

何克抗教授认为，"目前的教学改革存在的主要问题是忽视教学结构改革。教学结构是指在一定的教育思想、教学理论、学习理论指导下的教学活动进程的稳定结构形式，即直接反映教师用什么教学思想、教学理论来组织自己的教学进程，是教学思想、教学理论、学习理论的集中反映，是教学系统四个要素（教师、学生、教学内容和教学媒体）相互联系、相互作用的具体体现。教学结构具有四个特性"[①]。

（1）依附性。教学结构依附于教育思想、教学理论、学习理论。对理论的依附性是教学结构区别于教学策略、教学方法的最本质特性。

（2）动态性。教学结构是教学活动进程的稳定结构形式。脱离了"进程"，即无所谓教学结构。教学策略、教学方法可以脱离教学进程而独立存在，它们在很多情况下是静态的。这也是教学结构区别于教学策略、教学方法的又一本质特性。

（3）整体性。教学结构是由教学系统的四要素（教师、学生、教学内容、教学媒体）在教学活动进程中相互联系、相互作用而形成的稳定结构形式。教学策略、教学方法可以只与其中的一两个要素相联系，而不必同时与四要素相联系。这是教学结构区别于教学策略、教学方法的第三个本质特性。

（4）稳定性。尽管教学结构具有动态性，但它不是随意变化的，而是一种稳定的结构形式，因为它依附于某种教育思想、教学理论和学习理论。

教学系统各要素之间的关系不同决定了其结构的不同，也决定了系统功能的不同。从教学要素之间的关系来看，教学结构主要有三种，即"以教师为中心"的教学结构、"以学生为中心"的教学结构和"主导—主体相结

---

① 何克抗，吴娟. 信息技术与课程整合：信息技术与课程深度融合的理论与实践[M]. 2版. 北京：高等教育出版社，2019：69-70.

合"的教学结构。此外,还有信息技术与课程融合理念的教学结构。不同的教学结构分别反映了不同的教学理论和学习理论。

一、"以教师为中心"的教学结构

17世纪30年代,捷克的夸美纽斯发表《大教学论》,提出班级授课制度,开创"以教师为中心"的教学结构。经过历代教育学家、教育心理学家的努力,这一领域的实践探索不断深入,教学理论研究成果也层出不穷。比较突出的有:19世纪德国赫尔巴特的"五段教学"理论(预备、提示、联系、统合、应用);20世纪苏联凯洛夫的教学理论(激发学习动机、复习旧课、讲授新课、运用巩固、检查效果);美国布鲁纳的"学科结构论"(认为不应强调增加教材的量,而应按照学科内容自身的体系结构即围绕学科的基本概念、基本原理和基本方法来进行教学,才能有效地促进儿童的智力发展);布鲁姆的"掌握学习"理论(认为只要能正确运用"掌握学习"的教学策略,绝大多数甚至90%以上的学生都能很好地达到教学目标的要求);加涅的"联结—认知"学习理论和"九段教学法"(接受、预期、提取到记忆中、选择性知觉、语义编码、反应、强化、提取和强化、提取并概括化);20世纪后半叶奥苏贝尔的"学与教"理论;等等。①

20世纪90年代以前,我国的教学结构基本上都是"以教师为中心"的教学结构,其特点是:教师是知识的传授者,是主动的施教者;学生处于被动接受的地位。教学媒体是辅助教师教的演示工具。教材是学生唯一的学习内容,是学生知识的主要来源。② 这种教学结构的优点是有利于教师主导作用的发挥,便于教师组织、监控整个教学活动进程,便于师生之间的情感交流,有利于学科知识的系统传授。不足之处是教师主宰课堂,忽视学生在学习过程中的主体地位,不利于创新型人才的培养。③

二、"以学生为中心"的教学结构

随着多媒体和互联网技术的发展,20世纪90年代以后,"以学生为中心"的教学结构逐渐发展起来。其特点是:学生是信息加工的主体,是知识

---

① 余胜泉,马宁. 论教学结构——答邱崇光先生[J]. 电化教育研究,2003(6):4-5.

②③ 何克抗,吴娟. 信息技术与课程整合:信息技术与课程深度融合的理论与实践[M]. 2版. 北京:高等教育出版社,2019:71.

意义的主动建构者；教师是课堂教学的组织者、指导者，是学生主动建构意义的帮助者、促进者；教学媒体是促进学生自主学习的认知工具和协作交流工具；教材不是学生唯一的学习内容，通过自主学习与协作交流，学生可以从其他途径获取知识。①

在"以学生为中心"的教学结构中，教学媒体除了包含投影、幻灯片等传统教学媒体外，还包括多媒体计算机、网络技术等多种现代电子媒体。教学内容这个要素也要加以扩充，不能再仅仅局限于传统的教材，而应当包括与当前学习主题相关的录音带、录像带、CAI课件、多媒体课件以及可以从互联网上获取的各种信息资源。②"以学生为中心"的教学结构，不仅关注学生学什么，更关注学生是怎么学的。教师要反思自己的教学能否激发学生的兴趣、调动学生学习的主动性，能否挖掘学生的潜能、促进学生深度学习。

这种教学结构的优点是可以发挥学生在学习过程中的主动性、积极性、创造性，有利于批判性思维、高阶思维的培养，有利于创新型人才的培养。不足之处是对教师的主导作用重视不够，不利于学科知识的系统传授，忽视了情感因素在学习过程中的作用，师生之间缺乏情感交流。例如过分强调学生自主学习，也容易偏离教学目标。

三、"主导—主体相结合"的教学结构

如前所述，"以教师为中心"的教学结构和"以学生为中心"的教学结构均有其优点和不足，若能将二者结合起来，互相取长补短、优势互补，则可以相得益彰，形成比较理想的教学结构。"主导—主体相结合"的教学结构介于上述两种教学结构之间，既强调教师的主导作用又体现学生的主体地位，既重视教师的"教"又重视学生的"学"，把两方面的积极性、主动性都调动起来，优化教学过程，提高教学效果。

马克思主义唯物辩证法的矛盾观认为：在认识复杂事物的发展过程时，既要看到主要矛盾，又要看到次要矛盾。在认识某一矛盾时，既要看到矛盾的主要方面，又要看到矛盾的次要方面。"以教师为中心"的教学结构和"以学生为中心"的教学结构都只看到教学结构的某一方面，宣扬一方而否

---

① 何克抗，吴娟. 信息技术与课程整合：信息技术与课程深度融合的理论与实践[M]. 2版. 北京：高等教育出版社，2019：72.

② 余胜泉，马宁. 论教学结构——答邱崇光先生[J]. 电化教育研究，2003(6)：5.

定另一方,会陷入形而上学的一点论。而"主导—主体相结合"的教学结构遵循的是马克思主义唯物辩证法的两点论。

"主导—主体相结合"的教学结构的特点是:教师是教学过程的组织者、指导者,学生自主建构意义的帮助者、促进者,学生良好情操的培育者;学生是信息加工和情感体验与内化的主体,知识意义的主动建构者;教材不是唯一的教学内容,学生可从多个学习对象和多种教学资源获得多方面知识;教学媒体既能辅助教师的"教"(创设情境、协作学习、讨论交流),又能促进学生自主的"学"(自主学习、协作探索)。①

在"主导—主体相结合"的教学结构中,教师通过对教学内容、教学媒体、学习活动等的设计,使学生在学习过程中具有很大的自主权,有利于保证其学习不会发生质的偏离,并且能在适当的时候得到教师、同伴的指导和帮助,有利于其主动性、积极性的发挥和创新思维、实践能力的培养。

四、信息技术与课程融合的教学结构

随着现代信息技术的快速发展,信息化的教学媒体已成为教学过程和学生自主进行学习活动的重要物质基础和环境平台。多媒体电脑、互联网平台和智能教学平台大大拓展了教学媒体的功能,为教学提供了跨时空的硬件环境和丰富的软件资源。"主导—主体相结合"的教学结构如果有信息化教学媒体作为支持,将能取得更为理想的教学效果。由此,信息技术与课程融合的教学结构应运而生。

信息技术与课程融合的教学结构有其显著特点:利用信息技术获取、分析、存储、加工和评价信息的功能,培养学生的信息素养;信息技术提供的便于观察、设计和参与实际操作的优点,对学生主动建构知识体系非常有利;信息技术提供不受时空限制的会话、讨论、协作交流的环境,有利于学生合作精神的培养;信息技术的传输呈现出超量信息、超速度、非线性、交互性的特点,有利于提供有效的情境,从而对学生创新精神和实践能力的养成十分有利。②

我们创建的"信息技术与高中思想政治教学融合的生态课堂"强调尊重学生的主体地位,发挥学生的主体作用,调动学生的积极性、主动性和创造

---

① 何克抗,吴娟. 信息技术与课程整合:信息技术与课程深度融合的理论与实践[M]. 2版. 北京:高等教育出版社,2019:74.

② 何克抗. 信息技术与课程深层次整合理论[M]. 北京:北京师范大学出版社,2008:94.

性，提倡自主学习的方式，崇尚探索性学习。生态课堂的教学内容从依赖教材转变为以教材为主，并有丰富的信息化教学资源相配合；教学媒体由只是辅助教师突破重点、难点的形象化教学工具，转变为既能辅助教师的"教"，又能促进学生自主的"学"的个性化、智能化、数字化媒体环境。

教师主导作用的体现：教师依据课程标准的要求确定教学目标，运用信息技术收集和创设情境，设置议题情境和议学问题，引导学生商议、讨论、解决问题。课前，教师设计好导学案，利用信息技术收集学生自主预习情况，通过查阅数据做出教学决策的调整。课中，教师提供"支架"。"预设情境，议题引领，任务驱动，思维巧导，精讲提升"是教师主导课堂的脉络。课后，教师利用信息技术让学生进行在线答疑、错题重做或推送巩固练习，达到迁移应用的目的。

学生主体地位的体现：学生在导学案的引领下自主思考，在学习共同体的协同合作下商议、解决问题。课前，学生利用信息技术和教材自主完成导学案，将疑难问题反馈给教师。课中，学生围绕议题探究对学、群学。"进入情境，合作探究，完成任务，总结规律"是学生的课堂学习方式。课后，学生利用信息技术和学习资源巩固学习，向教师和同伴提出疑问，解决学习疑问。

在教学中，教师从融合的视野出发，构建基于信息技术的学习者中心环境，应用信息技术工具，创新教学方式，开展以"自主—合作—探究"为标志的教与学的活动，即教师要以学生个性化的学习活动为主线，引导学生在自主学习的基础上对学、群学，交流学习成果，在教师巧妙指导和精讲点拨下学会迁移运用。教师变为学生学习活动的"导学者"、借助大数据的"诊学者"、探究体验的"合作者"、隐于"云端"的"助学者"。这就是数字化环境下"以学生为中心、以学习为主线、教师提供学习支架"的课堂教学结构（如图 2-4 所示），即信息技术支持下"主导—主体相结合"的教学结构，由此实现课堂教学结构和教学方式的根本变革，使学生的学习方式便捷化、学习过程个性化、学习效率高效化，进而获得高质量的学习结果，促进学生深度学习，从而提升学生的核心素养。

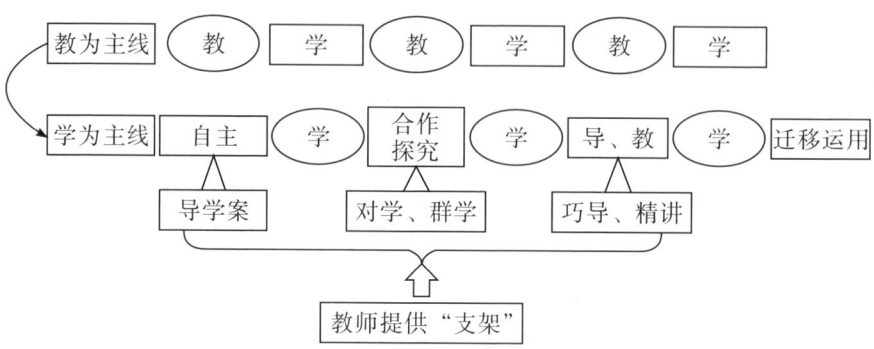

图2-4 "以学生为中心、以学习为主线、教师提供学习支架"的课堂教学结构

可见,课堂生态系统中的师生关系,是一种相互依存、相互支持的共生关系,师生对于课堂的生态质量要共担责任。教学生命的动力是合作共生,合作意味着责任共担。共生性师生关系理论认为教育过程中权责要清晰,教师的责任在于唤醒、激发、鼓励和规范学生的意识和学习,学生的责任是主动配合教师的教育,履行自己的"学习自觉"。①

第四节 信息技术与高中思想政治教学融合的原则和意义

一、信息技术与高中思想政治教学融合的基本原则

在信息技术与高中思想政治教学融合的实践中,常常会出现一些误区:片面增加课堂内容,追求课堂气氛,忽视教学的实际需要,在教学课件中加入与教学内容不相干的动画、图片,影响了学生对学科知识的理解,浪费了宝贵的课堂时间,偏离了教学目标。片面强调学生的自主性,忽视教师的主导作用,等等。因此,融合时必须遵循以下原则。

(1)目的性原则。应根据教学实际,有意识有目的地恰当选择和使用信

---

① 邵迎春. 高中思政课堂生态系统特征及教学对策 [J]. 中学政治教学参考, 2021 (7).

息技术教学手段，切不可为使用而使用，忽视实际效果。

（2）启发性原则。应通过情境设置和议学任务，引发学生思考和讨论，洞察知识之间的内在联系，培养学生独立思考、自主学习和协作探究能力。

（3）服务性原则。要明确信息技术在教学中处于从属地位，为教学目标和教学内容服务，不可主次颠倒，将师生变为信息技术的"仆人"。

（4）最优化原则。应根据教学目标、教学内容和教学对象的实际情况，选择能取得最佳效果的教学手段。

（5）适度性原则。使用信息技术的时机要恰当，切忌盲目追求形式、使用次数和数量。要充分、合理地应用信息技术，使抽象的知识形象化、乏味的理论生动化、被动的学习主动化、复杂的问题简单化，通过融合促进传统教学方式与课堂教学结构的根本变革，达到培养学生创新精神与实践能力、培育学生思想政治学科核心素养的目标。

二、信息技术与高中思想政治教学融合的重要意义

信息技术与高中思想政治教学融合的意义可以归纳为以下几点。

（1）创建新型教学方式。长期以来，高中思想政治教学在高考指挥棒的指引下一味地对学生灌输知识，忽视了对学生实践能力的培养。死记硬背的学习方式扼制了学生的积极性和主动性，不利于学生创新精神的培养，降低了学生的学习兴趣和学习效率。信息技术和高中思想政治教学的融合，使教师的教学方法发生了重大变化。教师从备课、查询教学资料到设计制作教学课件、上课，都可以运用信息技术提高工作效率和教学质量。

（2）改变学生的学习方式，从以往的被动学习转变为研究式、合作式、辨析式学习。信息技术与高中思想政治教学融合，使传统教学摆脱了对课本的过度依赖，利用教育云平台实现数字资源共享，使教师与学生之间建立沟通、交流的关系，学生能够主动发现信息、探究问题、解决问题，掌握信息时代的学习方式，如利用信息化交流工具与他人研讨、交流，对信息进行收集、加工处理等。

（3）构建新型教学结构。在学教并重的教育理念下，信息技术不仅仅是教师的演示教具，更是促进学生认知能力提升及激励学生情感的重要手段，使传统的课堂教学结构发生根本性变革，由"以教师为中心"转变为"教师主导与学生主体相结合"，从而使学生的创新精神、实践能力和学科核心素养的培养真正落到实处。

（4）拓宽教和学的空间。在信息技术的支持下，课堂教学突破了传统的时空限制，不仅能为学生创设教学情境，还能让学生无论身处何地，只要有

网络就能观看微课视频、课件、试题、导学案和教学视频等。教师根据教学目标、教学内容整合网络中的相关素材,丰富教学内容。

(5)积累优质的教学资源。通过教学资源库建设和数字化校园建设,可以使电子学案、教学课件、视频录像、学科试题、拓展资料等得到很好的保存和使用。

(6)提升学生信息素养。作为一种认知工具,信息技术能够为学生的学习提供更多的渠道,推动传统认知工具与课程融合。第一,信息技术可以作为学生获取信息的重要工具,学生能够充分利用信息技术筛选所需信息,并对信息进行有效的处理、应用。第二,在具体的情境探究过程中,信息技术能够对课程内容进行多种形式的转化,并通过多媒体、超文本等形式展现出来,形成数字化信息资源,促进学生对信息的探索与发现。第三,信息技术还能够作为教师与学生交流、沟通的媒介。信息技术打破传统时间、空间等的限制,有助于师生实现良好沟通,及时解决学习中存在的问题,实现"教"与"学"的双向测评。

第三章
信息技术环境下的生态课堂

> 教育的基本原理在于,使人们在孩提时代就建立起良好的思维体系。教育无须强迫,也不能强迫,更无法强迫。任何填鸭式的教育方式只会让人们头脑空空、一无所获。只有在早期教育中融入寓教于乐的成分,我们才能更快地发现孩子的兴趣所在。
>
> ——柏拉图

第一节 课堂教学改革呼唤"课堂生态化"

一、课堂教学改革正当时

2017年9月,时任教育部党组书记、部长陈宝生在《人民日报》撰文《努力办好人民满意的教育》,强调坚持内涵发展,加快教育由量的增长向质的提升转变。把质量作为教育的生命线,坚持回归常识、回归本分、回归初心、回归梦想。深化基础教育人才培养模式改革,掀起"课堂革命",努力培养学生的创新精神和实践能力。[①] 也就是运用新资源、新思路、新手段、新技术对传统课堂进行改革,将独白式、沉默式、问答式课堂转变为对话式、思辨式、体验式、探究式课堂,学生由被动学习向主动学习转变。王绪

---

① 陈宝生. 努力办好人民满意的教育[N]. 人民日报, 2017-09-08(7).

溢博士认为，本轮课堂革命通过课堂变革实现以人为本、以学为本、以生为本的学生中心教学，而信息技术是教学形式与内涵转化和升级的最佳触媒，也是最好的工具。①

什么是"课堂革命"？课堂革命是指移动互联网技术、大数据挖掘技术和人工智能赋能课堂教学，新一代信息技术与课堂教学深度融合后，课堂教学在理念、目标、内容、教与学关系与地位、环境、结构、形态等全时域发生内涵性创新变革，其实质是对传统课堂教学根基、中心和结构形态的颠覆性创新与变革。②

（一）"课堂革命"是教学模式的变革

"课堂革命"通过互联网技术、人工智能、大数据分析等技术手段，重构教学设计、教学流程，创新作业布置和课后答疑辅导等，通过项目式、任务式、议题式、翻转课堂等教学模式，利用智慧课堂、智能教学平台打造线上线下相结合的课堂教学。

（二）"课堂革命"是教学内容的变革

"课堂革命"重塑教学内容，重视以学科大概念为核心，使课程内容结构化，以主题为引领，使课程内容情境化，促进学科核心素养的落实。结合学生年龄特点和学科特征，课程内容落实习近平新时代中国特色社会主义思想，有机融入社会主义核心价值观、中华优秀传统文化、革命文化和社会主义先进文化教育内容，努力呈现经济、政治、文化、科技、社会、生态等发展的新成就、新成果，充实丰富培养学生社会责任感、创新精神、实践能力相关内容，③寓价值引导于知识传授和能力培养之中，引导学生树立正确的人生观、价值观和世界观，落实思政课立德树人关键课程的任务。

（三）"课堂革命"是教学环境的变革

"课堂革命"对教学环境的要求随着教学内容、教学模式的变革而改变。首先，课堂布置与传统教室不同，桌椅的摆放采用适合课堂讨论、有助于促进课堂中人际交往的"组块型"。其次，扩大学生学习环境，让学生走出课堂、走入社会，强调体验学习，强化"做中学"，还可以进行混合式教学，

---

① 王绪溢. 数字时代的学与教：给教师的建议40讲［M］. 长春：东北师范大学出版社，2019：221.

② 蔡宝来. 人工智能赋能课堂革命：实质与理念［J］. 教育发展研究，2019，39（2）：9.

③ 中华人民共和国教育部. 普通高中思想政治课程标准（2017年版2020年修订）［S］. 北京：人民教育出版社，2020：前言4－5.

做到线上教学和线下教学相结合，满足多元化学习需求。当前提倡的基于问题的教学、参与型教学和基于项目的主题教学，其对应的学生学习方式是问题化学习、情境化学习、体验性学习和探究化学习。

"课堂革命"只有使先进理念落实到教育教学方法上，才能真正实现教育目标。我们必须按照学生个性发展的需要，遵循学生身心发展规律和知识发展的逻辑规律，探索有效的教学模式。当前，许多学校在教学模式改革方面进行了积极的探索，例如山东杜郎口中学、兖州市第一中学、昌乐县第二中学等。这些教学模式都遵循了预习、展示、反馈这三个基本的教学流程。学生从被动学习走向主动学习，从浅层学习走向深层学习。教师从体力劳动走向智力劳动、智慧劳动。每一节课都促进学生的思维发展，增加思考的含量，加大思维的流量，这就是我们对于课堂革命的愿景。

二、生态及课堂生态学研究

"生态（eco）"一词源于古希腊文，意思是家或者我们的环境。结合《辞海》和《现代汉语词典》，用语素解释法来表达，"生态"就是指一切生物的生存状态，它们之间以及它（它们）与环境之间环环相扣的关系。[①]

1932 年，美国学者 W. 沃勒（W. Waller）在《教学社会学》中率先提出了"课堂生态学"概念。生态教育强调以一种生态的眼光、原理和方法来看待、思考、理解、解释复杂的教育问题，并以生态的方式来开展教育实践。它是一种系统观、整体观、联系观、和谐观、均衡观下的教育，是一种充分体现和不断运用生态智慧的教育。将这种生态教育思想植入微观的课堂，可以构建一种生态式的教学模式。

1971 年，费恩（L. J. Fein）著述了《公立学校的生态学》。1974 年，坦纳（R. T. Tanner）出版了《生态学：环境与教育》。1976 年，美国哥伦比亚师范学院院长劳伦斯·克雷明（Lawrence Cremim）在《公共教育》一书中最早提出了"教育生态学"的概念，并列了专章进行讨论。他指出，教育生态学是应用生态学的原理，特别是运用生态系统、生态平衡等原理来研究教育的种种现象、成因，掌握教育发展的规律，揭示教育发展的趋势和方向。这个时期的教育生态学主要是研究学校、课堂、教学设备、课程等因素对教

---

① 袁闽湘，吕晓花. 自主课堂"生态化"重构［M］. 南京：江苏人民出版社，2015：10.

育教学的直接影响问题。① 自此，教育界逐渐认同课堂教学活动是由教师、学生、课堂教学环境组成并相互作用的微型生态系统。

1990—1993年，美国著名教育生态学家鲍尔斯（C. A. Bowers）连续出版了3本著作，从宏观视角研究教育、文化生态，从微观视角研究课堂生态。自此之后，生态学的原理与规律被应用于教与学。②

自古以来，我国的传统文化中就蕴含了很多关涉"生态"的理念，儒、道、佛各家文化中的"天人合一""道法自然""众生平等"等文化积淀深厚、历史悠远，且历久弥新。现代的文化观念更是对"生态观"进行了多元的解读和普适性的界定。我国对"教育生态学"的研究始于20世纪90年代。1990年，吴鼎福、诸文蔚撰写了我国第一部教育生态学专著《教育生态学》，研究如何将生态学原理运用于教育现象和问题上。他们认为"生态化"就是"使变成（成为）生态"，也就是"将生态学的原则渗透到人类的全部活动范围中去，用人类与自然协调发展的观点来思考和认识问题，最优化地处理人与自然的关系"③。1992年，任凯、白燕所著的《教育生态学》则运用生态系统的观点对教育进行了系统的研究。范国睿在2001年出版的《生态教育学》主要是从文化与教育生态、教育资源与教育生态、学校生态分布、学校生态环境、课堂生态环境等方面进行论述。2011年，范国睿又出版了第二本生态教育专著《共生与和谐：生态学视野下的学校发展》，对学校制度生态、学校组织生态、学校文化生态、课堂生态等多个方面进行生态学分析。华东师范大学叶澜教授主持的"新基础教育"实验致力于把课堂还给学生，让课堂充满生命活力；把班级还给学生，让班级充满成长气息；把创造还给教师，让教育充满智慧挑战，持续关注师生的课堂生态建设。

教育部2001年印发的《基础教育课程改革纲要（试行）》指出："教师在教学过程中应与学生积极互动、共同发展，要处理好传授知识与培养能力的关系，注重培养学生的独立性和自主性，引导学生质疑、调查、探究，在实践中学习，促进学生在教师指导下主动地、富有个性地学习。教师应尊重学生的人格，关注个体差异，满足不同学生的学习需要，创设能引导学生主动参与的教育环境，激发学生的学习积极性，培养学生掌握和运用知识的态度和能力，使每个学生都能得到充分的发展。"解读其中的价值观，其关键

---

① 邵迎春. 高中思政课堂生态系统特征及教学对策［J］. 中学政治教学参考，2021（7）.

② 孙芙蓉，谢利民. 国外课堂生态研究述评［J］. 外国中小学教育，2006（4）：12－32.

③ 吴鼎福，诸文蔚. 教育生态学［M］. 南京：江苏教育出版社，2000.

词是：生命、生态、发展。随着课程改革的推进，要求广大教师在课堂上不断改善教与学的方式，构建民主和谐的师生关系，重视学生的主体地位，关注学生的生命发展，构建和谐的"生态课堂"。

"课堂生态化"就是"使课堂变得生态"。"生态课堂"就是应用生态思想与方法对课堂进行构建，使课堂变成一个释放师生潜能、绽放师生风采、蕴藏和谐文化的生态系统。

三、生态课堂的校本愿景

（一）生态教育契合办学理念

广州大同中学（原广州市第八十中学，2017年10月更名为广州大同中学）经过一步步的探索发展，逐步将学校的教育哲学凝练为"生态教育"，也就是要创造让生命在生态化的世界里"普遍联系"而"和谐发展"的教育境界。"课堂生态化"成为广州大同中学办教育的题中之义和关键作为。

广州大同中学开启的"生态教育"发展之路，源自其对本校历史和文化的敬重，以及对教育生态化的信奉。1947年春，11位热爱家乡、热爱教育的人士成立校董事会，创建了私立番禺大同中学。[①] 在长期的办学过程中，该中学积淀并形成了以"天下为公、贤能至善、真诚守信、和谐自主"为核心的"大同"精神，目标是使学校达到一种最美好的状态，使生命处于共生的教育佳境。

作为广州市的农村学校，广州大同中学优质生源较少，学生知识面较狭窄，自我约束力、管理能力较差，缺乏学习动力，学习被动，较少独立思考。家长教育观念比较陈旧，对孩子的教育力不从心。教师群体更是身处提高升学率的要求和学生学习动力不足的现状，学校教育质量原地踏步，难有突破和飞跃。要实现学校长期可持续发展，实现师生的幸福人生，必须实施课堂教学改革，向课堂要质量。只有改革才有出路，只有变化才有希望，只有通过变革课堂才能有效改变师生的教学状态和生命状态，最终才能实现学校的发展。

2008年3月，时任广州市第八十中学校长袁闽湘随广州市白云区校长考察团参观山东杜郎口中学。2009年9月，袁校长到全国课堂改革先进学校兖州市第一中学学习其"循环大课堂"教学模式。他深切感受到，一所好学校

[①] 袁闽湘，吕晓花. 自主课堂"生态化"重构［M］. 南京：江苏人民出版社，2015：14.

的生命力与活力的源泉，就是课堂教学的高效；实现教师专业成长的关键，也是课堂教学；培养学生全面发展的关键渠道，还是课堂。袁校长在深思熟虑后，通过反复调研论证，多次召开学校行政会议讨论，酝酿课堂教学改革——这是课改的酝酿期。

2009年9月4日下午，时任国务院总理温家宝在北京市第三十五中学调研时说："必须树立先进的教育理念，冲破传统观念和体制的束缚，在办学体制、教学内容、教育方法、评价方式等多方面进行大胆探索和改革。"看到这个消息，袁校长受到了极大的鼓舞。2009年9月入学的高一新生按小组方式上课，开始试水课改。学校行政会讨论决定分两批组织高一教师于2009年9月13日和9月20日到山东杜郎口中学进行教育教学考察。学校领导班子决定在教育集团分层进行课堂教学改革，并确定首先在高一年级中实施，然后逐步在高二年级（2009年12月17日实施）、高三年级（2009年12月21日实施）乃至初中、小学推行。

2009年11月，广州市第八十中学高一年级开始进行课堂教学改革。学校将教育哲学凝练为"生态教育"，意在坚持以人为本，激发人的潜能，尊重师生的发展需求。山东杜郎口中学、兖州市第一中学先后派教学骨干到校指导课改。一场率先在广州市普通高中开展，特别是覆盖了高中三个年级的课堂教学改革就这样在众多议论和巨大压力中迈开了前行的步伐。一种在生态教育理念下形成的"生态课堂"教学模式在广州市第八十中学开始孵化，在摸索和实践中渐渐成型，经过艰苦的探索，终于破茧而出，化蛹成蝶，实现华丽转身。

（二）教学理念催生生态课堂

在教育哲学形成的基础上，通过对学校发展现状、学校主体文化基础与现实课程资源条件的分析，广州市第八十中学确定了"把课堂还给学生"的教学理念。"把课堂还给学生"的基本方式是"先学后教、以学定教，自主、合作、探究"，其内涵是学校应当真正成为"学"校而不是以"教"为主的"教堂"，即从主要依靠教师"教"的教育教学转变为主要依靠学生"学"的教育教学。这种以关注学生的生命为出发点的生态教学理念，让不断开拓创新的大同人叩响了课堂教学改革的大门。

在"把课堂还给学生"教学理念引领下，学校建构了适合学校生源实际的"生态课堂"教学模式。该模式以生态学理论、建构主义理论、主体教育理论、多元智能理论等为理论基础，重视课前的自主学习，课中的合作交流、展示讲解、归纳总结，课后的巩固检测。2013年，"生态课堂"被列为广州市课堂教学改革五大新模式之一。该模式用生态学原理去审视课堂教学。课堂教学是由教师、学生、教学内容、教学环境及教学方法手段等诸因素构成的教学组织形式。在这些因素中,既有生物的,也有非生物的;既有物质的,也有心理的;既有动态的,也有静态的。诸因素之间相互依存所形成的教学情境和教学氛围,称为生态学视野下的"生态课堂"。

当课堂强调"知识本位"时,教学就成了灌输,学生成了"知识的奴仆",教师则成了"知识的贩卖者"和"二传手"。唯有敢于把学习的主动权还给学生,突出学生的主体地位,"我的课堂我做主",让学生去"经历",学习的过程才能充满生命的律动,并因律动而感动,因情感的介入而生动和灵动。

今天的教育缺失的不是理论、理念,而是方法、操作。只有让理念有效落地,转化成课堂教学行为,才能让理念如同"鱼游大海",显现出理论的价值。好的教师要从尊重差异出发,既要让学生学会、会学,还要让学生体验到学习的快乐,真正使课堂成为"知识的超市、生命的狂欢"。

"生态课堂"教学模式,就是指学生在教师"生态化"的教学行为作用下,根据自身条件和需要自主学习、协作探究,从而"生态化"地实现自我建构、主动发展。这一教学模式也就是2012年教育界热议的"翻转课堂"。学生通过学案自主自学质疑,按照自己的步骤学习,并在教师的指导下,通过议学展示,实现个性化学习。翻转课堂改变了知识传递和知识内化的顺序,先学后教,有利于提升学生的主观能动性,转变学生的学习态度,培养学生主动思考、解决问题的能力,锻炼学生与他人交流沟通的技能,摒弃传统课堂过度记忆和机械练习的训练。随着信息技术被应用到课堂中,尤其是云智能教学平台的使用,翻转课堂成为信息化教学环境中的教学实践创新之举,它借助信息技术手段创新知识传授方式,重构教学流程,堪称信息技术与学科教学深度融合的典范。

在不断探索、实践、反思、再实践中,广州大同中学的生态教育以"开放、多元、和谐、依存、可持续"的关键词呈现着渐走渐成熟的特质。[①]

(1) 开放。教育、教学、交际等活动遍及学校的每一个人、每一项活动,在教育实践中实现教师与学生、学生与学生、师生与学校共生共长。

(2) 多元。在真实的现实环境、实际教育问题环境中获得体验和生长,在"自主、合作、探究"中构建生态班级文化、生态心理教育、生态校园环境,形成学校生态文化的多元性。

(3) 和谐。学校管理和谐,师师关系、师生关系、生生关系和谐,课堂上教与学和谐,学科之间平衡和谐,课内与课外协调和谐,教学内容与教学

---

① 袁闽湘. 生态教育激扬生命 [J]. 课程教学研究, 2012 (9): 80.

方法统一和谐，人与教育环境和谐，最终实现"学生发展"与"教师发展""学校发展"的统一。

（4）依存。师生在和谐的生态环境中相互依存，学生因教师引导而进步成长，教师因学生促进而不断提高。学校因师生努力而得以发展，师生因学校发展得以丰富生命。

（5）可持续。生态教育坚持以人为本，强调人在学校中的地位和作用，全方位考虑人的可持续发展，充分开发人的潜能。

广州大同中学立足生态教育，遵循教育教学的规律和学生身心成长的规律，把学生作为能动学习的主体，以课堂作为教育的主要阵地，把课堂看作师生生命发展的重要舞台，以自主、协作作为重要的学习方式和学习思想，重视生成的课程资源，开发学生潜能，提高教育效益，探索思考生态教育的文化动力，促进学生全面、协调、可持续发展，引领教育回归生命本真的航道。

第二节 信息技术环境下生态课堂的理论基础

一、生态课堂的理论依据

什么是课堂？商务印书馆 2007 年出版的《现代汉语词典》对"课堂"是这样定义的：课堂泛指进行各种教学活动的场所。课堂是学校进行教育活动的重要场所，是学生学习的场所，是育人的主渠道，是师生共同成长的载体。学校课堂质量的高低直接关系着学生的成长、成才。因此，关注课堂、变革课堂至关重要。只有全面认识课堂，才能变革课堂；只有变革课堂，课堂才能还原其本真。

"生态课堂"是建立在科学教育理论基础之上的智慧实践。

（一）主体性教育理论

主体性教育是指教育者根据社会发展的需要和教育现代化的要求，通过启发、引导受教育者内在的教育需求，创设和谐、宽松、民主的教育环境，有目的、有计划地组织、规范各种教育活动，从而把他们培养成为独立自主地、自觉能动地进行认识和实践活动的社会主体。简单地说，主体性教育主张人本教育，主张把人培养成为主体。"生态课堂"重建学生的主体地位，培养学生的主体性素质，体现了当今社会对人才的基本要求。

（二）自主学习理论

"自主学习"这一思想由来已久，最早可以追溯到古希腊苏格拉底的"产婆术"思想。社会认知学派的代表人物班杜拉认为，自主学习涉及自我、行为、环境三者之间的相互作用，学习者既要对自己的学习进程进行主动控制和调节，还要根据外部环境的反馈结果，对学习的外在表现和学习环境做出主动控制和调节。在自主学习的过程中，个体要不断地调控自身的情感态度，并动用各种策略来调整和控制自己的学习行为，充分利用学习环境中的各种物质和社会资源。福建师范大学余文森教授认为，自主学习是与他主学习相对立的一种学习方式，是学生自己主宰自己的学习，是一种独立学习、主动学习、元认知监控的学习。自主学习可分为三个方面：一是事先规划和布置自己的学习活动；二是监控、评价、反馈自己的实际学习活动；三是对自己的学习活动过程实施调节、修正和控制。"生态课堂"以教师为主导，以学生为课堂教学主体，主要通过自主、探究、合作等学习方式，尊重学生的个性表达以及创造性思想，营造良好的课堂学习氛围，促进学生的身心健康发展以及个性化发展。自主学习是学生自我调节的学习能力，是在学生内心想学的基础上建立的一种自我调节的学习模式。

（三）多元智能理论

霍华德·加德纳的多元智能理论认为，人的智能是多元的，每个人在八种智能（语言、音乐、空间、逻辑、运动、自然、内省、人际）方面具有潜质。每个个体的智能各具特点，承认个体差异，首先要以学生的认知发展为基础，设计符合身心发展的教育方案，让学生相信"天生我材必有用"；其次要根据不同的发展阶段特征，尊重学生的个性发展；最后是因材施教，让每个学生都能有充分展示潜能的机会，唤起每个学生的自信心。生态教育下的课堂充分尊重学生的主体地位，尊重个性发展和个体差异。

（四）生态教育观

现代教育主张把教育活动看作一个有机的生态整体，这一整体既包括教育活动内部的教师、学生、课堂、实践、教育内容与方法诸要素的亲和、融洽与和谐统一，也包括教育活动与整个育人环境和文化氛围的协同互动、和谐统一，把融洽、和谐的精神贯注于教育的每一个要素和环节之中，最终形成统一的教育生态链整体，使人健康成长所需的各种因素产生和谐共振。

（五）学习金字塔理论

最早提出学习金字塔理论的是美国学者爱德加·戴尔（Edgar Dale）。他认为不同的学习方式会导致不同的学习结果。当学习由直接到间接、由具体到抽象时，获得知识和技能就比较容易。但他没有针对"学习效能"做研究，没有提出明确的学习效能数据。

目前流行的学习金字塔理论（如图3-1所示）是美国缅因州国家训练实验室的研究成果。它从记忆效率视角补充了戴尔"经验之塔"的学习效能数据，用数字形式形象地展示了采用不同的学习方法，两周后还能记住内容（平均学习保持率）的多少。

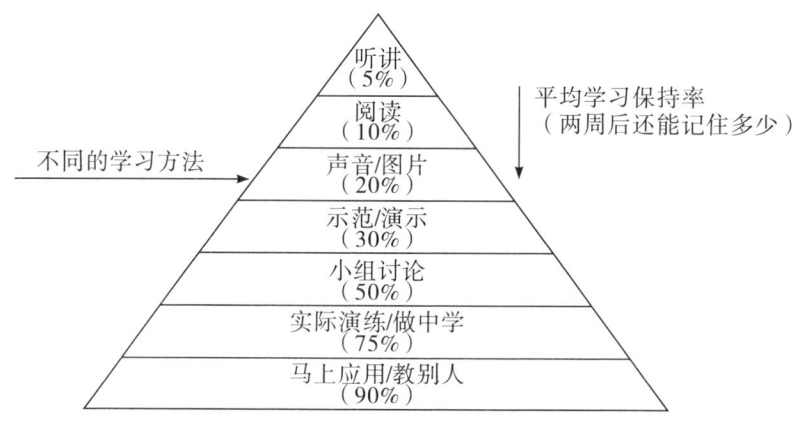

图3-1　学习金字塔理论

在塔尖的第一种学习方式是"听讲"，即教师讲，学生听。这种方式的学习效率是最低的，两周以后学习的内容只能留下5%。可见仅靠教师单一地灌输和学生被动地听讲，效果最差。

第二种是"阅读"，通过这一方式学到的内容两周后可以保留10%。

第三种是用"声音/图片"的方式学习，两周后保留的内容可以达到20%。

第四种是"示范/演示"，采用这种学习方式两周后可以记住30%。

第五种是"小组讨论"，两周后可以记住50%的内容。

第六种是"实际演练/做中学"，两周后保留的内容可以达到75%。

在金字塔基座位置的最后一种学习方式，是"马上应用/教别人"，两周后可以记住90%的学习内容。由此可见，最好的学习方法是教会别人，以"教"促"学"。

可见，灌输式学习和多感官参与体验式学习的学习效率是有差异的。它启示教师应该引导学生调用多感官综合参与学习，实现深度学习。

学习效果在30%以下的是传统方式，学习效果在50%以上的则是团队学习、主动学习和参与式学习等体验式学习方式。由此可见，体验式学习更容易激发学生的好奇心和探究欲。所以,课堂教学应该根据不同教学内容,引导学生采用不同的学习方式。

(六) 皮连生学习心理学

皮连生学习心理学认为,广义的知识学习要按一定的程序进行才能提高学习效率。基本的学习程序包括新知识习得阶段、知识的巩固和转化阶段、知识的迁移和应用阶段(如图3-2所示)。

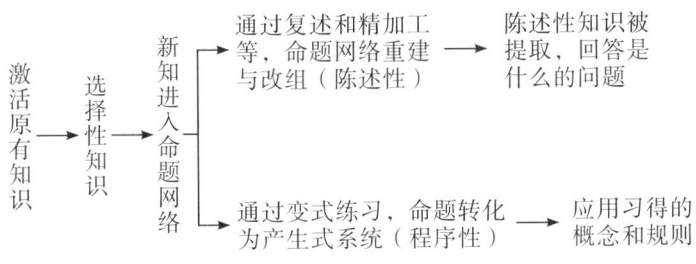

图3-2 广义知识学习的三个阶段①

(七) 本杰明·布鲁姆认知目标分类理论

美国著名教育心理学家本杰明·布鲁姆(Benjamin Bloom)于1956年出版《教育目标分类学》(第一分册:认知领域),提出认知领域目标分类的理论和方法。他认为,认知领域的教育目标可以分为从低到高的六个层次:知道(识记)、领会(理解)、应用、分析、综合、评价。识记就是对具体知识的记忆,如回忆、记忆、识别、定义、陈述等。理解是指对一项信息加以说明或概述,如说明、识别、描述、解释、归纳、比较等。应用则指应用信息去解决问题,如操作,实践,分类等。教师力求在课前通过学案引导学生完成识记、理解(低阶思维)的学习目标。在课堂上,教师专注于解决困难,引导学生向应用(用所学概念、法则、原理去解决问题或理解事物的本质)、分析(根据自己的判断分析所学知识)、综合(发现事物之间的相互关系,创建新的思想和预测可能的结果)和评价(判断思想、项目和材料的价值,综合内在与外在的资料、信息,做出符合客观事实的推断)目标推进。

综上所述,"生态课堂"具有完备的理论依据。一是"生态课堂"重建学生的主体地位,培养学生的主体性素质,体现了当今社会对人才的基本要求,体现了主体性教育理论的特点。二是"生态课堂"提倡学生的学习动机是自我驱动的,学习计划是自己安排的,因此会乐此不疲地学习,有利于挖

---

① 袁闽湘,吕晓花. 自主课堂"生态化"重构[M]. 南京:江苏人民出版社,2015:28.

掘学生的学习潜能。三是"生态课堂"充分尊重学生个性发展和个体差异，重视因材施教，最大限度地唤起每个学生的自信心，是多元智能理论在课堂中的生动体现。四是"生态课堂"符合生态教育观，强调面向全体学生，创设平衡和谐的、可持续发展的、开放性的、师生和生生不断互动的课堂。五是"生态课堂"借鉴学习金字塔理论，鼓励学生动手进行实验和参与社会实践等，让学生在小组学习活动中获取知识。"学会教授同伴"是一种有效的学习方式。六是"生态课堂"符合皮连生学习心理学提倡的教学程序，课堂上让学生自主学习，自我掌握基础知识、基本技能、基本方法，体会学习过程中的认知、感受、技巧、策略和方法，从而形成学习能力、钻研精神、创新意识等思维品质。七是"生态课堂"将知识传递的过程提到课前，让学生根据导学案和微课视频，按照自己的学习节奏在课前自学质疑，完成"初级思维活动"对知识的"识记"和"理解"，而高难度的知识"应用""分析""评价"和"创造"过程则被放到课中，在教师的引导和与其他学生的互动中完成。"生态课堂"旨在创建一个"以学生为中心"的小组协作学习环境，腾出更多的课堂时间，增加师生、生生交流互动的机会，使学生在自主学习的基础上开展协作探究学习，促进深度学习。

二、生态课堂的组成要素

教育生态学作为研究教育与其周围生态环境之间相互作用的规律和机理的一门新兴学科，其研究的意义在于，让生态意识贯穿于教学实践的整个过程之中，使得课堂内部之间的关系发生转变，促进教学全面发展。

生态课堂是由多种元素构成的，生态主体、生态信息和生态环境是其重要组成部分。生态主体主要是指教师和学生。生态信息则包含教师的教学理念、教学目标、教学内容、教学方式和学生的学习方式、学习策略等多方面信息组合。生态环境主要是指物质环境和精神环境。生态课堂就是将这三个部分整合成一个完整和谐的整体，并以此来构建一种开放的、多样的、和谐的和可持续发展的课堂形态，使课堂呈现为和谐、共存与发展的状态，以发挥生态因子在课堂教学中的活力。

三、生态课堂的内涵实质

广州大同中学在教育理念与教育方式上上下求索，使教育回归自然本真，展现出生态教育的盎然生机。一是树立了"自主、平等、生态、发展"的课改理念，确立了学生是教育的主体、发展的主体、课程的主体的地位与作用，实现教育机会、教育内容、教育过程、教育结果的均等化，强调自然、社会和人在课程体系中的生态和谐，确立全面发展、潜能发展、个性发展的教育观。二是实施了"做、学、教"合一的教学策略，在相信学生、依靠学生、解放学生、利用学生、发展学生的基础上，实现课前学生先做、独学，课中群学、展示、质疑，教师点评、点拨、讲解，课后学生再做、再学、进行反思巩固的突破。三是构建了平等和谐的师生关系。课堂民主，师生平等。教师是学生学习的引导者、促进者，学生是课堂学习的主体，师生相互沟通、相互启发、相互补充。在这个过程中，师生分享彼此的思考、经验和知识，交流彼此的感情、体验与观念，丰富了教学内容，达到共识、共享、共进、共荣，使生命活力在课堂中劲舞飞扬。四是彰显了"平等公正、和谐共生"的课改文化，赋予课堂以生活的意义和生命的活力，让学生学会学习、学会交流讨论、学会改变创新，在平等、宽松、和谐的氛围中成长，培养文雅的谈吐、优雅的仪态、自信乐观向上的积极心态，使每个学生在课堂上尝试成功、感受快乐、激活思维、释放潜能，成为学习的主人。

经过自2009年以来十余年的课改实践，"生态课堂"从"教中心"到"学中心"，从控制、包办到尊重、放手，使学生变得愿学、乐学，形成了强烈的学习动机，增强了学习的兴趣。学生通过自主学习，学会做人、学会求知、学会生活、学会交往、学会合作、学会生存，具备与现代社会需要相适应的学习、生活、交往以及不断促进自身发展的基本素质，为培养具有终身学习能力和创新意识的新型人才奠定了基础。

笔者从2009年12月开始积极参与学校"生态课堂"教学实践，并致力于高中思想政治学科教学研究。经过六年时间的积累和总结，从2015年9月开始，在信息化教学的背景下，笔者结合本校学生和高中思想政治学科的特点，以矛盾的普遍性和特殊性的辩证关系原理为指导，开展了以"生态课堂"理念为指导的高中思想政治教学理念改革的实践，创设了"信息技术与高中思想政治教学融合的生态课堂"教学模式，践行"发展为本促生态"，还课堂于学生，转教程为学程，以善教促善学；践行"以学定教促生态"，做到因材定标、因材施教、因材评学。该实践研究旨在尝试和探索"信息技术与高中思想政治教学融合的生态课堂"教学模式，为高中思想政治课教学方式的转变提供有价值的参考。

早期的课改中，我们在多媒体教学环境下，通过多媒体计算机、投影仪、实物展示台等应用数字资源创设学习情境。学生展示以黑板为主要载体（如图3-3、图3-4所示）。

图 3-3　早期课改课堂（学生展示）

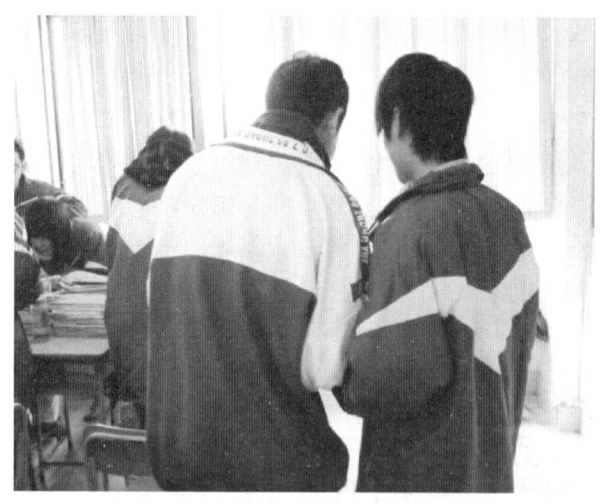

图 3-4　早期课改课堂（对子交流）

在多年的教学实践中，笔者践行的"生态课堂"是指在总体学习目标的宏观调控下，以"教师主导、学生主体"为原则，在教师的指引下，学生根据自身的条件和需要，自主学习、协作探究、自我建构、主动发展，以小组合作为基本学习单元，构建"生态群落"学习场的课堂。生态课堂是自然、健康、和谐、灵动的课堂，它与传统课堂相对立。传统课堂以传授知识为目的，强调教师的权威，强调学生的服从。"生态课堂"以培养学生能力、发展学生个性为目的，强调师生平等、和谐共生。它主要改变的是师生教与学的行为方式：学生从被动接受式学习转变为主动探究性学习，从个体独立式学习转变为小组合作式学习；教师学会向学生示弱，把课堂还给学生，让学生学习，让学生展示，让学生自信，从而培养他们张扬的个性、开放的思想和创新的品质。

"生态课堂"是一个微观的生态系统，作为生态因子的教师、学生、教学内容、教学媒体之间形成一种动态平衡关系。构建健康的课堂生态，就是依据生态学的共生与和谐观点，重新审视课堂，重构课程理念、师生关系、实践范式等要素，并在此基础上构建一种动态、平衡、互动、相互联系、和谐的新型课堂。

"生态课堂"实质上是指一种良好的课堂形态。它有别于一般的课堂，具有比较突出的生态关联性。具体表现在：它不再是只着眼于人的活动而忽视环境的作用，而是在注重课堂教学的同时也关注课堂环境对教师和学生的影响。比如，"生态课堂"强调课堂中教学设备的现代化和空间设置的人文性等。它不再是只强调教师或学生各自的角色与定位，而是在此基础上，更关注作为不同生命主体的教师和学生对彼此有着怎样的需要与诉求，从而形成课堂角色之间的和谐关系与良好对接。比如，"生态课堂"不仅体现着师生之间的知识授受关系，而且着眼于师生交往中的现实需求，彰显对每一位课堂参与者的人际关怀。它不再是只把应对考试和完成教学任务作为唯一目的来进行教学设计，而是以人为本、立足长远地考虑教学目标的设定、教学内容的组织和教学途径的选择，从而在关怀生命的过程中实现对人的提升与发展。它不再是只为了完成师生问答的环节，或者只为了追赶教学的进度而进行形式化的教学评价，而是力求让学生在他人的评价中学会自我评价，实现自我激励与自我发展。只有这样，生态学的关联性才会在课堂的不同层面与不同要素之间皆有所体现。"生态课堂"的构建就是要在这种关系思维的指导下，探讨运用怎样的策略来促使学生、教师、教学内容、教学媒体之间发生良好的相互作用，以达成"生态课堂"所应具有的创生与平衡效应，从而形成具有较高效益的良好课堂形态。

四、生态课堂的基本特征

（一）开放性

开放性是生态课堂最重要的特性，主要体现在三个方面：一是教学方式的开放，强调"自主、合作、探究"，把学习的主动权交给学生，把学习时间还给学生，把质疑对抗的权利交给学生，把话语权还给学生，调动学生参与的积极性、主动性和创造性。二是师生关系开放。"生态课堂"教学模式中，教师是教学的对话者、促进者，学生是学习的主体、发展者，致力于构

建民主、平等、互助型的师生关系。三是教学过程开放。生态课堂解放学生的心理，给学生创造一个宽松、和谐、民主的心理氛围，关注成长中的学生，让学生充分挖掘自己的潜能、全面展示自己的个性、激扬生命活力。

（二）主体性

"生态课堂"教学模式确立学生的主体地位，学生是课程的主体、课堂的主体、情感的主体。课堂教学的着力点是尊重学生的主体地位，发挥学生的主动精神，培养学生的创新能力，使学生真正成为学习的主体。学生是课堂的主体，课堂教学的每一个环节都建立在理解学生、尊重学生个性差异的基础之上，适应学生的需要。在这样的教学氛围中，学生能够独立思考、勇于尝试、大胆质疑，充分发挥自己的学习潜能和创新精神。在课堂教学中，教师平等地参与到学生的探究学习活动中，创设探究情境，给学生质疑的机会。教师由教学中的"主角"转变为课堂上的"配角"。学生是情感的主体，教师要注重调动学生积极的学习情感，激活学生思维，使学生产生最佳学习心态，促进学生积极主动参与学习，并在学习中实现自我调控，培养良好的学习习惯。课堂上，学生坐、站、围、转相对自由，享有话语权、提问权、评价权。课堂上，提倡学生不举手发言，个体大声发言，敢问敢说。

（三）依存性

"生态课堂"教学模式下的课堂教学过程是教师与文本、教师与学生、学生与学生、学生与文本积极互动的过程。教师、学生、教学内容、教学环境、教学方法与手段等诸因素之间是相互依存的关系，相互影响、相互作用、互利共生，形成一个完整的教学生态体系。在同一教学时空内，学习信息的流动是多层面、多点位、多元的，形式上有独学、对学、群学。课堂上打破一人独讲或一问一答的单一层面，提倡最大化的互动，如学生间的相互补充、评点、质疑，以及教师精要的点拨、引导、小结、评价等。

（四）发展性

"生态课堂"教学模式的发展性体现在三个方面：一是重视全面发展的教育观念。以学生为本，面向全体学生，着眼于学生的全面发展。二是体现潜能发展的教育观念。针对学生的个体差异，开发每个学生的潜能，为每个学生的成人成才提供机会。三是体现个性发展的教育观念。"生态课堂"教学模式不是要求学生整齐划一地平均发展，而是从每个学生的个性特点、认知特点和特殊教育需求出发，因材施教，促进不同层次的学生分层递进，使每个学生在原有基础上都有所发展、有所提高、有所进步，既鼓励冒尖，也允许落后。四是体现了和谐发展的教育观念。生态课堂教学模式中师师关系、师生关系、生生关系和谐，课堂上教与学和谐，学科之间平衡和谐，教学内容与教学方法统一和谐,课内与课外协调和谐,最终实现学生发展与教师发展、学校发展的统一。

(五)公平性

"生态课堂"教学模式把全体学生混编,依据"组间同质,组内异质"的小组合作学习原则,根据学生性别、个性、学业能力水平、家庭社会背景等情况,加强城乡学生的比例搭配,组成六人学习小组。自主学习时,组员在独立思考的基础上,通过"兵教兵""兵与兵互相监督"等形式,实现全组共同达标;探究学习时,组员分工合作,引入"小组内捆绑式评价,小组间相互竞争"机制,让组内每个学生的课堂表现、学习成绩与小组的集体荣誉休戚相关,使学生认识到本人与小组紧密联系在一起,因小组进步受到表扬而感到高兴与骄傲,因小组落后而发奋努力。同时,把课堂表现、作业完成等过程性评价结果计入期中、期末考试成绩,并载入学生成长记录袋,创造轻松、愉快、接纳、宽容的课堂气氛,实现学生的公平参与、共同发展。

(六)异步性

生态课堂尊重学生的个别差异和个体需要,鼓励知识能力层次不同的学生根据个人实际选择相关的学习内容,并对学习结果做出个性化评价,让优秀者脱颖而出,使暂时落后的学生能够在教师的指导和同伴的帮助下迎头赶上。

(七)幸福性

幸福是人们在社会生活中得到的让其在精神层次或物质层次中获得的满足感,是通过劳动所得来的长久、快乐、和谐的人生状态。幸福性表现在两个方面:一是学生的幸福感,实现自由而全面的发展,热爱课堂,享受课堂。二是教师在教学活动中提高幸福感指数,促进教师生态个体的专业成长。[1]

这些特性体现出生态课堂不同于传统课堂,是一种把学生置于主体地位的课堂,不仅能开发学生的潜能,而且能激活、诱导出学生学习的积极性,养成良好的学习态度和学习习惯,成为激扬学生生命活力的磁场。生态课堂里教师的角色从知识传授者变成知识提供及辅助者,学生由被动接受知识转变为以主动、积极的态度来进行个性化、自主性的学习。

---

[1] 荆婷. 高校生态课堂的要义与建构研究[J]. 黑龙江科学,2020,11(5):103.

第三节　信息技术环境下高中思想政治
　　　　生态课堂的实现途径

只有对教学系统进行结构性变革，才能促使信息技术对教育产生革命性影响。本书从生态学视角来研究课堂教学结构，探索信息技术背景下课堂生态系统动态平衡的形成机制。在课堂生态系统的诸要素中，学生应处于中心地位，因为课堂教学的根本任务是让学生学会学习，其他要素以及各要素之间的相互关系都要围绕着如何让学生学会学习展开。教师在课堂生态系统中居于主导地位，其根本任务是指导学生学会学习。教学内容包括课程、教材和信息化资源等，是教师"教"和学生"学"的主要依据。教学媒体是辅助教师"教"和促进学生"学"的工具。课堂环境包括物理环境和精神环境，课堂环境和师生之间构成相互影响、相互制约的关系。教师要合理应用教学媒体，科学使用教学内容，充分利用自己在课堂教学中占据主导地位的优势，辅助自己的"教"和促进学生的"学"，促使课堂生态系统各要素之间达成一种动态平衡关系。

一、优化课堂教学环境

生态学认为，有机体与环境之间组成一个密不可分的有机整体，环境是生态系统最重要的组成部分之一。"生态课堂"首先是一个特定的物理场所，然后才逐渐成为一个具有特定氛围的心理场合。作为课堂形态中的一种特定类型，"生态课堂"同样需要一定的物质基础为依托，需要一定的物理条件为辅助，包括教学场地及其环境因素，教学媒体、教学工具等教学设备及辅助设备等，它们均可对人产生影响。同时，课堂是教学现场和师生活动的主要场地，师生、生生在交往过程中产生一定的关系形态。由于课堂环境的重要地位，课堂环境的优化也就成为"生态课堂"实现的基础。

在信息技术与教育教学的"整合"阶段，信息技术在课堂生态系统中起着辅助教师"教"的作用，教师在课堂教学中往往处于中心地位，教学内容、教学媒体和教学环境都服从和服务于教师的"教"，这样的生态环境是不利于实现学生主体地位和培养学生自主学习能力的。信息技术与教育教学的"融合"阶段，要求教师从课堂教学的"中心"转变为"主导"，让学生真正成为课堂教学的主体,由教师"教什么内容""采用什么方式教"和"教到什么程度",转变为学生"学什么内容""采用什么方式学"和"学到什么程度"。"融合"理念下的教学生态需要形成教师、学生、内容、媒体和环境和谐统一的格局,信息技术的应用、师生关系的构建、教学内容的使用、教学环境的建设都要服从和服务于学生的学习。

(一) 优化物质环境

物质环境是促进"生态课堂"实现的不可替代的外在因素。因此,优化物质环境成为"生态课堂"构建的首要任务,具有促进学生实现良好发展的重要意义。物质环境除包括教室的座位布局、班级人数、教室光线照明与温度、噪音与视听等传统课堂的各种环境外,还包括信息技术课堂环境,如多媒体教室、互联网平台、各种计算机硬件资源设施,以及装饰、舒适度等要素。自然环境要有利于教师利用信息技术"教"和学生利用信息技术"学",有利于师生互动交流。教师根据获取的数据分析学生的学习需求,实现精准教学。

首先,优化教室布局。课堂环境的布置应是整洁的、舒适的、温馨的。要按照课堂要求合理安排座位、教学用具、装饰等,使之适合课堂教学,营造和谐融洽的氛围。

座位布局是自然环境中非常重要的一个方面,不同的空间构成对师生之间、生生之间有效互动的影响是非常大的。传统的课堂教学中,座位布局大多采用秧田式排列方式,座位排列成方形。学生统一面向黑板和教师,突出教师的主导地位。教师讲,学生听,教师易于观察学生,学生注意力不容易分散。然而这种座位模式不利于师生、生生课堂平等互动交流,限制了学生的对话,因此较难实现课堂教学结构性变革和"生态课堂"的价值诉求。

澳大利亚学者肯恩·费希尔在2005年发表的《连接教学法和学习空间》一文中,指出不同类型的学习活动对学习空间有不同要求,特定的学习空间会预设、激发、促进特定的学习活动。他提出常见的教学活动主要包括讲授、应用、创造、交互、决策五种类型。不同类型的教学活动有不同的基本属性、教学过程、师生角色、空间布局。讲授型宜采用"秧苗式"的空间布局,应用型宜采用"对称式"的空间布局,创造型宜采用"多组圆桌式"的空间布局,交互型宜采用"圆桌式"的空间布局,决策型比较合适采用"会议式"的空间布局。

在目前的教学实践中,马蹄形、圆桌形、组块形等座位编排方式有利于师生互动,增强课堂民主气氛,让学生在交流互动中体验学习过程的成功与愉悦。每种座位排列方式都有利弊,如果能根据课程需要采用不同的座位排列方式，会更有利于教学活动的顺利开展。如马蹄形排列方式可以兼顾秧田形和组块形的特点，将课桌排列成U形，教师居于U形开口处，既可以充分增进与学生的互动交流，有助于问题讨论和实验演示，又可以突出教师的主导作用，但其所需空间较多，适合小班化教学。广州大同中学在教室座位布局上大胆革新，采用组块形排列方式（如图3-5所示）。这种排列方式非常适合课堂讨论、增进互动，促进课堂中的各种人际交往，形成平等融洽的人际关系。但这种方式也有其弊端，比如不利于学生集中注意力和独立学习。

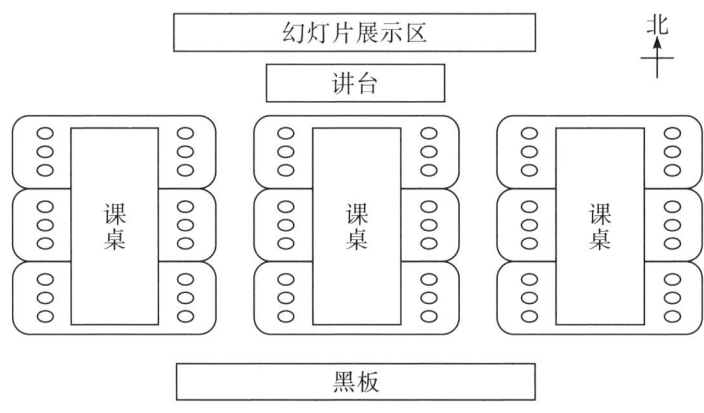

图3-5　组块形座位布局

图3-5中，圆圈表示学生，全班共有学生54人，6人为一组，全班分为9组。学生座位方向为东西向，面对面排列，方便小组成员进行小组讨论。前后黑板以及幻灯片展示区分别作为学生成果展示板。组块形座位排列方式有着自己的特点：第一，对话更加平等。在小组合作学习过程中，平等的对话有利于小组成员围绕核心问题积极参与讨论，深入交流。第二，发展能力更加凝聚。小组合作学习是在解决问题的基础上发展个人及小组的能力。组块形座位排列方式使小组成员之间可以更好地互相提问、聆听、分享与反馈，每个人的智慧都能够得到很好的激发，集中小组智慧共同解决问题。录播课室采用的是六边形课桌，也是一种有利于学生交流、协作的座位布局形式。

除了座位布局，班级人数多少也是一个影响教学效果的重要因素。班级人数过多，不仅会造成课堂教学的不公平，使某些学生被忽视，而且十分不利于课堂互动交流，使每一位学生与同学、教师交流的机会减少。另外，教室里的光线与照明、噪音与视听等自然因素都会影响学生的学习状态和心理因素。良好的光线和不受外界干扰的安静氛围才更有利于学生的学习。

其次，应用信息技术。信息技术有效融入课堂教学中，能对教学环境、教学方法、教学结构进行完善，使教学手段多样化、教学内容贴近生活，实现教学内容与学生和谐同步发展，进而促进课堂教学，提高教学效益。

一方面，实现对新技术教学辅助设施的有效利用。依据教学需要，教师借助教学平板电脑和教学一体机演示课件、播放音像资料、展示特定画面与场景等，充分发挥多媒体在课堂上创设情境、渲染气氛、辅助理解、强化认知、拓展内容、拉近学生与文本距离等方面的作用，使静态的物质条件呈现出动态的教学功用，从而实现高效率、高质量的课堂教学。

另一方面，保证对课堂设施的及时管理与后期维护。生态观中的"动态平衡"，强调的是对既有资源的可持续利用。因此，除了充分发挥课堂设备的功用外，还必须注重对其进行及时管理与后期维护。学校和教师在保证课堂设备能够正常使用的前提下，还应该保证这些设备的使用效果，比如教学一体机投影的清晰度、画面的完整性、音响的播放效果等。良好的使用效果才能使学生获得完整的课堂信息与鲜明的视听感受。灵动鲜活的课堂环境能够减少课堂教学的枯燥感，冲淡学生的排斥情绪与疲惫心理。

（二）优化精神环境

课堂教学除了关注物质环境外，构建精神环境同样重要。精神环境是"生态课堂"的重要因素，和谐、民主、开放的精神氛围有利于学生的发展。美国心理学家罗杰斯说："成功的教学依赖于一种真诚的理解和信任的师生关系，依赖于一种和谐安全的课堂氛围。"因此，在课堂教学中构建和谐的精神环境尤为重要。

"融合"背景下的"生态课堂"充分利用信息技术，遵循教学规律，使教师、学生、教学内容、教学媒体、课堂环境等各要素实现动态平衡，回归师生之间、生生之间以及人际与环境、人际与媒体之间的和谐关系。

首先，和谐的师生关系是基础。师生之间要相互尊重，教师注重学生的情感体验、学习需要、个性发展，做到师生之间、生生之间平等。教师可以在课堂上采取相关措施来加固师生感情。比如，在言行上注重保护学生的自尊心，给学生创造和提供展现其个性与发挥自身优势的机会与平台，给予学生鼓励性评价及荣誉性头衔，幽默地解决学生遇到的尴尬情境，等等。

师生在课堂互动的过程中难免出现一些摩擦或矛盾，可能是言行上的，也可能是心理上的。面对不利于师生关系良性发展的状况，教师需要以冷静的视角、耐心的态度和机智的举措对学生进行疏导和安抚。比如，教师可以暂时冷处理，课后再找机会与学生谈话；也可以适度自嘲，巧妙化解对峙的局面；还可以岔开话题，转移学生的注意力，使其重新回到课堂的学习中；等等。

其次,从生生关系来说,学生在课堂教学中既需要通过独立思考和自主探究等形式培养自主性,也需要通过小组合作、组际交流等形式加强同学间的合作。信息技术背景下的人机互动,便于学生展示和交流个人成果和合作成果,使生生互动具有可行性。教师要对信息技术在生生互动的方式和途径上的应用多思考并践行,克服课堂教学的机械僵化,使课堂生态朝着良性方向和谐发展。

最后,注重师生之间的互动。教育生态学认为,师生互动就是教师和学生相互作用和影响的过程。这两种生态因子在互动中是平等的、相互促进的,是教学获得成效的关键。师生自由地阐发自己的观点、讨论并相互影响,共同提高,相互理解,有利于潜移默化地影响和促进学生发展。

生生互动和师生互动的"互动课堂",在信息技术教学环境下由"三要素"组成:一是个人抢权,即学生在平板电脑上抢作答权,以科技互动点燃课堂气氛。二是随机挑人,即全班每个学生都有被挑中的机会,强化学生的全体参与感。三是实时反馈,即教师出示问题、所有学生作答后以统计的形式显示结果,立即得出答对率,方便教师实时获取学情,据此做出决策,调整教学。①

二、发挥主导主体作用

在课堂中,教师的"教"和学生的"学"构成了最主要的课堂教学活动,这应当也必须成为生态课堂研究的重点所在。因此有必要先对生态课堂中的教师和学生进行角色定位和关系定位。只有在对这两个不同的主体进行充分了解和准确定位的基础上,对师生之间、生生之间进行个体与个体、个体与群体等关系脉络、关系需求和关联状态进行梳理,才能为接下来生态课堂中教学活动的探究提供恰切而明晰的前提,这同时也关乎生态课堂研究是否与一般课堂存在实质性的区别。

(一) 明确教师的角色定位

生态课堂的教学中,教师要充分发挥其组织、引导、参与学生活动,开发学生潜能的作用。教师组织作用的发挥,首先在于创造良好的学习氛围和生态环境,引导学生积极参与。教师引导作用的发挥主要体现在引起学生的学习动机,提高学生的学习兴趣,开拓学生的学习思路,修正学生的学习误

---

① 王绪溢. 数字时代的学与教:给教师的建议40讲 [M]. 长春:东北师范大学出版社,2019:70-74.

区。当学生遭遇难题时,教师要去启迪;当学生思路闭塞时,教师要去开拓;当学生误入歧途时,教师要做"麦田守望者";当学生迷茫绝望时,教师要指点迷津。作为学习活动的参与者,教师要走下讲台,走进学生,切实解决学生学习、生活中的困难,促进和谐师生关系的发展,赢得学生的尊重,使学生在心底里渴望教师的教导,主动探索,努力奋进。

(二)提高学生的自我效能感

美国心理学家班杜拉把"自我效能感"定义为人们对自己实现特定领域行为目标所需能力的信心或信念。高中生思想政治课学习的自我效能感就是学生在思想政治课学习情境下的自我能力判断,它是学生学习思想政治课的自我体验过程,这一过程贯穿于学生学习的全过程,具体体现为学生在上课之前的感受、上课时的学习态度、课上回答相关问题的主动程度、做课后作业的心理状态、考试的心理承受能力等。自我效能感会在一定程度上影响学生的学习努力程度、面对挑战性任务时的态度、学习的坚持性、学习策略等,是影响学生学习成绩和学业成就的重要因素。自我效能感高的学生会抱着极大的热情去学习知识,即使遇到困难也不会放弃希望,努力拼搏并对自己充满信心。相反,自我效能感低的学生面对挫折总是退缩和回避,他们缺乏自信,害怕挑战。因此,教学中要提高学生的自我效能感,充分发挥学生的主体作用,促进学生积极、主动地学习。

1. 合适的学习目标,引导学生体验成功的喜悦

在教学中,给学生创造体验成功的方式和机会,让学生获得成功的体验,是提高学生学习自我效能感的有效途径。

(1)学习任务梯度化。通常情况下,教师会用统一的要求和标准给学生设置统一的、固定的学习任务。但是,学生作为个体具有明显的差异性,任务的难度、个人的努力程度、外界援助,都会影响学生自我效能感的形成。教师应充分考虑学生的个体差异,根据不同学生的实际水平设置不同难度的学习任务,做到因人而异、因材施教。布置有梯度的学习任务时,应该把任务的难度控制在学生的最近发展区内,争取让每一个学生都能获得成功的体验。

教师可以在课堂上组织学生开展知识竞赛、小组抢答、课前调查、成果展示、辩论演讲、情景表演等形式多样的活动,调动全体学生的积极性,增强体验学习的效果,做到让每一位学生都参与梯度化学习任务。

例如在"色彩斑斓的文化生活"① 教学中,教师在课前布置学生整理对流行文化作品或经典文化作品(歌曲、电影、书籍等)进行比较、分析、思考的相关资料,并于课前做好课件,包括视频、音频、图片、歌词、简介、剧照等,准备在课堂上展示。课堂展示时,学生的积极性很高,效果非常好。教师最后总结:不论是流行文化作品还是经典文化作品,只要是大众真正需要的、先进的、健康有益的,都是我们所倡导的大众文化。这一知识难点在学生的活动和教师的点拨中自然地得到落实,并自然地引导学生积极参加健康有益的文化活动,树立科学的文化价值观,落实高中思想政治课的德育功能。

教师根据学生的不同情况、任务的难易程度,对学生进行角色划分和任务布置,让每一个学生都能在自己的能力范围内完成学习任务,让每一个学生都能通过课堂准备和展示体验到学习的乐趣和成功。

(2)评价手段多元化。例如让一个学习基础较差的学生去完成一件比较容易的学习任务时,教师可以对学习任务和要求的难易度评价进行干预,暗示学生该任务比较艰巨,这样学生在取得成功后能有效地增加自我效能感。假如学生在完成比较艰巨的任务中失败了,教师可以暗示学生"这个任务很艰巨,极少人获得成功",从而使学生不容易降低自我效能感。教学中,教师如果给予学生积极的肯定评价,学生就会体验到成功。教师要相信每一个学生都是有优点的,积极寻找不同学生的不同优点,积极地给予正面评价,尤其是那些基础相对比较薄弱、学习能力不足的学生。

在教学"价值的创造和实现"② 一课的课堂升华环节,教师设计"放飞理想"活动,对学生说:"青春是美好的,许多成功从这里起步,许多理想从这里起飞。结合'焊接巧匠高凤林'的事例,说说对你的人生启发。你准备怎样实现自己的价值,拥有一个美好的人生?"在课堂上,教师有意识地请不同层次的学生来谈体会,并对学生的发言进行点评:"文×同学通过自己的努力一点点进步,老师相信他说的成功永远不怕晚。吴××同学坚信世界因我的存在而变得更美好,相信她定能努力学习,考上大学,做一个对社会有用的人。梁××同学认为不是每一次付出都会有收获,但每一次收获都必须付出努力,说得特别有哲理,相信她能够为了成功持续地努力。孙××同学的'天生我材必有用'特别好。她能够用量变引起质变的观点来说明人

---

① 骆霞. 描绘政治课堂的"微笑曲线",提高课堂附加值 [J]. 思想政治课研究,2017(2).

② 骆霞. 信息技术与情境探究教学整合:培养学生政治核心素养的基本路径 [J]. 中学政治教学参考,2017(2).

生的成长离不开坚持和毅力。"

赞美是一种正强化。对学生的赞扬如果场合、时机、角度适宜，就会收到奇效。特别对于学困生来说，由于长久埋没在失望中，常常容易被老师和同学忽视，缺少对成功的体验，久而久之对自己产生了怀疑，再也不相信自己能做好。这时，教师的一次赞美，即使是对于不大起眼的事，也可能使学生心中燃起星星之火。教师对学生的表现给予正面评价会让他们更加自信，并因此提高自我效能感。

2. 适当的榜样示范，促进学生自我效能感的形成

（1）教师的榜样示范。教师在学生眼中是最直接的有象征意义的人，学生大部分的知识来源于教师，教师渊博的学识与优良品质会对学生的发展起到重要作用，教师的教学习惯和态度也会作为替代性经验潜移默化地影响学生的学习。所以教师要以身作则，以教学的执着热情来感染学生，在讲授知识的过程中体现政治知识的科学美、探索性，让学生认识到思想政治学科知识对于自己在科学精神、法治意识、政治认同、公共参与等方面的积极作用，从而带动学生的学习热情，激发学生对知识的渴望。

（2）同学的榜样力量。同学是学生主要的伙伴，当学生对自己的能力判断存在不确定性时，常常会根据与同伴的对比结果来给予自己反馈。因此，教师要树立学习进步典型，塑造学生模范，对全体学生起到示范作用，激发学生奋发进取，同时也要强化班级荣誉感，使学生意识到班级的成绩是属于每一位成员的，从而使学生体验到成功的喜悦，增强学生的班级整体效能感，为学生的全面发展奠定良好的基础。

教师要给学生提供不同层次的榜样，使不同层次的学生都能找到适合自己的榜样，使每个学生都能获得与自己相似性最大的榜样的成功替代性经验，从而提高每个学生的学习自我效能感。特别要注意的是，不要给学生提供过高的榜样，因为这种榜样对大多数学生都不具备学习的可行性，会降低学生的自我效能感。反而是因为那些从平凡走向成功的人更能成为学生学习的榜样，鼓舞学生斗志。因此，同伴榜样的标准既要高于学生自己的能力，又要具有可比性，同时要注意两者的发展性，促进同时进步，并给予彼此希望和动力，促进学习自我效能感的提高。

（三）强化学生的自我监控

从生态意义上讲，课堂教学监控是一种自发的组织行为。课堂教学中要充分发挥学生的自主作用，实现自我监控。学生要发挥自己的主体作用，把学习活动看成自主探究过程，实现积极主动的自我监控。它包括主动承担责任，参加学习体验活动，自觉地监控学习策略、任务目标的完成情况，通过

反馈学习信息不断矫正学习策略，调整学习状态。美国著名心理学家罗杰斯认为："每个人都有自己的尊严和价值，每个人都有通过自己的努力达到自我实现的能力和权力，每个人都能选择自己的社会准则，每个人都能学会建设性地承担社会责任。如果一个人在其成长的过程中得不到积极的关注，只能按别人的要求行事，他的自我概念就会发生扭曲。"

三、完善教学优化信息

在教学过程中，师生之间的信息互动是关键。要处理好生态信息，就要树立生态理念，完善教学过程，优化生态信息，以更好地实现教学目标。

（一）树立生态理念

教育理念会产生不同的教学结果。"生态课堂"要求教师树立生态理念，关注学生的整体状态，进而关注学生的生命整体。教师既要关注学生的现实生活世界，即现在的、发生着的生活世界，又要关注学生未来的、发展的世界，它直接关系到学生未来的发展和结果。

（二）优化教学目标

教学目标是教学的起点和归宿。生态课堂要完善教学目标，不仅培养学生的知识和基本技能，还要注重学生核心素养的培育。教学内容是教学目标完成的基础。因此，教师要根据教学目标选取具体的情境，设置相关问题，对接教学内容；要注重挖掘教材的时代背景和隐含信息，联系当前实际进行整合和拓展，促进学生形成正确的世界观、人生观、价值观，培育核心素养。

（三）丰富教学方法

构建"生态课堂"，应充分发挥学生的主体作用，调动学生学习的积极性，使学生真正成为学习的主人、知识的主人。这就要求教师在教学设计、教学方法、过程安排、媒体选用、活动组织等方面，都从学生的角度出发，以学生的感受和经验为基础，以学生的思考和理解为前提，采用多种多样、丰富多彩的教学方法进行单向与双向、直接与间接、多方面和多层次的交往，使课堂呈现多样化的特征。

学校应当真正成为"学"校，而不是以教为主的"教"堂，从主要依靠"教"转变为主要依靠学生的"学"，把课堂还给学生，把课堂的学习权还给学生，把学生的发展权还给学生，把学生的话语权还给学生，包括对知识的解释权、对问题的质疑权、对自我以及同伴的评价权等，让每个学生在"生态课堂"里尝试成功、感受快乐、激活思维、释放潜能，成为学习的主人。

第四章

信息技术与高中思想政治教学融合的生态课堂教学模式

> 教学的目的是培养学生自己学习,自己研究,用自己的头脑来想,用自己的眼睛看,用自己的手来做这种精神。
>
> ——郭沫若

第一节 信息技术与高中思想政治教学融合的生态课堂教学模式的理论分析

一、"教学"和"教学模式"的概念

(一)"教学"的定义

在中国古代,"教"与"学"没有严格的区别。"教学"二字连用,最早见于《尚书·兑命》。唐代孔颖达解释说:"上学为教(xiào);下学者,学习也。"说的是教学即学习,两种不同途径的学习——自学和通过教人而学。① 《中庸》的"修道之谓教"和《庄子》的"学者,学其所不能学也",

---

① 贲友林. 贲友林与学为中心数学课堂 [M]. 北京:北京师范大学出版社,2016:95.

分别强调了"教"的目的和"学"能补拙。《礼记·学记》里开始将教与学联系在一起:"建国君民,教学为先"和"教学相长",不仅说明了教学对个人的成长有帮助,还强调了教学对社会建设的意义。《辞海》中对"教学"一词的定义是教师传授和学生学习的共同活动。这一定义在国内具有广泛性的使用和最具典型性的理解。《中国大百科全书(教育卷)》中也对"教学"一词下了定义,即教学是"教师的教和学生的学的共同活动。学生在教师有目的、有计划的指导下,积极、主动地掌握系统的文化科学基础知识和基本技能,发展能力,增强体质,并形成一定的思想品德"。此定义在《辞海》定义的基础上进一步完善,也更具体、系统地说明了教师的"教"和学生的"学"是相辅相成的,体现了学生在教师的指导之下变得积极主动,同时还说明了教学的作用,即学生在教师教授知识的过程中形成一定的优良品质。

本书采用上海师范大学吴立岗教授的观点,即"教学是一种以教材为中介,学生在教师的指导下掌握知识的认识活动"①。这一概念界定指出了教学的三要素:教师、学生与教材。教师依附教材大纲指导学生学习,教材又是学生学习的范本,教材还是联系教师和学生的枢纽。

(二)教学模式

1. "教学模式"的定义

"模式"一词是英文 model 的汉译词,还可译为"模型""范式""典型"等。一般指被研究对象在理论上的逻辑框架,是理论与经验之间的一种可操作的知识系统,是再现现实的一种理论性的简化结构。最先将"模式"一词引入教学领域,并加以系统研究的人是美国学者乔伊斯和韦尔。

1972 年,乔伊斯和韦尔出版《教学模式》一书,提出教学模式是"系统地探讨教育目的、教学策略、课程设计和教材,以及社会和心理理论之间相互影响的,可以使教师行为模式化的各种可供选择的类型"。他们认为,"教学模式是构成课程和课业、选择教材、提示教师活动的一种范型或计划"。

1990 年,美国学者冈特、施瓦布等在《教学:一种模式观》中提出,教学模式就是"导向特定学习结果的一步步的程序"。他们认为,教学就是构造课堂环境,对能力、兴趣、需要各不相同的学生的学习进行有效组织的过程。教学模式则为组织教学环境提供一定的结构、程序和步骤。由于教学目标、学生需求、教学环境的不同,教师必须掌握一系列适用于不同目标、内容和对象的各种教学模式,并在实际工作中学会选择和运用,才能创造出

---

① 吴立岗. 教学的原理、模式和活动 [M]. 南宁:广西教育出版社,1998.

最有效的教学模式。

自 20 世纪 80 年代以来，我国教育界对教学模式的研究渐趋重视，出现了一些重要的研究成果，对"教学模式"概念也有多种界定。有的从教学方法的角度来定义，认为教学模式是"教师根据教学目的和教学任务在不同教学阶段协调应用各种教学方法过程中形成的动态系统"；有的从教学结构范畴来定义，认为教学模式是"在实践中形成的反映特定教学思想的教学活动的结构方式的范型"；也有的从设计和组织教学的角度来定义，认为教学模式是"依据教学思想和教学规律而形成的，在教学过程中必须遵循的比较稳固的教学程序及其方法的策略体系"。

一种新的教学模式的建构，首先需要反映一定的教学理论，其次还要为教学实践提供外化的可操作性的程序框架。从方法论的角度看，教学模式的建构一般有两种方法：演绎法和归纳法。演绎法是指从一种科学理论假设出发，推演出一种教学模式，这一方法多适用于教育理论工作者。归纳法是指从教学经验中总结归纳出教学模式，是人们总结各种教育教学经验基础上进一步加工改造而成的，这对广大一线教师成为研究者给与了极大的鼓励和广阔的舞台。①

教育技术学领域也有不少对教学模式的研究成果，具有代表性的是北京师范大学何克抗教授给"教学模式"提出的定义："教学模式是指教学过程中两种或两种以上教学方法或教学策略的稳定组合与运用，当这些教学方法与教学策略的联合运用达到预期的效果或目标时，就成为一种有效的教学模式。"②

笔者认为，从信息化教育的角度分析提出的教学模式定义更符合信息传播的要素结构。因此，本书中的"教学模式"采用这一定义，即以建构主义学习理论为主要的指导思想，充分利用现代信息技术手段的支持，运用一定的教学方法，从教学实际出发，在教师的组织和指导下，充分发挥学生的主动性、积极性、创造性，使学生能够有效地完成学习目标对当前所学知识的意义建构的一种稳定、系统、具有可操作性的教学活动进程。

教学模式的实质是教学理论与教学实践的中介，各种教育思想、教学理论与教学原则都要通过它去指导教学实践。因此教学模式既能表明课堂中教师、学生、教材、媒体四个要素的结构关系，又有一定的教学过程的操作流

---

① 吴晗清. 新课改以来我国教学模式研究及对它的思考 [J]. 教育导刊, 2009 (3)：11-15.

② 何克抗. 信息技术与课程深层次整合理论 [M]. 北京：北京师范大学出版社, 2008：167-168.

程，教师可以参照它的结构与流程框架进行教学设计，开展教学活动。所以，每一种教学模式可以分为两个组成部分：一是"静态的教学结构"，即教师、学生、教材、媒体组成的课堂结构关系；二是"动态的教学流程"，即在整个教学过程中，依照教学设计的操作流程采取相应的教学方法、手段与策略，完成预定的教学目标。

2. 教学模式的构成要素

教学模式主要由以下几个方面构成：①指导思想。任何一种教学模式都有其独特的教学指导思想或者教学理论，指导思想是建立各个教学模式的理论基础。②目标。教学模式的目标，就是要完成教学所规定的任务，教学目标的呈现是为了让教学任务更进一步地具体化。③程序。教学模式的程序是完成目标的操作程序和步骤。④策略。教学模式的策略是指完成目标的一系列途径、手段和方法体系。⑤评价。由于每一种教学模式的指导思想、目标、主题、程序、策略和内容都不尽相同，因此每一种教学模式的评价方法也各具特色。

3. 信息化教学模式

随着教育信息技术和课程融合的深入发展，传统的课程理念、课程内容以及教学方法产生了深刻的变革，从"以教师为中心"讲解传授的进程转变为在教师主导下"以学生为主体"探索发展、自主学习、协商讨论、意义建构等的进程。

下面以一节信息技术与高中思想政治教学融合课例《在实践中追求和发展真理》来说明信息化教学模式的特点和优势。

课例

在实践中追求和发展真理①

【教学过程】

引入环节：播放弱碱水广告的视频。

课堂探究一：这个广告是真的吗？如何检测碱性溶液？

生答："通过利用 pH 试纸来检测矿泉水是否属于弱碱水。"

教师借助 PPT 展示 pH 值色别表（如图 4-1 所示），让学生对 pH 值有更为清晰、直观的了解。

---

① 林华. 信息技术助推思想政治课堂上的深度学习［J］. 中小学数字化教学，2019（6）：64-67. 有删减和改动。该课例由汕头市实验学校郑康镇所设计。

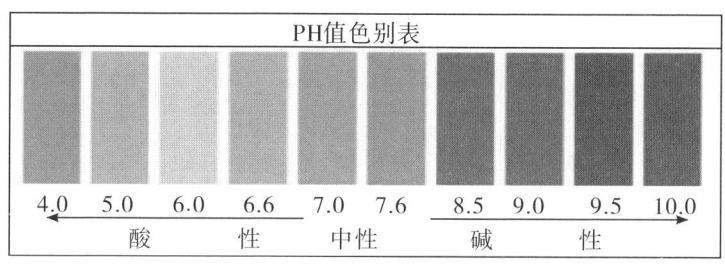

图 4-1　pH 值色别表

课堂实验：检测矿泉水是否属于弱碱水。

通过采用矿泉水、实验杯及 pH 试纸等实验材料的现场实验证实矿泉水为弱酸性，与广告不符合。学生小组的实验结果一致。

结论：这一矿泉水厂家在做虚假广告。

为了验证实验结果，教师亲手做实验，利用酚酞溶液检测矿泉水是否为弱碱性。实验结果与学生使用 pH 试纸检测矿泉水酸碱性的结果一致，表明厂家做了虚假广告。

课堂探究二：如何看待矿泉水广告现象？

学生讨论后分享观点。

教师用 PPT 展示知识结论：对同一事物的认识产生真理和谬误的区分，其原因是复杂的。人们的立场、观点和方法不同，知识结构、认识能力和认识水平不同，对同一确定的对象都可能产生不同的认识；与客观对象相符合的认识就是真理，不符合的则是谬误，真理面前人人平等。

（设计意图：让学生利用已有化学知识进行跨学科知识关联，通过学生动手实验验证广告的虚假性，加深学生对科学精神的理解，使学生提高法治意识，发展高阶思维，培育公共参与能力）

课堂探究三：如何驳斥这种伪科学？

（弱碱水广告的理论基础：酸性体质的基本观点是人体在体液 pH 值处于 7.35~7.45 的弱碱状态时是最健康的，但大多数人由于生活习惯及环境的影响，体液 pH 值都在 7.35 以下，处于健康和疾病间的亚健康状态。这些人是酸性体质者。）

课堂操作：学生利用手机在互联网搜索有效信息，对弱碱体质理论进行驳斥，通过弹幕形式将搜索到的有效信息进行分享。

（设计意图：让学生利用互联网搜索相关知识，提升学生的信息素养；在搜索主题信息的过程中寻找有用信息，发展学生收集、筛选信息的能力，培养科学精神；利用弹幕进行分享，创新学生参与方式，培养学生发表意见的能力和勇气，落实学生的公共参与素养）

【信息技术助力过程及效果分析】

本课采用的信息技术工具只是常规的台式电脑和交互式电子白板，信息技术主要发挥创设学习情境、激发学生学习兴趣、发展学生高阶思维、高效展示知识点等作用。这是信息技术赋能"教与学"的过程和表现，它体现了智慧课堂的特征：精准教学和高效课堂。可见，信息技术在学科教学中为教与学服务，是提高思维层次和学习质量的工具，具体如图4-2所示。

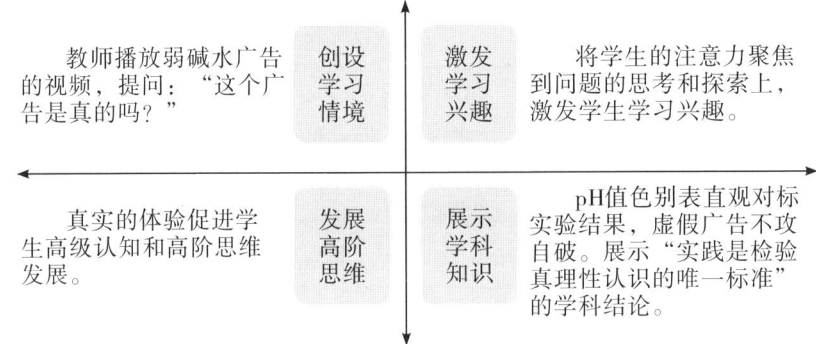

图4-2　信息技术助力过程及效果分析

传统课堂的开放程度表现在学生交流、讨论、分享展示方面。本课例中，教师通过将移动互联网、弹幕、问卷星等工具引入课堂，提升了课堂的开放程度。移动终端进课堂成为课堂辅助学习的方式，能够有效服务课堂教学，做到"以学生为中心"，构建开放的课堂结构，融合学生的知识建构和学习体验，赋能学生真实问题解决能力和高阶思维能力、创新学习素养的提升，具体如图4-3所示。

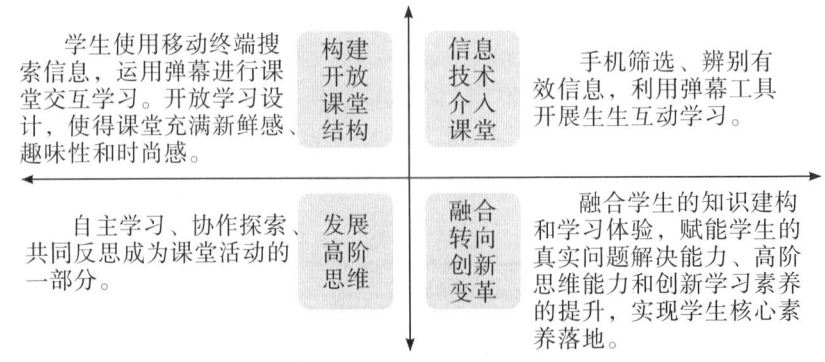

图4-3　信息技术助力过程及效果分析

由上述课例来看，传统教学模式与信息化教学模式的区别有以下几个方面。

从教学目标上看，传统教学模式以学科为中心，重视知识结构的完整性，重视学科自身的系统性、条理性，不重视书本知识在日常生活和社会实践中的应用；重视教学目标中对知识目标的掌握，对其他教学目标，如能力目标、素养目标等重视不够或落实不到位。思想政治课程标准明确提出了素养导向下整合"知识、能力、情感态度与价值观"三维目标，信息化教学模式依据课程标准，重视学生的课堂体验（如将移动互联网、弹幕、问卷星等工具引入课堂，让学生做课堂实验，现场搜索、分享、质疑），不仅能更好地落实知识目标，对能力目标也切实加以关注和重视，对情感态度与价值观目标重视挖掘和升华，不仅重视间接经验的系统教授和获得，更重视学生对直接经验的实践，给学生提供自主学习、社会实践的机会，全面整合和落实"三维目标"和"素养目标"。

从教学内容上看，在应试教育的驱动下，传统教学模式下的教学内容是教育部门统一指定的教科书，书本知识是教师上课的范围、学生学习的内容，也是教师考查学生学习情况的依据。这样的教学容易形成以书本为中心的弊端。信息化教学模式下的教学内容则强调大概念教学，追踪学生的问题和兴趣，由"脱离生活"转变为"回归生活"。新课程标准指出，人的思想品德是通过对生活的认识和实践而逐步形成的，高中学生逐步扩展的生活是课程标准建构的基础。理论联系实际是思想政治课教学的基本原则，信息化教学模式倡导回归生活的教育，正是抓住了思想政治教育的实质，也是对多年来我国思想政治教育中存在弊端的纠正。

从教学资源上看，在传统教学模式下，教科书是唯一的课程资源。有的教师没有大课程、大教材意识，"只唯书、只唯上"，不能很好地引导学生走出教科书、走出课堂、走出学校、走向社会大环境去学习和探索。高中思想政治课是理论性很强的学科，教科书上大多是论述性和解释性的文字，如果仅仅将教科书作为单一的教学资源，难免会让人产生枯燥的感觉，失去学习的兴趣。信息化教学模式下的教学资源丰富、知识量大，现代教育技术使课堂上的信息、来源变得丰富多彩，教师和教科书不再是唯一的信息源，学科教学中的文本、音像、音视频、图片、投影和录音等都是课程教学的宝贵资源，能够创设学习情境、激发学生学习兴趣。在信息技术环境下，师生通过对教学信息资源的整合，使之为我所用、为教学所用，能够达到优化教学效果的目标。

从教学过程上看，传统教学模式将教学要素孤立化，强调教师的中心地位。教师围绕着知识目标而展开教学，以知识目标作为教学的出发点和归宿，关注知识的有效传递，注重理论知识的单方面灌输，造成"一言堂"

"满堂灌"的现象。信息化教学模式下的教学过程是交互式的，教师的主要作用不再是提供知识，而是培养学生依靠资源获取知识的能力，指导学生的学习探索活动，让学生主动思考、主动发现、主动探索，从而形成一种新的教学活动进程的稳定结构形式。在整个进程中，教师有时会处于中心地位，但更多的时候是学生在教师指导下进行主动探索与思考。教学媒体有时会作为辅助教学的教具（高效展示知识点），有时会作为学生自主学习的认知工具（手机、移动互联网、弹幕、问卷星）。教材既是教师向学生传递的内容，也是学生建构意义的对象。

从教学方法上看，传统教学模式采用的是一种程序化的教学方法，即"复习提问—导入新课—讲授新课—课堂小结—布置作业"。程序化的教学方法使学生形成被动接受式的学习方法，容易使学生滋生思维惰性，导致学生的创新精神和自我学习能力不足，甚至会让学生厌恶学习。信息化教学模式采用灵活多变的教学方法，计算机、手机、移动互联网的交互性给学生提供了个性化学习的可能，通过多媒体技术可以完整呈现学习内容与过程。学生能够自主选择学习内容的进度、难易，与教师、同学进行交流（手机、移动互联网、弹幕、问卷星）。计算机网络的特性有利于培养合作精神并促进高级认知能力发展的协作式学习，这为学生对于问题的深化理解和知识的掌握运用，以及对学生创造性思维、发散性思维的发展和创新能力的孕育提供了肥沃的土壤，对学生协作精神的培养和良好人际关系的形成也有着明显的促进作用。

从教学手段上看，传统教学模式下的教学手段比较单一，最基本的是"黑板＋粉笔"。这种单调的教学媒介使教学过程平淡无味。同时，那些时代性强的、丰富的感性材料无法在课堂上及时得到展示，无法激起学生思维的火花，引起学生的共鸣，课堂气氛沉闷。信息化教学模式下的教学手段呈现多样化的特点，教师可以运用多媒体、网络、交互平台、投影仪、录音机、录像机等多种教学工具，广泛搜集、精心挑选适合课堂教学内容的时政资料，制作成课件投影、录像、录音、网页等进行教学，使课堂教学具有知识性、开放性、新颖性、趣味性，吸引学生的注意力，充分调动学生的眼、耳、口、脑等，使他们全身心投入到学习活动中，在和谐的课堂气氛中发挥主动性。

二、信息技术与高中思想政治教学融合的生态学分析

学校是一个复杂的、有机的、动态发展的生态系统。课堂生态系统是学校生态系统的子系统，与其他生态系统一样伴随着新事物的进入或者旧事物

的离开。生态平衡是指在一定时间内，组成生态系统的各个要素及外部环境之间通过能量、物质和信息的流动与循环，达到高度适应、协调和统一的状态。在这种情况下，生态系统的结构和功能呈现相对稳定的状态。生态失衡是指由于外来干扰超过生态系统的自我调节能力，原有生态平衡遭到破坏且难以恢复的状态。在多种因素的影响下，高中思想政治教学仍存在很多问题，从教育生态学的角度看，即为生态失衡结构和功能关系失调，生态内部因素之间及其与外部环境的关系不协调。

（一）高中思想政治教学的外部生态失衡

1. 高考政策的调整影响了思想政治学科的发展

近十余年来，不论广东省高考政策将政治学科由原来的"X科"改为文理分科（文综政治），还是文理不分科（选考政治），高中思想政治学科在高中教育体系中都处于弱势地位。2018年，广东省高考综合改革方案出台，2021年新高考正式实施。高考科目除语文、数学、外语外，考生可在思想政治、历史、地理、物理、化学、生物等科目中自主选择3科（即"3+3"模式）。这一调整被外界解读为"不再文理分科"。有关部门统计了2021年广东省高考选科科目人数占比，其中物理占比56.07%，历史占比43.93%，生物占比62.17%，地理占比53.95%，化学占比46.04%，思想政治是六科中占比最低的，只有37.87%。思想政治学科高考试题难度大、得分低，学科本身抽象难学和专业录取等原因导致思想政治学科选科人数少，对思想政治学科的发展尤为不利。

2. 评价考核机制的偏向性导致教师生态系统的活力降低

现行的评价考核机制以高考为主，倾向于高考重点学科。"主课""副课"观念仍在一些学校、学生中根深蒂固，中学思政课未受到高度重视。一些学校的思政课在师资配置上处于劣势，思政课教师得不到应有的重视与尊重，导致部分思政课教师生态群体情绪较低落，教学成就感降低，幸福感、获得感缺乏，教师队伍的成长动力削弱，思政课教师生态系统的活力降低。

（二）高中思想政治教学的内部生态失衡

生态系统的各个要素之间及其与外部环境的相互作用构成了系统的整体。作为生态系统主体的学生，其身体、智能、情感等是不可分割的整体。而在实际教学中，教师往往片面追求知识与技能，忽略了其他目标的达成，使得本该充满生命气息的课堂生态系统陷入机械背诵知识的"泥潭"中，导致内部生态失衡，影响了学生的全面发展。

1. 以教材为中心，教学方式古板机械

以教材、教学大纲、考试说明和课程标准为宗旨，"老师画条条，学生背条条",学生死记硬背,生搬硬套,机械训练。多媒体沦为电子黑板,课堂教学以知识点、考点为中心,只见书本,不见学生。

2. 挤压学生成长空间,歧化高效教学

教师片面追求教学效率,学生的学习生活、作息时间被严格控制、过度细化,监督管理制度缺乏弹性和人性化。教学以分数为最终追求目标,无视学生作为生态主体的全面可持续健康发展,忽视学生个性差异。由于缺乏学生这一生态主体的自主参与、互动和情感交流,课堂气氛比较沉闷,缺少生命活力。

3. 生态关系异化,课堂生态失衡

课堂是师生共同生活发展的重要平台,是师生情感交流对话的主要渠道,是课堂生态环境的重要构成要素。师生关系的异化会引发课堂生态系统失衡,导致系统的混乱,影响系统功能的发挥。

片面地"以教师为中心"。教师无视学生,自我建构,课堂成了教师展示"单口相声"的平台。课堂原本应该促进学生这一生态主体的发展,但在严格的课堂管理下,教师反而成了课堂生态系统的限制因子。限制、规则与控制取代了原本应有的接受、掌握和认同,浅层的认知代替了深层的互动。

片面地"以学生为中心"。自主学习被异化为自由的无秩序学习,合作学习被异化为扎堆聊天,时政课变成吵闹课,评价变为廉价的表扬。例如有的课在网络教室上课,设计小组讨论,本意是自主探究、合作讨论,但由于任务不明确、时间安排不合理,导致监管缺位,资料搜索成了网上冲浪,合作交流变成离座乱跑,课堂目标未能达成。在对学生主体性的曲解中,课堂生态结构发生紊乱、功能失调。

4. 评价功能失调,调节作用削弱

过度强调评价的选拔功能而忽视激励调节的功能。在评价方式上过度重视教师评价,忽略学生自主相互评价;过度重视终结性评价,轻视形成性评价;重视定量评价,忽视定性评价;重视诊断性评价,忽视发展性评价。

评价内容过度重视学习成绩的作用,轻视学生生态主体的情感、态度和价值观的培养与发展。过度依赖考试这一评价手段,使学生把分数作为衡量教师的唯一标准。2019年以前,在广东省普通高中学业水平考试中,思想政治学科全卷均是选择题,选理科的学生只要达到50分,就被认定为合格,因此合格率几乎为百分之百。学生在考前一段时间突击背诵知识点,就可以达到。这样,学生对学习没有兴趣可言,只为考试而学,对思想政治课的学习缺乏激情,投入较少。同时,由于激励性评价的缺失,在抽象原理学习中,学生浅尝辄止,畏难不前,得不到教师的肯定与鼓励,打击了学习的兴趣和积极性，制约了系统的良性发展。

综上所述，从生态学原理的角度分析，当前高中思想政治课教学中存在着生态失衡问题，课堂生态系统亟待修复。

在信息技术与高中思想政治教学融合的过程中，信息技术作为一种新的事物进入课堂，打乱了原有课堂的平衡状态，同时改变了原有生态课堂各因子之间的联系。例如在融合进程中，很多教师采用多媒体教学、智能教学平台代替了原来传统的黑板教学，实际上只是将黑板板书变成了多媒体演示，这种信息化技术环境下的思想政治课教学不能培养学生的核心素养，只是将信息技术作为一种辅助性工具，没有把它当作课堂生态系统的一个重要组成部分，忽略了信息技术的生命性存在和社会性存在。只有将信息技术"融入"思政课的教学目标、教学方法、教学准备、教学过程和教学反馈等环节，创造一种新型的教学环境，使课堂更加生动灵活、教学更有针对性、学习方式更便捷、学习效果更佳，发挥教师"教"的积极性和学生"学"的主动性，教学生态系统才会达到平衡。

三、信息技术与高中思想政治教学融合的生态课堂教学模式的基本内涵

现代信息技术与高中思想政治教学的融合，强调把信息技术作为促进学生自主学习的认知工具和情感激励工具，利用信息技术提供的自主探索、多重交互、合作学习、资源共享等学习环境激趣导学、培育智慧、激发想象，把学生的积极性、主动性充分调动起来，加强学生的高阶思维训练，在深度学习中助推学生高层次思维的发展，使学生的创新思维与实践能力得到有效锻炼，培育创新型、应用型人才。

笔者借鉴国内外有关学者的研究成果，在"主导—主体相结合"教学结构的基础上，在实际课堂教学过程中，围绕"培养什么人、怎样培养人、为谁培养人"这一根本问题，坚持立德树人根本任务，根据校情和学情，结合高中思想政治学科的特点，遵从"把课堂还给学生"教学理念的引领，在"生态课堂"课堂教学实践中开展了"教育信息技术与高中政治学科教学有效整合的实践研究"、教学成果培育项目"教育信息技术与思想政治教学融合的生态课堂模式"和"云智能翻转课堂促进思想政治深度学习的实践研究"课题研究，积极进行课堂教学模式的新探索实践，创设了"信息技术与高中思想政治教学融合的生态课堂"教学模式。

信息技术与高中思想政治教学融合的生态课堂教学模式是指具有信息素养的高中思想政治课教师把信息技术渗透到教学活动中，从而突破使用主体

（师生）之间与使用客体（硬件、软件等）之间的明显界限，变革教学结构，构建个性化、智能化、数字化课堂学习环境，发挥教师主导作用，突出体现学生主体地位，是以"自主、合作、探究"为特征，以"学"为主的新型教与学方式，培育学生政治认同、科学精神、法治意识和公共参与等核心素养，培养学生高阶思维、促进深度学习、实现课堂教学系统四个要素（教师、学生、教学内容和教学媒体）的和谐统一的过程，其目标是学生在总体学习目标的宏观调控下，根据自身的条件和需要，自主学习、协作探究、自我建构、主动发展。

四、信息技术与高中思想政治教学融合的生态课堂教学模式的层次分析

（一）生态课堂的层次划分

目前，很多课堂虽然配备了电子白板、触屏一体机、电子书包等信息化设备，但仍存在教学效果不佳的问题。而这一问题的出现很大程度上取决于实际教学中信息技术应用的具体方式。根据信息技术在教学中应用层次的不同，"生态课堂"可以划分为四个层次，具体有以下表现。①

（1）平移性应用。将书本上的知识平移到多媒体环境中，增大了课堂容量。

（2）整合点针对性应用。在一节课中有多个教学目标，哪个教学目标的落实需要信息技术作为支撑，需要判定这个步骤在常规教学条件下支持的效果。若其不如信息技术支持时，教师才有必要用。

（3）学习方式方法变革性应用。按照整体思路去设计一节课的教学过程，然后再看哪种技术能支持，如果支持不了，就把信息技术和常规条件合在一块，直到能支持为止。

（4）智慧性应用。让学生勇于发现，给学生构想的环境去获取知识。这就需要对学习目标进行扩充，学习目标扩充了以后才可能实现智慧性应用。知识的构想是应用，而应用不是单纯的说教所能做到的。信息技术可以支持智慧提升，变成学生构想和验证的工具。教学目标变革才是最高境界的应用，才是革命性的应用，才是最高层次的智慧性应用。信息技术与课程融合

---

① 唐烨伟，庞敬文，钟绍春，等. 信息技术环境下智慧课堂构建方法及案例研究[J]. 中国电化教育，2014（11）：24-25.

四个层次的发展脉络如图4-4所示①，信息技术的应用不应仅定位在支持原有教学目标和模式上，平移性应用和整合点针对性应用对于教学只停留在一般性、辅助性层面上，而智慧应用则属于信息技术支持教学下的变革性应用。这四个层次都有深浅应用的问题，不能笼统地一概而论，而信息技术与课程融合应所追求的是智慧性的融合。

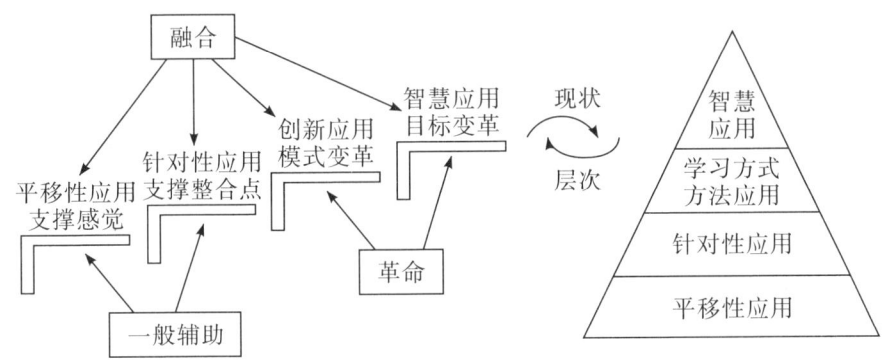

图4-4 信息技术与课程融合四个层次的发展

（二）"生态课堂"智慧性应用的标志

如何将信息技术融合到教学中一直是教育界关注的焦点，实现革命性应用主要从教育理念、教学手段和教学方法的变革等三大方面做出改变。结合我国相关研究实践，我们提出实现"生态课堂"智慧性应用的标志：宏观标志是以创新人才培养目标和模式、提升教学质量促进公平为主；微观标志是通过创设情境化学习环境，促进学生创新思维能力的培养，其核心体现在信息技术对教学方式方法和教学结构的改变。可以通过集体备课、教学观摩、专家讲座、交流研讨等途径让教师共享优质资源和教学方法，大规模复制优质课堂，由此实现宏观标志。在教学模式的改革中，坚持两个原则（即"以学生为中心"和"高质高效"的课堂）去选择和构建教学模式，由此实现微观标志。只有宏观、微观标志落实，才能从本质上全面广泛地完成"生态课堂"智慧性应用（如图4-5所示）②。

---

①② 唐烨伟，庞敬文，钟绍春，等. 信息技术环境下智慧课堂构建方法及案例研究[J]. 中国电化教育，2014（11）：26.

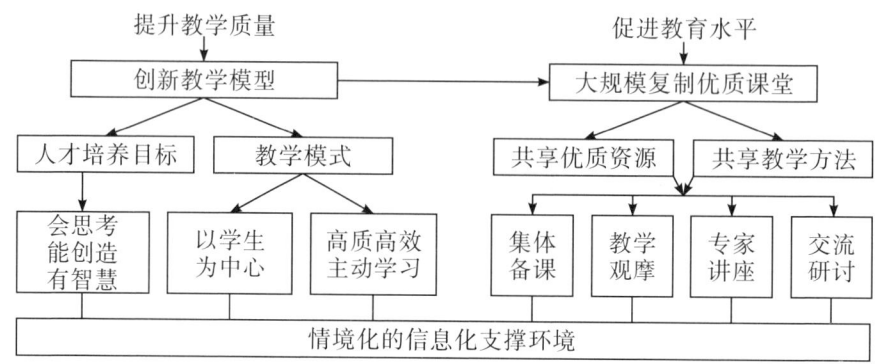

图4-5 "生态课堂"智慧性应用

第二节 信息技术与高中思想政治教学融合的生态课堂教学模式的实施程序

对于"如何实现信息技术与课程教学融合"这一问题,我国学者主要有"由内而外进行融合"与"借助外因进行融合"两种观点。持"由内而外进行融合"观点的学者以何克抗教授为主,他认为"改变传统课堂教学结构,学校教育系统结构性变革,具体内涵就是要实现课堂教学结构的根本变革"。张永涛、藏志超教授认为,重点在于教学方式方法,"改变教育教学方法,通过创新搭建新型学习平台、个人空间,通过学习者主观能动性推动信息技术在教学中的应用"。

持"借助外因进行融合"观点的学者认为,信息技术与课程教学的融合主要通过外部条件进行。李仁和教授认为,"慕课(MOOC)"是促进融合的重要途径。陈凤燕教授认为翻转课堂能够对学习过程、教学流程进行观测、监控,要求教师像医生一样基于具体情况,开展有针对性的教学工作,从而降低教师经验对教学实效影响的权重,为信息技术与教育教学深度融合提供了可能①。

要将"课堂教学结构变革"这一目标真正落到实处,只有通过教师在课

---

① 陈凤燕."翻转课堂":信息技术与教育的深度融合[J].教育评论. 2014(6):127-129.

堂教学中设计并实施有效的教学模式才能实现。近年来受到教师热烈追捧的"翻转课堂",关注课堂教学系统的四个要素并力图实现四个要素在地位与作用上的改变,即"课堂教学结构变革的具体内容"。这就充分说明变革传统课堂教学结构正是"翻转课堂"的本质特征所在,"翻转课堂"是实现课堂教学结构变革的有效教学模式。

马克思主义唯物辩证法认为,事物的发展是内外因共同起作用的结果。内因是事物发展的根本原因,外因是事物发展的条件,外因通过内因起作用。笔者认同何克抗教授"实现课堂教学结构的根本变革"的观点,也认同"翻转课堂",即把"由内而外进行融合"与"借助外因进行融合"两种观点结合起来。信息技术与高中思想政治教学融合的生态课堂教学模式以"自主生态"为内核,坚持"自主、合作、探究,先学后教、以学定教"的理念,将知识传授的过程前置到课前,将知识学习过程放在课堂上,也就是将难度小的环节(知道、领会)的"初级思维活动"前置到课前,学生可以按照学案的提示自主学习,将难度大的需要同伴互助和教师指导点拨的环节(应用、分析、评价和创造)的"高级思维活动"安排在课堂上完成。在整个教学过程中,信息技术、网络环境、学案等融合进学生的学习全过程。在课时不变的情况下,翻转教学中,教师把80%的时间放在课内的"高级思维活动"培养环节,20%的时间放在课外"初级思维活动"环节,让学生自定步调、自主学习,这与传统课堂的课内、课外时间分配刚好相反(如图4-6所示)。

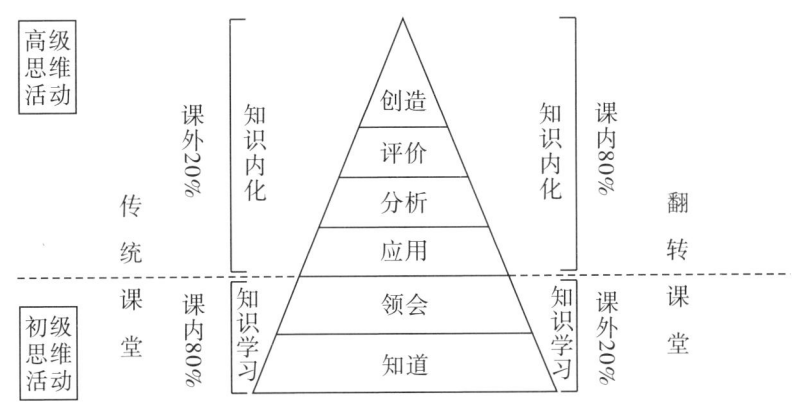

图4-6 翻转课堂的"二八"定律

事实上,广州大同中学自2009年11月开始开展的"生态课堂"教学实验也就是2012年我国教育界热议的"翻转课堂"。翻转课堂把新知识的学习由课堂内转到了课堂外,由教师的面对面讲解变成了学生主动利用网络进行学习。课堂变成了交流学习成果、讨论重点问题的地方，师生之间、学生之间讨论、商议、交流、答疑，促进了知识的内化，充分体现了学生主动参与学习的过程。

学生学习方式的翻转，使课堂内外的自主学习、主动学习、合作学习成为学习的主要形式，不再是被动的接受式学习。这是建构主义学习理论一贯倡导的"学生的学习不再是教师传授的，而是在一定的社会背景下，借助他人的帮助，主动建构的"。翻转课堂是信息技术发展的产物，为我们改变传统的教学结构模式提供了途径与通道，使信息技术与学科整合、走向融合创新成为可能。

教室里，学生不再排排坐，教师不再自始至终站在讲台上。学生按小组划分，并拢课桌椅，围坐在一起，有益于相互交流、相互补充、共解疑难，达到感染促进、互利共赢的目的。"生态课堂"以"学案"为教学媒介，以小组为学习共同体，以星级评价为激励手段，以班级文化建设为共同价值追求。"生态课堂"是学生积极学习的课堂，它有健康、富有活力的学习活动，有独立思考与合作交流的学习形式，有自信、相互尊重的学习氛围，有让学生自由、主动、全面可持续发展的空间。

"纸上得来终觉浅，绝知此事要躬行。"广州大同中学的"生态课堂"经历了从摸索、"临摹"到熟练掌握，再到尝试"破茧"，最终成功"破茧"的过程。2009年12月16日，在高一年级进行课堂改革一个多月后，校长室刊发《尝试"破茧"》一文，对"生态课堂"教学进行第三次反馈，并向全校推行。一个多月的时间并不长，但我们走过的心灵之路却不短，一路上紧张、困惑、痛苦兼而有之。

反思

尝试"破茧"
袁成

一、模式里的"困窘"

我们"临摹"的是山东省兖州市第一中学的循环大课堂，即"三步六段"：课前、课中、课后。课前是教师预设学案，学生预习，解决初步问题，形成初步"困惑"，并带入课堂；课中是学生讨论、解读学案、提出质疑，教师点拨；课后是反馈，师生反思，教师重设学案（即教师针对学生未理解的问题重新设计解决方案，在这方面，我校做得还很不够）。

1. 课前的学案预设，主体性缺失

课前学案的预设由教师一手包办，没有放权给学生，与生本教育理念"背道而驰"。

生本教育的创始人郭思乐教授说，教育的困难在于，教师使命的承担者和使命的核心实现者不是同一个人。承担者是教师，而实现者是学生。教育者长期占据了教育和教学的核心活动——对人的成长最富"营养"的活动。如，教师自己编制周末导学案，让学生依此复习，却很少想到要让每个学生自己先行编制复习纲要，整理这一学段的收获和线索。试想这将会产生多少种个性化的复习纲要？每一份纲要都会述说学段知识是怎样投影在学生个体的脑海之中的。尽管不完善，但它自然地排布着，与学生的经验感悟相联系、相匹配。

现在，无论是新知学案，还是复习学案，都是教师根据自己的经验而不是学生的经验，根据教材的目标要求，参考传统的习题编写方法而编写的。这样的学案，符合知识形成的规律，注重知识内在的逻辑关系，这一点是无可怀疑的，但不一定符合每一个学生的情况，或者符合的程度并不高。其实，预设学案的过程也是知识建构的过程，更是高效学习的过程。然而，这一机会被教师完全剥夺了。

2. 学案的内容过于详尽

在教学目标的框架内，教师按照知识的内在逻辑规律，由浅入深地把知识问题化、问题层次化。但是，教师源于长期传统课堂养成的习惯形成了心理情感思维的定势——撤退后的不放心与彷徨感，学生训练量大量减少导致传统考试能力弱化而产生的来自家长、学校评价的威胁感。在这种心理压力下，教师编制的学案内容过于详尽，传统"作业化"倾向严重，"留白"少，学生思维的自由度小。

3. 课堂上的对学、群学不充分

"自主、合作、探究"是高效课堂的核心特征。从学习是刺激与反应的联结，到学习是知识的获得，到学习是意义的建构，再到学习是参与和交往，这些学习观的发展，就是学习方式从个体学习向群体学习的转变，是认知向社会文化的靠近。由此看来，高效课堂自主、合作与探究的学习方式，走在了学习理论发展的前沿。

然而，我校现实的课堂上只有5分钟的小组交流时间，学生基本上不能对自身的学习问题进行有效的交流、讨论，更不能生成新的问题。大部分学生在小组交流时，只是关注本组的展示内容，无暇、无心关注其他问题。

4. 大展示过多，效益不高

教师一上课就开始"爬黑板"，没有与学生交流讨论，没有把相对难的

问题化解掉，也没有把相对容易的问题剔除掉。在展示讲解时，难度大的问题对学生来说依然很难；容易的问题占用了时间，其实不用讲解，绝大部分学生已经学会。也就是，懂了的早就懂了，不懂的还是不懂。

5. 轻视总结，知识的系统性不强

很多课往往时间有限，导致学生对知识的总结、归纳被轻视，甚至被忽视。学生掌握的知识比较零散，能力建构成了"无源之水"。这是我校学生当前最困惑的地方。

二、"破茧"之道

破茧，是化蛹成蝶前的阵痛，是经过长时间积淀之后的必然。大循环课堂模式的"破茧"，是在实践该模式后的本土化，是我校教师基于生本教育理念的理解，是问题呈现、解决后的总结、凝练与提升。

1. 把学案预设的部分权利还给学生

教师编制学案，要善于"留白"，让学生补充学案，或修改学案。在教师编制的学案框架内，学生编制出适合自己学习的学案。教师少设问题，学生多思考，鼓励学生生成自己的问题。

2. 调整课堂时间结构，尝试建构新的课堂教学模式

尝试"破茧"，首先从时间结构开始。根据以上五点"困窘"，联系前期的"临摹"实际，我校把课堂时间结构大致调整为"352"。

（1）30%，即12分钟，为对学、群学。先在组内同质对子互学，然后异质对子帮学。

（2）50%，即20分钟，为展示讲解。教师根据学情调查，分配展示内容；小组对"爬黑板"、讲解、补充、质疑等进行分工。学生讲解、质疑，教师点拨。

（3）20%，即8分钟，为总结、小测、指导预习。总结，要学生画知识图、知识树等。

3. 打造小组内"对子学习共同体"，为学习提供保障

对子学习共同体在组内有两种形式：一是异质对子，就是学优生与学困生结对子；二是同质对子，即学优生与学优生结对子，学困生与学困生结对子。异质对子的结构是紧密的，必须建立相应的评价机制；同质对子的结构是松散的。课堂上，先进行同质对子之间的交流，后进行异质对子之间的帮扶。

班级、小组、对子，都是学习共同体。"学习共同体是指一群有着共同的目标、观念、信仰的人，在相互协商形成的规范和分工下，采取适宜的活动方式相互协作，运用各种学习工具和资源共同建构知识，解决共同面临的复杂问题，由此构成的一种学习的生态系统。""学习共同体是学生能够在一种相互信任、相互尊重、民主平等而又安全的环境中学习，在与共同体其他成员的交往合作中，体验着探索世界、探究人生的精神愉悦。""同时，在体验中，形成了健康的自我，学会了共处，形成了德性，从而诱导出创造的生命活力。"①

我们要理解学习共同体里的几个关键词：共同目标、信仰、规范、分工、协作、信任、尊重、民主、平等、安全，形成自我、学会共处、形成德性、创造生命活力。师生要把这些关键词作为高效课堂的核心文化进行打造，并变为师生的行为自觉，只有这样，才能真正形成学习共同体，即学习合作小组。

经过四个多月的教学实践，我们发现，兖州市第一中学的"循环大课堂"虽然是一种成熟的教学模式，但是并非完全适合我校的课堂教学实际。譬如，学生需要在课间十分钟进行板书，没有休息的时间，以至于学生总是处于紧张的状态；学生的大展示时间过长，导致没有教师指导预习的时间；教师为了完成整个教学流程常常拖堂；等等。这些情况普遍出现后，学校适时组织教师进行研讨、交流，在综合考虑学校生源情况、学生培养目标、课堂教学时间、课堂教学效果等因素的基础上，通过反复实践、改进，终于破茧成蝶，建立起适合本校的课堂教学模式——"352"课堂教学模式，同时改变了传统的课堂评价机制，建立起"以学定教"的课堂评价体系。

2010年12月16—18日，"高效课堂走进广州"高效课堂途径与方法专题研讨会暨第三届全国高效课堂博览会在广州华泰宾馆、广州市第八十中学（现更名为广州大同中学）召开。高效课堂"十大教学范式"再次集中亮相，分别是：山东杜郎口中学"10+35"模式、山东昌乐县第二中学"271"模式、山东兖州市第一中学"循环大课堂"、江苏灌南新知学校"自学·交流"学习模式、河北围场天卉中学大单元教学、辽宁沈阳立人学校整体教学系统、江西武宁宁达中学自主式开放型课堂、河南郑州第102中学"网络环境下的自主课堂"、安徽铜陵铜都双语学校五环大课堂和广州市第八十中学"352"模式。

在这次全国高效课堂博览会学校课堂展示课中，笔者代表学校政治科组上了一节主题为"世界是普遍联系的"的哲学课，被评为优质课。当时学校给媒体的新闻通稿是这样的：广州市第八十中学"352"高效课堂模式是基于知识学习的三个阶段而形成的教学模式。在遵循学习规律的框架内，不同的教学内容有不同的教学课型。第一阶段是新知识习得，约占30%的时间，

---

① 郑葳. 学习共同体 [M]. 北京：教育科学出版社，2007.

任务是引起注意与预期。教师对"先学"情况进行反馈，明确学习目标，使学生处于一定的唤醒状态，激活原有知识，吸收新知识。小组合作学习，先组内同质对子交流，然后异质对子帮学，用好差异性学习资源。第二阶段是知识的巩固与转化，约占50%的时间，主要是通过学生的展示、讲解（复述）、质疑、变式训练等，使新知识得以巩固与转化。第三阶段是知识的迁移与应用，约占20%的时间。首先是学生总结，回答学了什么（提取陈述性知识）；接着是当堂检测，检查学生应用习得的概念和规则办事的能力以及自我调控的能力。该模式反映了新课程改革的核心理念"自主、合作、探究"，极大地调动了学生的学习积极性。

生态课堂在"以行导知，以知促行"中"求真""求活"。学案导学，"自主、探究、合作"模式实现了传统教学方式的革命性转变，顺应了新课程理念和素质教育的要求。具体的实施程序如下。

一、小组建设：打造学习共同体

小组合作学习在课堂教学改革中具有举足轻重的地位，不仅是改变课堂教学模式的内在"基因"，也是改变人才培养模式的重要方式。"生态课堂"教学模式要实现课堂的高效，关键在于学习小组共同体的组建。小组合作学习不是简单地改变课堂桌椅摆放位置和形式，而是一种教学组织形式的深入践行。

（一）基本形式

合理的分组是合作学习正常启动的基础和前提。要使小组合作学习顺利进行，必须先精心组建学习小组。合作学习小组通常由6名学生组成，在构成上要求小组成员在性别、学业成绩、学习风格、智力水平、个性特征等方面存在差异，使每个小组成为全班的缩影，这样构建的合作学习小组是"组内异质，组间同质"。[①]

（二）操作方式

1. 第一步：选定行政组长

首先从全班挑选出九名学习成绩好、组织能力强、在同学中威信较高的学生担任小组的行政组长。组长是小组的领军人物，是班主任的得力干将，更是学生们行为习惯和学习的榜样。所以小组长的选定尤为重要，是小组完

---

① 袁闽湘，吕晓花. 自主课堂"生态化"重构［M］. 南京：江苏人民出版社，2015：43.

善的关键。

选择组长的原则有三个：一是优秀。优秀是一面旗帜，优秀才有说服力。优秀主要体现在成绩好，成绩好的组长才能更好地带领、指导组员学习，在学生中树立威信。二是有责任心，责任心强是选择组长的重要条件。作为组长，必须有很强的管理小组、协助班主任、致力于班级工作的责任心。组长作为小组的领军人物，对组内的事必须无论大小都勤查、勤为、勤说。责任心强的组长能调动组员的集体荣誉感和竞争意识，能团结组员，营造互帮互助的氛围；能激发组员的学习热情；能鼓励组员解决生活、学习中所遇到的问题等。三是有能力。组长的能力很重要。一个优秀的组长需要具备组织能力、领导能力、决策能力、管理能力等。

2. 第二步：确定小组成员

先按照学业成绩和能力水平，从高到低选择每组的副组长（1 人）与组员（4 人），然后将 6 名小组成员分别编号为 A1（组长）、A2（副组长），B1、B2、C1、C2。最后由班主任与各科教师统一协调，根据每组成员的性别、性格、成绩、智力等方面的比例结构进行组间平行微调，使同组的组员实力相当，组与组之间的各科水平和综合水平基本平衡（如图 4-7 所示）。

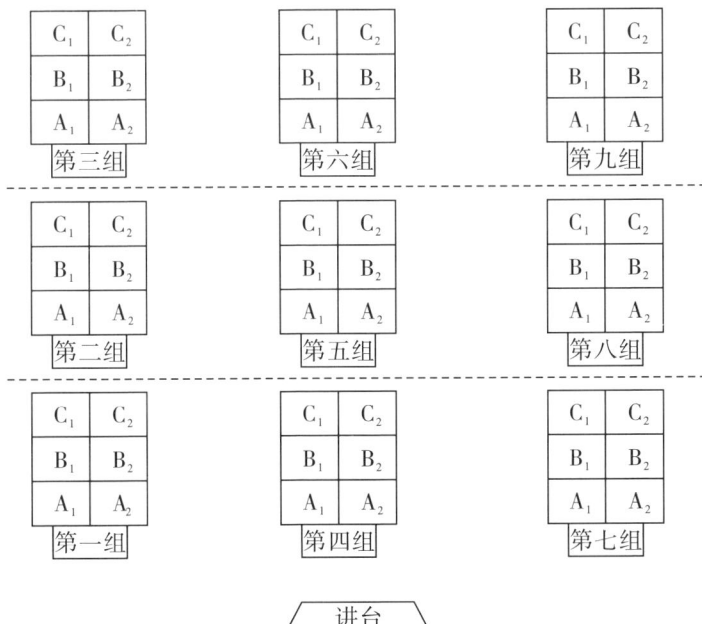

图 4-7 班级分组平面示意图

3. 第三步：选定学科组长

每个小组均按照高考9个学科相应地设立9个学科组长，由6名小组成员分别担任，其中有3人兼任2个学科的组长。小组各成员负责的学科根据自己的意愿或教师选择来确定，这样可以使小组的每个成员都感受到自己很重要，增强参与小组、管理小组的意识，增强集体荣誉感和责任感，为小组建设贡献力量。①

4. 第四步：创建小组文化

（1）创设组名。根据小组的特点，创设组名。
（2）确定组训。小组讨论后确定组训，绘制组徽。
（3）制作组标。制作小组组标，放置于本组桌面。
（4）确定目标。小组讨论后，确定在纪律、学习等方面要达到的目标。

图4-8　小组组标展示（组徽、组规、组训）

（三）小组的作用

1. 独学

组长监督独学。学生根据导学案内容规定相应的时间，独立完成→对子互批（互监、互检）→有疑问的地方用红笔圈点勾画，以便小组交流和请教老师→组长检查。

2. 对学、群学

对学之前，对子之间已经互查导学案，明白同层同质对子的疑问点所在。对学时，他们互相讨论解决疑难问题，仍解决不了的问题用红笔圈点

---

① 袁闽湘，吕晓花. 自主课堂"生态化"重构［M］. 南京：江苏人民出版社，2015：43.

勾画。

群学之前，同质对子已经完成对学。群学时，异层异质对子之间对对学后存在的疑难点进行交流讨论，如 B 层学生请教 A 层学生，C 层学生请教 B 层或 A 层学生，A 层学生解决不了的问题则由小组共同讨论，汲取 B、C 层学生意见。如果仍有疑难点，就着重标出，汇报给教师。

3. 展示

组长根据问题的难易程度分配任务。例如可由 C 层学生主展示，B 层学生补充展示，A 层学生拓展、延伸。组长再分派其他同学点评、总结。一般主张由学力较弱的学生多展示。当然，对展示内容，教师要学会取舍，太难和太容易的问题都不宜作为展示内容。展示时，要求学生做到"身正、脱稿、背板、字工、声亮、双色、微笑、大气、自信"。

（四）小组合作学习需要注意的问题

教师对小组合作的内涵本质缺乏正确的认识，没有给学生做好小组合作学习培训。学生不清楚何谓合作、为何合作、如何合作。有的学生很积极，有的学生随声附和，游离于小组合作的边缘，讨论思考时不动脑筋，说闲话，做与学习无关的事情。教师采用一对多的提问方式与学生进行单向交流和对话，忽视了小组的作用。有的教师游离于学生小组合作学习之外，对学生的合作学习缺乏及时有效的指导。有的教师对学生小组合作学习调控过多，忽视对小组团队建设和自控能力的培养。有的教师设计的问题不恰当，如问题太大、没有明确的指向性、缺乏层次性和开放性等，导致学生在合作讨论时效率低下。合作学习缺乏合理的评价体系，有的教师偏重终结性评价，忽视过程性评价，偏重学生个体评价，忽视小组整体评价，导致学生容易滋生个人骄傲情绪。

结合多年的教学实践，笔者在课堂合作学习中总结了一些诀窍：学生独学充分，是讨论高效的前提；教师对独学情况了解全面，是讨论高效的保障；讨论要求明确，是讨论高效的关键；小组长高效管理，是讨论高效的保证；正确及时的评价能持续地促进讨论高效；教师积极主动地参与讨论，能够更好地带动讨论高效；讨论方式多样，能够更好地刺激讨论高效。

二、学案编写：画好教学线路图

学案导学是结合学生成长的规律，选用贴近学生生活的社会热点新闻作为辅助材料，通过各种形式将丰富多样的内容呈现给学生，激发学生热情，使学生积极参与课堂、深入参与探究，帮助学生通过预习学案和课堂学习建

立新旧知识之间的联系，强化学生关注社会实践、关注生活的意识，营造教师科学引领、学生积极参与的课堂氛围，从而在一定程度上促进高中思想政治课教学实效性的提升，实现"把课堂还给学生"。

学案，又称导学案，简单地说就是指导学生学习的方案。学案是根据国家课程标准编制的适合本校实际的学习材料，属于校本课程。学案编制重在"导学"，即引导学生进行自主学习。学案有两种呈现形式，即纸质学案和多媒体学案。学案被形象地称为学生学习的"路线图""指南针""方向盘"。课改前期，纸质学案需要教师课前批改、统计数据，耗时较多。如果是第一节课，教师只能每个小组抽改几份，无法很好地掌握学情。课改后期，智能教学平台能够自动统计学生多媒体学案上的预习情况，大大减少了教师批阅的时间，且数据真实客观，为教师准确掌握学情、调整课堂教学决策提供了科学依据。

导学案是先学后教的重要载体。学生依据导学案先学，按照自己的学习进度和方式阅读、思考，自行解决能够解决的问题。教师根据学生先学的情况再进行教学。教师教学是对学生自主学习的深化、拓展和提升，即变"学跟着教走"为"教为学服务"[1]。余文森教授形象地将"先学后教"类比为"家庭联产承包责任制"，即"教师把教材的学习权、解读权（当然也包括责任）交给了学生，把教学建立在学生对教材的学习和解读的基础上，从而使教师、学生、教材三个要素的关系产生了根本性的转变，教学质量也因此得到了大幅度的提高"[2]。

（一）学案设计的指导思想

教师在学案设计时必须关注三个问题：把学生带到哪里（教学目标）；怎样把学生带到那里（教学过程与方法）；如何确信学生已到达那里（学习结果评估）。编制学案也应该契合这三点，即学习目标、学习过程与方法、学习结果评估。

学案导学教学改变了知识的传递方式。传统教学大多遵循"知识—教材—教师—教案—学生"的知识传授过程。知识通过教师加工再传授给学生，学生处于被动"接收"状态，缺乏自主探索、学习的动机。学案设计时要坚持的指导思想是关注学生学习的全过程，要让学生知道学什么、如何学以及学得怎么样，以此提升学生解决问题的能力以及自学的能力。

导学案里的"学习目标"指引学生"学什么"和"如何学"，最后的

---

[1] 余文森. 核心素养导向的课堂教学［M］. 上海：上海教育出版社，2017：151.
[2] 余文森. 核心素养导向的课堂教学［M］. 上海：上海教育出版社，2017：156.

"自我评价"让学生知道"学得怎么样"。立足于学生"如何学",我们要关注学生学习的有效性,关注课堂师生共同成长的互动性,建立起教材、教师、学案和学生之间的新型关系,实现教与学的创新。

(二) 学案内容的组成部分

学案内容有六个组成部分:学习目标、总议题、核心概念、议题导与学(包括议题情境、课前学习准备、课堂合作探究、知识小结、学习指引)、基础训练、自我评价。

1. 学习目标

教师从教学目标中分离出学习目标。制订学习目标时,要清晰地描述学生在学习活动中所要达到的结果。如《哲学与文化》第一课第二框哲学的基本问题中"唯物主义和唯心主义"这一知识点的学习目标:能区分、辨识唯物主义的三种基本形态,用批判性思维评价其合理性和局限性;能结合课堂合作探究一归纳唯物主义的基本观点;能说出唯物主义和唯心主义的分歧;能通过赏析漫画,区分、辨识主观唯心主义和客观唯心主义;能结合课堂合作探究二归纳唯心主义的基本观点;能解释哲学的两个对子,即唯物主义和唯心主义、辩证法和形而上学;能准确评价唯物主义和唯心主义。

2. 总议题

议题是课堂教学的起点,是连接社会生活与学生学习的桥梁。议题源于现实生活,服务于学科教学。议题是会议讨论的题目,它兼具学科课程的具体内容,展示价值判断的基本观点,具有开放性、引领性,又体现教学重点,针对教学难点。[①] 总议题是本课讨论的总题目,后面还有若干个围绕总议题的子议题。《哲学的基本问题》这一框的总议题是"如何全面认识哲学的基本问题",子议题是"什么是哲学的基本问题""如何把握哲学两大基本派别"。

3. 核心概念

核心概念是指学科领域中最精华、最有价值的核心内容,反映学科主要观点和思维方式的学科结构的骨架和主干部分。《哲学的基本问题》这一框的核心概念是"哲学的基本问题""唯物主义和唯心主义""哲学上的两个对子"。

4. 议题导与学

自主探究部分,即"课前学习准备"部分,贯穿着三条线:知识线、情

---

① 中华人民共和国教育部. 普通高中思想政治课程标准(2017年版2020年修订)[S]. 北京:人民教育出版社,2020.

感线、能力线。这三条线是编写自主探究时必须分析的学习线索。新授课、复习课中的这三条线一般比较清晰，讲评课、实践活动课的知识线则不太明显。建构这些课型的情感线、能力线时，要先根据学习模块确定知识线，然后再去建构情感线、能力线。

（1）知识线。教师结合学生的心理特点，把探究点按知识的逻辑顺序或学生学习的认知顺序排列起来，就得到了知识线。

（2）情感线。使学生能够主动学习的一些非智力因素相互联系，构成了情感线。情感线能够点燃学生学习的热情，引导学生积极主动地开展学习活动。设计情感线具体体现在两个方面：编写具有强烈吸引力的学习任务，激发学生的探究精神；开发激励学生学习的附属小栏目，激发学生的学习动机。

（3）能力线。能力线是根据知识点的能力价值，由多种问题情境构建的，可以综合地训练和发展学生学习能力的主要学习线索。

议题情境是指能够激发学生的学习欲望，具有一定的难度和复杂性，又需要经思考和努力才能得到解决的系列问题所构成的学习情境。设计议题情境有多种方法，如直接设问，引发思考；设置错误，诱发思考；展示图、表，激发思考；选取热点，活跃思考；总结提升，升华思考等。设置议题问题可以是填空题、连线题、探究题等。

为了引导学生学习"唯物主义"这个重要的核心概念，在导学案"议题导与学"板块，我们预设这样的议题情境来达成学习目标。

课堂合作探究一

材料一：我国古代哲学家王夫之认为，宇宙除了"气"，更无他物。他指出"气"只有聚散、往来而没有增减、生灭，所谓有无、虚实等，都只有"气"的聚散、往来、屈伸的运动形态。

材料二：17世纪法国哲学家伽森狄认为宇宙由原子和虚空构成，原子是永恒运动的，虚空是原子运动的场所。

材料三：多地普降暴雨，部分地区遭受洪涝灾害较为严重，许多地区引发泥石流、山体滑坡等地质灾害。有村民说："我们过多地砍伐树木，是导致灾害发生的原因。"

问题探究一

(1) 查阅教材，了解什么是唯物主义。

(2) 材料中王夫之和伽森狄的观点分别属于唯物主义的哪种形态？

(3) 材料三中，从世界的本原的角度看，村民的观点和王夫之、伽森狄的观点有什么不同？

(4) 三个材料的共同点是什么？通过三个材料的学习，试归纳唯物主义的基本观点。

为了引导学生学习"唯心主义"这个重要核心概念，导学案"议题导与学"板块是这样设计的：

课堂合作探究二

材料一：全民炒股的时代开始了，股市成了妇孺皆知的热地。在"众人拾柴火焰高"和杠杆资金的煽动下，疯牛行情让所有的分析方法都失灵了。在这个过程中，许多股民仍想通过股票大赚一笔，想着凭感觉、凭经验在股市中捞一把，但最终多数是一败涂地。

材料二：某地打击迷信活动，对所谓的"风水"先生、"大师"、"神婆"等涉嫌从事封建迷信活动的人员及其活动情况进行统计调查，严厉整治危害社会的各种封建迷信活动，引导广大人民群众自觉崇尚科学，抵制封建迷信，不断净化社会风气。

问题探究二

(1) 查阅教材，了解什么是唯心主义。

(2) 材料一中，股民决策所依赖的因素是什么？体现什么哲学观点？

(3) 材料二中，参与迷信活动的人信奉谁？体现哲学的什么观点？

(4) 材料一、二中，人们观念的共同点是什么？试归纳唯心主义的基本观点。

在"课堂合作探究"展示"议题情境"和"问题探究"后，有"知识小结"（合作探究成果小结）"学习指引"（阅读教材××页，思考××问题），目的是更好地完成"课堂合作探究"。

5. 基础训练

基础训练检查学生对本节课内容的掌握情况，进一步巩固基础知识。在编写基础训练时，要整体考查学生的知识结构、能力结构，有针对性地考查学生对重点、难点和易混易错点的掌握情况。

6. 自我评价

导学案的最后是"自我评价"部分，请学生结合自己的学习过程、答题情况，对照"学习目标"，如目标达成，在表格中用"√"表示，以此评价自己"学得怎么样"。

(三) 学案编制的基本原则[①]

1. 主体性原则

学案设计与传统教案不同,传统的教案形式是立足于教师"如何教",而学案必须立足于学生"如何学",充分尊重学生的个性差异,充分体现学生的主体地位。

2. 导学性原则

"导"就是指导、引导。"学"不是讲,也不是教,而是以学生"学"为根本要求。"案"是一种方案、一种设计,而不是知识、题目的简单堆积。学案的编写要突出体现"导学",问题设计要有思维含量,要紧扣教学重难点,重在引导学生学习,而不是做练习;要通过由简单到相对复杂的问题设置、阶梯式学习内容的呈现和有序的学习步骤安排,引导、鼓励学生由浅入深、循序渐进地进行自主学习、合作探究。

3. 探究性原则

学案的编制要有利于学生进行探究学习,内容由易到难,分层探究,有序引导,逐步生成,要通过对知识点的设疑、质疑、解疑来启发学生思维,培养学生的探究精神和创新精神。

4. 层次性原则

学案的编制要符合各层次学生认知规律,引导学生由浅入深地认识教材、理解教材,使不同层次的学生都学有所得,增强学生学习的自信心和获得感,挖掘学生学习的内驱力。

(四) 学案编制的基本要求

一是吃透教材打基础。教材是学生学习的媒介,学案的编写离不开教材。因此,教师编写学案前必须深入研究教材,紧紧围绕三维目标和素养目标的要求,提炼知识脉络,把握重点,研究新旧知识的内在联系和拓展提升点,找准关键,研究学法,探寻规律,深挖情感因素,为学案的编写打好基础。

二是"二度创作"有提升。对学案的设计,教师要从教材的编排原则和知识系统出发,对教材和参考资料以及自己所教学生的认知能力和认识水平等进行认真的分析研究,把握好对教材的"翻译"和"二度创作"。把教材中深奥的、不易理解的抽象知识,"翻译"成能读懂的、易接受的、通俗的、

[①] 袁闽湘,吕晓花. 自主课堂"生态化"重构 [M]. 南京:江苏人民出版社,2015:45.

具体的知识，帮助学生更有效地学习。同时，学案的设计要重点突出，导学和探究的问题能引发学生兴趣、启迪学生思维。

三是紧扣目标抓落实。学案的编写要围绕单元教学要求，设置适宜的学习目标。学案必须以学习目标为中心，紧扣学习目标的落实来设置学习问题和学习过程。目标定什么，就学什么、练什么、测什么。所有的导学环节、基础训练及课后作业都必须与学习目标相对应，为目标的达成服务。

四是分层学习重差异。学案的编写要做到"知识问题化，探究层次化"，即把知识转化为导学问题、探究问题，把问题按阶梯式由易到难呈现出来。

（1）知识问题化。"知识"也就是课程标准、考试说明里规定的学生必须掌握的知识。要把它转化为导学问题、探究问题。

（2）探究层次化。将学案探究分层要求，共分为四个层次：第一层是事实性知识，即表述基本现象或事实的知识，如唯心主义包括主观唯心主义和客观唯心主义。第二层是概念性知识，即表明事实的共同要素，如唯心主义认为意识是本原，物质依赖于意识，意识决定物质。第三层是程序性知识，即做某事的准则或方法、对概念的实践运用，如股民凭感觉、凭经验做决策。第四层是元认知知识，即对认知或自我再认知所必需的知识。

（五）学案预设的留白

留白，本指书画艺术创作中为使整个作品画面、章法更为协调精美而有意留下相应的空白，留有想象的空间。而在某种意义上，学案也是一件艺术品，学案的编写亦是一个艺术创作的过程。因此，在学案的预设上，教师要做到"写实"和"留白"相结合，有意留白，恰当留白，给课堂留下足够的生成空间，给学生留下思维提升的机会。

1. 给学生预留训练的平台

给学生留下自主学习的权利，给他们展示自己独特的学习心得的机会，旨在培养学生的分析探究意识与能力，同时留下课堂生成的空间，留给学生一个思考、交流、分享的平台。

2. 学生参与编制学案

教师在编制学案时，都会考虑教材、课程标准、学情等因素，但在使用学案的过程中，却总会发现这处或那处不妥，这不排除是缺乏具体了解学情之故。教师可在学案的一边留下空白处，让学生书写他们在课前预习时的一些感想、思考或疑惑等，这是开发生成性教学资源的一种很有效的途径。

（六）导学中师生活动流程

学案导学过程中，教师编写、发放学案，课中对学生进行督促、指导和解疑。学生依据学案自主学习,在课堂上与小组成员讨论、合作和创新。师生共同总结归纳,学生在教师帮助下完成达标测试(如图4-9所示)。

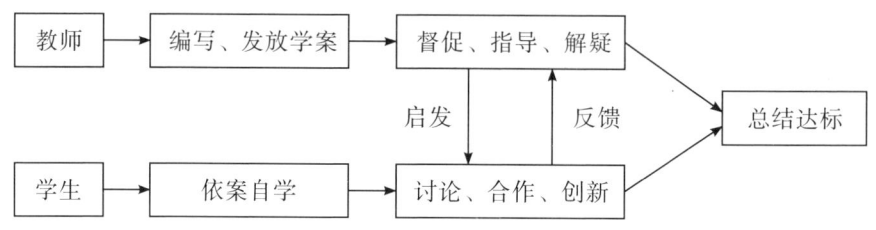

图4-9 学案导学过程中师生交流互动关系图

(七)学案设计需要注意的问题

1. 学案习题化、填空化

在实际教学中,有的学案成了练习的代名词,没有导学的线索、问题和指引,成为学生的练习册。学案如果设计成填空题"复读教材知识点",则对学生思维的启发不足;如果学案问题设计照搬教材参考书,则学生可能会直接抄教材解析答案。因此学案设计要避免习题化、填空化,要处理好学和导的关系。学案设计要体现"导读",引导学生通过阅读教材对教材知识进行梳理。学案设计要体现"导学",即要指导学法,令学生掌握自学路径。学案设计要体现"导思"则要求从问题引导入手,引导思考的方向,变学为思。引导学生通过自我导向学习、问题导向学习,以及深度学习、反思性学习,让课堂更具有教育涵养,是深化课堂教学改革、实施发展性教学、推进素质教育、全面提高教学质量的根本要求。①

2. 学案整齐化、教材化

有的学案设计没有分层,照搬教材上的事例,针对性和层次性不明显,难以满足学习基础和水平存在明显差异的学生的不同学习需要。学案整体编排体例较为统一,缺乏针对各年级、各班级的个性设计,大同小异的题目形式容易使学生产生厌倦情绪,敷衍完成学案。因此,设计学案时要处理好"共性"和"个性"的关系,在备课组集体设计的基础上,要兼顾不同层次学生的需求和能力,体现差异性。学生要根据学案的指引,自己去归纳、概括、推理、发现规律,提升自主学习能力。

---

① 郭元祥. 深度教学:促进学生素养发育的教学变革[M]. 福州:福建教育出版社,2021:17.

三、课堂操作：从"形同"走向"神聚"

（一）规范课堂的"形"：三环节，环环落实

建构起课堂教学模式，使师生在课堂上有"形"可循，有利于促进教学改革的顺利推进，调动师生的积极性和主动性。广州大同中学在教学改革之初，将课堂的"形"分为三个环节，要求环环落实。

第一个环节是新知识习得阶段。教师的主要任务有两个：一是学生的引起注意与预期。教师对"先学"情况进行反馈，明确学习目标，使学生处于一定的唤醒状态。二是激活学生原有知识，促进学生吸收新知识。学生的任务是进行小组合作学习，先进行组内同质对子交流，然后进行异质对子帮学，将学生之间的差异变为良好的学习资源。

第二个环节是知识的巩固与转化阶段。通过学生的展示、讲解、复述、质疑，教师点拨以及变式训练等，使新知识得以巩固与转化。

第三个环节是知识的迁移与应用阶段，主要通过引导学生总结，使事实性知识被提取并得以强化，同时通过当堂检测，检查学生应用习得概念和规则解决问题的能力以及自我调控的能力。

事实上，"先学后教、以学定教、学案导学"的教学实验改革正是我国早期的"翻转课堂"模式探索实验。其积极效果表现在两个方面：一是前置学习提高了学生的主动性，解决了传统课堂"吃不饱""吃不了""吃不好"的问题，做到"因材施教"。二是混合学习有益于学生对知识的探索和创造。对照美国布鲁姆的学习目标分类，与传统课堂相反，翻转课堂将难度小的环节（记忆、理解）前置到课前，学生可以按照学案的提示自主学习，将难度大的、需要同伴互助和教师指导点拨的环节（应用、分析、评价和创造）安排在课堂上完成。这样的操作契合心理学家奥苏贝尔的有意义接受学习理论，又符合建构主义学习理论，调动了学生的学习积极性，促进了学生对知识的探索和创造。

（二）关注课堂的"神"：五步骤，步步高效

深谙教学规律的教师都知道，课堂教学不是课前预设的教案剧，而是师生共同成长的生命历程。如何才能让课堂焕发生命活力，使课堂教学成为师生发挥潜力、弘扬个性、提升素养的舞台呢？

经过实践探索，笔者充分认识到教学模式的操作策略主要是立足宏观，不能仅仅停留在具体的操作形式上。生态教育理念下的"生态课堂"致力于促进学生的品德、思维、行为得到充分统一发展。在这种教育理念的指导

下，我们通过反复实践论证，提出应更重视关注课堂的"神"，并将课堂的"神"分为五个步骤，要求步步高效（如图4-10所示）。

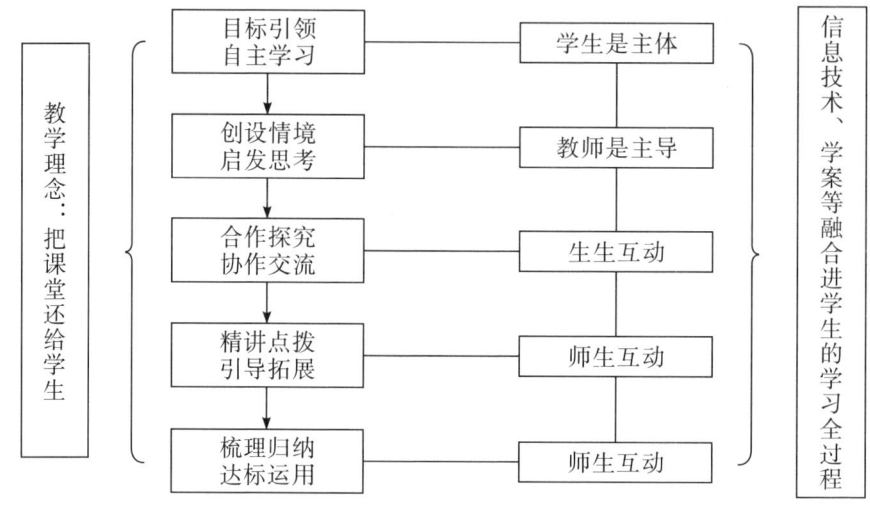

图4-10 "生态课堂"教学五步骤

"生态课堂"的五个步骤概述如下。

1. 目标引领，自主学习

教师结合教学目标和教学内容，编写学案，设计学生的学习目标，创设情境，设计具有启发性、能引起学生深入思考的问题，引导学生投入积极的学习状态。教师根据学生年段和认知特点，提出简短、明确、易掌握、能外显、可测的学习目标；在引领学生理解学习目标时，明确重点和要求，引导新旧知识衔接，指导学习方法。学生对照学习目标，通过自主学习完成学习任务并检测学习情况。

课前自主学习是课堂教学的重要组成部分，它能对课堂教学起到重要的导向、辅助作用。自主学习可采取"读、划、写、记"等形式。"读"，即课前预读新课教材及参考资料；"划"，即阅读时对教材中有关概念、重点圈点画线，或者注眉批、分段落；"写"，即写预习笔记，包括个人的初步见解，以及阅读中提出的问题；"记"，即基本记住重要的概念、观点等。学生根据学习目标，围绕学案自学（独学），即可自主发现问题，并标出自己的学习困惑。

2. 创设情境，启发思考

教师对学生导学案完成、小测情况进行点评，激发学生的学习动机，提出具有启发性、能引起学生深入思考的问题，引导学生投入积极的学习状态。

3. 合作探究，协作交流

开展小组合作学习，共同探讨、观点碰撞、获取知识。学习小组的合作探究、协作交流体现了课堂的"五互"：组内互检、组员互学、对子互帮、生生互评、组间互赛。课堂呈现出学生学习有热情、讨论很热烈、互动有热度的学习状态。此步骤强调"六度"，即自主程度、合作效度、探究深度、互动热度、拓展宽度、生成高度。展示成果的形式有对学微展示、组内小展示、组间大展示。生态课堂给学生"话语权"，尊重学生，平等对话，给学生发问和思考的机会，鼓励学生不墨守成规，大胆质疑，使学生的个性得到发展。

4. 精讲点拨，引导拓展

精讲点拨就是在学生渴望释疑的心理状态下，针对疑点，抓住要害，讲清思路，引导拓展。教师通过案例设置问题，由个别问题上升到一般规律，以达到触类旁通的效果。教师在精讲点拨过程中，力争做到语言精练、内容具有针对性、方法具有启发性。教师在学生展示与评价的过程中，巡视展示的内容，既要甄别对错、及时判定，也要善于发现代表性问题及学生思维的亮点，及时发现学生的多元思维及预设问题之外的生成问题。对于代表性问题，教师要进行点拨讲解，使学生豁然开朗。

5. 梳理归纳，达标运用

学生通过练习对所学的内容进行巩固，以达到熟练和迁移的目的。教师指导学生梳理、归纳、整合知识，达成由表及里、由此及彼的迁移，形成自己的知识结构系统。教师对重难点的梳理归纳、巩固提升是"生态课堂"的关键环节，犹如画龙之"点睛"，打铁之"淬火"。达标运用是通过达标测验检查学生对本节课内容的掌握情况，夯实基础，提升运用知识的能力。

"生态课堂"教学流程主张坚持三条原则：第一，预习是关键，展示是提升，反馈是保障。第二，独学重于对学，对学重于群学，群学重于教师讲。第三，处理好小展示与大展示的关系，处理好"实"与"活"的关系。

"生态课堂"的民主、平等、开放为师生提供了不同于传统课堂的教与学的环境，很多不可控的生成性因素纷纷呈现。要促进课堂教学有效的动态生成，需要教师以创造性的教学智慧将课堂生成性因素演绎得精彩，恰当地把握生成的时机与资源，把握住课堂的"神"，恰到好处地介入，激发学生的学习热情。

四、深度教学：提升了学业水平

"深度学习（deep learning）"的概念是瑞典哥德堡大学学者费伦斯·马

顿和罗杰·萨尔齐于1976年在《学习的本质区别：结果和过程》一文中首次提出的概念。他们基于学生阅读的实验，借鉴美国教育家本杰明·布鲁姆认知维度层次划分理论，根据获取、加工信息的方式，将学习者分为浅层学习者和深层学习者，认为深层学习者对新知识进行批判性思考，强调解决实际生活的复杂问题。本杰明·布鲁姆将认知领域学习目标分为记忆、理解、应用、分析、评价和创造等六个层级。浅层学习认知水平较低，一般处于记忆、理解层面。深度学习是相对孤立记忆和非批判性接受知识的浅层学习（surface learning）而言的。

日本著名教育家佐藤学认为，深度学习是学习者能动地参与教学的总称，即通过学习者能动的学习，培育囊括认知性、伦理性、社会性能力，以及教养、知识、体验在内的通用能力。因此，发现学习、问题解决学习、体验学习、调查学习等，均属于深度学习的范畴。

2005年，上海师范大学黎加厚教授在国内首提"深度学习"这一概念，其在《促进学生深度学习》一文中论述：深度学习是将理解学习作为基础，批判性地学习新的思想和事实，将它们融入已有的认知结构中，将已有知识迁移到新的情境中，作出决策和解决问题的学习。①

华东师范大学终身教授祝智庭认为，深度学习关注三个方面的"深度"：第一，学习结果的深度，为了培育学生将来在学习、生活、工作中成功解决问题的能力及其实现有效迁移，需要与之配套的学习方法。第二，学习方法的深度，表现为复杂问题的解决。深度学习的方法以问题解决为导向。第三，学习参与深度，这是深度学习的基础。② 深度学习与浅层学习的区别见表4-1。

表4-1 深度学习与浅层学习的区别③

深度学习	浅层学习
高阶能力	低阶认知
主动意义学习	偏于被动机械学习
学科内、跨学科、真实的复杂问题	多关注学科内、脱离实际的简化问题

---

① 孙双金，等. 为素养而教：深度学习的实施策略. [M]. 南京：江苏凤凰教育出版社，2019：10.

②③ 祝智庭，彭红超. 深度学习：智慧教育的核心支柱 [J]. 中国教育学刊，2017（5）：39-40.

(续上表)

深度学习	浅层学习
建立新旧知识、概念、能力的关联	常规的记忆事实性、程序性知识
寻找学习模式与潜在原理	按部就班学习、不求甚解
重在理解、旨在迁移（应用）	重在识记、旨在"通关"（复制、重现）
导致积极的情绪和态度（兴趣、动力）	导致消极的情绪和态度（厌倦、压力、担心）

北京师范大学郭华教授认为："所谓深度学习，就是指在教师引领下，学生围绕着具有挑战性的学习主题，全身心积极参与、体验成功、获得发展的有意义的学习过程。在这个过程中，学生掌握学科的核心知识，理解学习的过程，把握学科的本质及思想方法，形成积极的内在学习动机、高级的社会性情感、积极的态度、正确的价值观，成为既具有独立性、批判性、创造性，又有合作精神、基础扎实的优秀的学习者，成为未来社会历史实践的主人。"[1]

综上所述，深度学习是在教师的引导下，能够在理解的基础上批判新知识，并将它们融入原有的认知结构迁移到所学内容，是一种基于项目、问题、探究和挑战的学习样态。深度学习是实现学生发展核心素养的重要途径。

与学生的深度学习相对应的是教师的深度教学。深度教学是走进学生情感、思维深处和素养核心的教学。教师准确认知高中思想政治学科的体系结构、思想方法、大概念，在教学目标的引领下，选择和确定教学的内容载体，调动学生的学习兴趣，在议题统领的议学任务中设计富有挑战性的指向高阶思维的学习活动，引导学生建构自己的知识结构，在学习过程中深度参与和高度投入，敢于发表见解，发现问题并提出问题，敢于质疑对抗并解决实际问题。教师实时评价，根据学生反馈的教学效果，反思、调整自己的教学，加强对学生学习质量的过程监测，诊断和消除学生的"疑惑点"和"知识盲点"。

指向深度学习的教学倡导"单元整体设计"。"单元整体设计"包括选择单元教学主题、确定单元教学目标、设计单元教学活动和评价活动。对学生来说，它凸显的是学习目标的素养导向性、学习主题的引领性、学习活动的挑战性和学习评价的持续性。下面这个"单元整体设计"模板值得我们借鉴（见表4-2）。

---

[1] 刘月霞，郭华. 深度学习：走向核心素养（理论普及读本）[M]. 北京：教育科学出版社，2018：32.

表4-2　单元整体设计模板①

单元名称	

1. 单元教学设计说明（依据课程标准的要求，简述本单元学习对学生核心素养发展的价值；简要说明教学设计与实践的理论基础）

2. 单元目标与重点难点及依据（根据课程标准和学生实际，指向学科核心内容、学科思想方法、核心素养的落实，设计单元学习目标，明确重点和难点）

3. 单元整体教学思路（介绍单元整体教学实施的思路，包括课时安排、教与学活动规划，以结构图等形式整体呈现单元内的课时安排及课时之间的关联等）

课题	

1. 教学内容分析（分析本课时教学内容在单元中的位置、学习内容对发展学生核心素养的功能价值、蕴含的正确价值观念等）

2. 学情分析（分析学生与本课时学习相关的学习经验、知识储备、学科能力水平、学生兴趣与发展需求、发展路径等）

3. 目标确定（根据课程标准和学生实际，指向学科核心内容、学科思想方法，描述学生经历学习过程后应达成的目标）

4. 学习重点难点及依据

5. 学习活动设计

教师活动	学生活动	评价活动
环节一：（根据课堂教与学的程序安排）		（通过学生的行为表现判断学习目标的达成度）
教师活动 （教学环节中呈现的学习情境，提出驱动性问题、学习任务类型等）	学生活动 （学生在真实问题情境中开展学习活动，与教的环节对应）	
设计意图（简要说明教学环节、学习活动等的组织与实施意图，说明活动对目标达成和学生发展的意义，说明如何在活动中达成目标，关注课堂互动的层次与深度）		
环节二：		
教师活动	学生活动	
设计意图		
……		

---

① 刘月霞，郭华．深度学习：走向核心素养（理论普及读本）[M]．北京：教育科学出版社，2019：92-96．有改动。

(续上表)

6. 板书设计（板书完整呈现教与学活动的过程，最好能呈现建构知识结构与思维发展的路径与关键点）

7. 作业与拓展学习设计（关注作业的针对性、预计完成时间，发挥作业对复习巩固、引导学生深入学习的作用）

8. 特色学习资源分析、技术手段应用说明（结合教学特色和实际撰写）

9. 教学反思与改进（教与学的经验性总结，基于学情分析和目标达成度进行对比反思，教学自我评估与改进设想）

10. 学习评价设计（从知识获得、能力提升、学习态度、学习方法、价值观念培育等方面设计过程性评价的内容、方式与工具等；过程性评价要适量、适度，通过学生的行为表现判断学习目标的达成度）

在一线教学实践中，开展议题式教学是推动高中思想政治课深度学习和教学转型的有益尝试。如把《探究世界的本质》和《探索认识的奥秘》整合为复习课，导学案设计如下：

学习目标

在总议题"从我国杂交水稻和海水稻研发推广看粮食安全"指引下，了解中国杂交水稻研发推广、"海水稻"的试验过程和科学家在科研探索中的奋斗精神，理解"实践和认识的辩证关系""规律""正确发挥主观能动性"等知识，坚持绿色发展理念和实践第一的观点，把发挥主观能动性和尊重客观规律结合起来，培育科学精神。

课堂合作探究
子议题一：从我国杂交水稻研发推广看文化自信

以袁隆平为代表的我国杂交水稻研发团队长期不懈奋斗，持续创造，不断挖掘水稻高产的潜力，取得了举世瞩目的成就。为"确保国家粮食安全，把中国人的饭碗牢牢端在自己手中"和世界粮食生产发展做出了卓越贡献。

几十年来，研发团队奔走在试验田和实验室，解决了杂交水稻育种的一系列关键性难题。1973年，实现了不育系、保持系和恢复系的"三系"配套育种；1989年，两系法杂交水稻育种获得成功；1997年，开启了第三代超级杂交稻育种研究，兼顾了三系法和两系法育种的优点；2017年，创造了亩产1149.02公斤世界水稻单产的最高纪录。2020年，第三代杂交水稻双季亩产突破1500公斤。为助力国家水稻产业升级，满足人们对高品质稻米的

需求，团队进一步确立了培育"量质齐升"稻种的攻关目标并取得了新的突破，培育的适宜盐碱地种植的"海水稻"。

作为水稻育种专家的杰出代表，袁隆平院士将全部精力倾注在杂交水稻事业上，他主持举办国际杂交水稻技术培训班50多期，培训来自亚、非、拉美30多个国家的2000多名学员，并多次到国外指导杂交水稻研究与生产。目前，全球有40多个国家和地区实现了杂交水稻的大面积种植。

（改编自2018年普通高等学校招生全国统一考试文科综合能力测试Ⅱ卷第40题）

问题探究一：运用"实践和认识的辩证关系"原理说明我国杂交水稻研发推广为什么能够取得举世瞩目的成就。

子议题二：中国"海水稻"如何实现"藏粮于地、藏粮于技"？

1986年，科学家陈日胜在广东省湛江市的海边芦苇丛里发现了一株野生海水稻，此后通过多年潜心研究，陈日胜培育出一个耐盐碱水稻的品种"海稻86"。2014年，袁隆平团队参与改良"海稻86"。

"海水稻"并非在海水里生长的水稻。它是通过基因测序技术，筛选出天然抗盐、抗碱、抗病基因，通过常规育种、杂交与分子标记辅助育种技术培育出的适宜5‰盐碱地里正常生长的水稻品种。"海水稻"在条件恶劣的盐碱地生长，很少会患普通稻的病虫害，基本不需要农药，是绿色有机食品。从品种选育到试验种植、示范种植，海水稻大面积推广种植提高了盐碱地利用率，成为我国增加耕地面积、抓好粮食生产的一条新路。

我国有15亿亩盐碱地，约2亿亩可进行稻作改良。当选育出耐盐度在3‰至6‰、耐碱在pH值9以上的耐盐碱水稻品种，且年推广面积达1亿亩，平均每亩增产300公斤，可让亿亩荒滩变粮仓，既可以改良盐碱地的生态环境，还为国家提供重要的后备耕地资源，真正实现"藏粮于地、藏粮于技"。

（资料来源：《"海稻之父"陈日胜在16省区试种海水稻 推广有两道坎》，羊城晚报，2015-04-20；《袁隆平海水稻团队：2020年耐盐碱水稻面积预计达百万亩》，中国新闻网，2020-03-05）

问题探究二：运用"规律"的知识，谈谈中国"海水稻"如何实现"藏粮于地、藏粮于技"。

子议题三：袁隆平为什么能在科研探索中取得突破？

袁隆平说："我毕生的追求就是让所有人远离饥饿。"为此，袁隆平奋斗了一生，并且取得了一项项重大技术突破。一次偶然的机会，他发现一株"鹤立鸡群"的稻株，由此灵感一现，萌生了培育杂交水稻的念头。为了找

110

到意想中的稻株，六七月份的天气，他每天都手拿放大镜，一垄垄、一行行、一穗穗，大海捞针般在几千几万的稻穗中寻找，汗水在背上结成盐霜，皮肤被晒得黑里透亮。凭着坚韧不拔和勇敢顽强的意志，在勘察了14万余株稻穗后，经过两年的探索、试验和研究，袁隆平于1966年发表了一篇名为《水稻的雄性不育性》的"惊世"论文，这是中国研究杂交水稻的起点。经过几十年的努力，他主持培育的超级杂交稻亩产一次次刷新纪录，水稻去镉的技术获得突破，热带沙漠实验种植水稻和海水稻取得成功。他爱岗敬业的科研精神，不畏艰辛、百折不挠的坚强意志对后辈上了一堂生动的"励志课"。

（资料来源：改编自《身价千亿的"农民"袁隆平》，中国青年网，2012-01-09）

问题探究三： 运用"正确发挥主观能动性"的知识，谈谈袁隆平在科研探索中一次次取得突破的原因。

在深度教学的实践中，教师实施议题式教学方式，选取袁隆平的事例服务于"辩证唯物主义唯物论和认识论"的复习教学。学生围绕总议题"从我国杂交水稻和海水稻研发推广看粮食安全"，了解了中国杂交水稻研发和推广的具体做法，领会了"实践和认识的辩证关系"，体验到实践第一的重要性，增强了文化自信；在对中国"海水稻"的试验过程中理解了"人与规律的关系"，深刻体会国家倡导绿色发展的紧迫性。学生在袁隆平奋斗精神和爱岗敬业科研精神的事例中，消化了"正确发挥主观能动性"知识，启发自己在学习和生活中把发挥主观能动性和尊重客观规律结合起来。

教师在教学目标的引导下，收集、改编、创编网络资源编写导学案，通过议题引领、议题情境和问题探究的引入、讨论、商议，促使学生在自主、合作、探究中完成具有思维含量的学习任务，深入到知识逻辑、问题逻辑和材料逻辑"三统一"的学习过程中，发展了高阶思维，提高了学业学习水平，促进了深度学习，培育了核心素养。

五、课堂评价：激励中共生发展

（一）改革教师和学生评价标准

我们改变"以教师为中心""以知识为本位"的课堂教学评价思路，提出评价一堂好课的标准是看"教师之导""学生之学"和"课堂之得"三个维度。"教师之导"从学案设计和教师素养两个方面评价。教师素养评价紧扣一个"导"字,从"言""态""案"三方面进行课堂观察。"学生之学"紧扣一个"学"字,一方面要观察教师如何让学生学而"有法"、学而"有愿"、学而"有度";另一方面,从教学效果角度观察学生的学习是否处在"有法""有愿""有度"的状态中。"课堂之得"紧扣一个"得"字,既观察学生知识、技能等方面的习得情况,也观察学生情感、态度、价值观和核心素养方面的培养情况。评价标准和示意图见图4-11①,课堂教学评价表见表4-3。

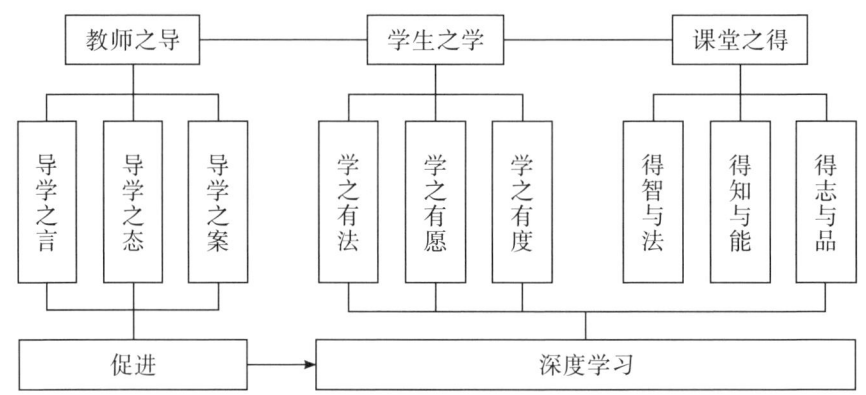

图4-11 基于促进学生深度学习的课堂评价

表4-3 课堂教学评价表

一级指标	二级指标	A等	B等	C等
教师之导:学案设计(25分)	1. 教学目标的导向性:符合课程标准的要求,对学生的要求具体、有可操作性	4~5分	3分	2分
	2. 教学目标的可测性:关注学生差异,学生能根据学案的目标要求,对自主学习内容进行检测	4~5分	3分	2分
	3. 课程融合意识:对教材、大纲及学情研究透彻、把握准确,学案内容体现课程内容的融合	8~10分	7分	6分
	4. 课程内容处理:中心突出、深浅适宜、详略得当,教学内容的内在逻辑结构清楚	4~5分	3分	2分

---

① 沙卫,姚巍. 浅谈课堂观察视角的选择[J]. 广东教育(高中),2015(11):75-76. 有改动。

（续上表）

一级指标	二级指标	A 等	B 等	C 等
学生之学：学生参与（20分）	5. 学之有愿：学生能根据课前导学内容对教学内容进行自主学习，能标记自己不能解决的问题，学习积极性、主动性、创造性比较高	4～5分	3分	2分
	6. 学之有法：学生的学习方法科学，学习习惯良好，注重实效	4～5分	3分	2分
	7. 学之有度：学生在学习过程中参与度高，探究有深度、广度	8～10分	7分	6分
课堂之得：教学效果（35分）	8. 得智与法：学生思维专注活跃，各层次学生的学科思维和学习方法有提高	4～5分	3分	2分
	9. 得知与能：学生的学科知识和能力有提高，能归纳学习规律	8～10分	7分	6分
	10. 得志与品：学生的情感、态度、价值观和核心素养方面有提高	8～10分	7分	6分
	11. 教学方式灵活：根据教学内容、学生实际采用多种教学方法和手段，激发学生学习兴趣，启发学生思维，讨论交流、商议、展示、质疑，不局限于一种模式	8～10分	7分	6分
教师之导：教师素养（20分）	12. 导学之态——教态：仪表端正、态度亲切、举止得体	4～5分	3分	2分
	13. 导学之案——板书：书写规范、字体工整、设计合理	4～5分	3分	2分
	14. 导学之言——语言：严谨科学、反馈及时，激励有效	8～10分	7分	6分
合计	总分：A 等（85～100分） B 等（70～84分） C 等（69分以下）			
综合评价				

1. "教师之导"

"导学之言"主要评价教师语言是否准确、简洁、即时反馈、富有情感、激励有效等。"导学之态"主要评价授课教师的教态和在课堂中表现出的情绪、态度、举止、书写以及由此构建的课堂生态情况。"导学之案"主要评价教师设计的教学方案与学习方案的适用情况，包括教学（学习）目标的导向性和可测性、教学（学习）内容的融合、教学（学习）内容的掌控和处理，以及板书情况等。

2."学生之学"

"学之有法"主要评价学生的学习方法是否科学，学习习惯是否良好；"学之有愿"主要评价学生的学习积极性、主动性和创造性等情况；"学之有度"主要评价学生的参与度，学习的程度、宽度和深度等。

3."课堂之得"

"得智与法"主要评价学生的学科思维和学习方法；"得知与能"主要评价学生的学科知识和能力；"得志与品"则主要评价学科教学对学生情感、态度、价值观和核心素养等方面的培养情况。这三个维度均指向如何"促进学生深度学习"这一核心问题。

（二）完善学生"星级"评价体系

"星级"学生评价体系打破唯分数评优秀的标准，要求教师对每一个学生的实际水平与课堂上在小组中的表现深入了解和仔细观察，从学习能力和交流与合作两大方面进行评价，对合作较好的小组中积极参与学习的成员都要即时评价、表扬和激励，让他们充分体验合作的乐趣，充分享受成功带来的喜悦。班级每月统计汇总个人分数和团队分数，由此评选班级个人"五星"（勤奋之星、展示之星、点评之星、参与之星、希望之星），在学习小组中评选"明星团队"等。对学习小组的评价，既要关注学生个体的自主学习，又要关注学生间的合作学习，还要关注学生学习的探究过程，以及学生积极参与学习的情况。星级评价体系要激励先进带动整体，增强学生自主学习的能力，促进学生的高效学习和主动发展。学生个人评价指标见表4-4。

表4-4 学生个人评价指标

一级指标	二级指标	三级指标
学习能力	学习态度	自觉主动学习；学习勤奋，努力克服困难，认真完成学习任务；学习专注，对自己的学习行为负责
	学习兴趣	能在学习中寻找快乐；求知欲强，爱提问；主动通过各种途径以保持并丰富自己的学科兴趣
	学习习惯	讲究学习策略；养成独立思考的习惯；善于反思与自我调整并合理安排学习时间；善于收集和使用学习资料；善于合作学习。
	创新意识	善于观察，有强烈的好奇心；在学习过程中能大胆质疑，敢于提出自己的见解；喜欢寻找多种解决问题的方法

（续上表）

一级指标	二级指标	三级指标
交流与合作	倾听习惯	尊重对方，耐心倾听对方的表达；在听取别人意见时注意提取有益的信息；虚心接受他人的忠告和建议
	表达能力	能明确地表达自己的思想；能准确地回答他人的问题；善于运用各种方法与人沟通
	评价能力	能充分地认识自己的优势和不足；尊重并理解他人的观点和处境；能客观地判断问题；能与他人一起确立目标，并努力去实现目标

在"生态课堂"的学习环境中，对学习小组的评价采取以下方法。

1. 即时性与激励性评价

每节课，教师对每个学习小组进行评价，从学案预习、黑板板书、展示质量（课堂讲解）、对抗质疑等方面及时给予过程性评价。

2. 评价小组与评价个人相结合

教师评价学习小组，由组长和教师共同评价小组成员。

3. 量化赋分评价

第一种：标准分数。

①学案完成：根据完成情况及质量分为2、1、0分。

②课堂讨论：根据讨论情况分为2、1、0分。

③讲解展示：根据讲解内容难易及精彩程度分为2、1、0分。

④对抗质疑：产生对抗质疑一次2分。

第二种：分类分数。

为了使全体学生尽可能多地合作交流，达到人人参与学习的目的，不同类别的学生参与学习活动分别赋给不同的分数，激励有学习困难的学生积极参与学习过程。A类学生展示、质疑的，按照标准分数赋分；B类学生展示、质疑的，加倍赋分；C类学生展示、质疑的，三倍赋分。

第三种：鼓励分数。

在板书、展示、质疑等环节表现特别优秀，或者产生意外的良好效果、得到教师和同学一致认可的，一次加10分。每月统计汇总，因分数既统计到个人，又加到团队，由此可以评选班级个人"展示明星""质疑明星"，在学习小组中评选"优秀团队"等。这种学习小组评价方式能最大限度地激发学生课堂参与的积极性，同时能防止只有部分优秀学生频繁展示的现象出现。

自主评价是"生态课堂"的情感表达。教师要创设轻松和谐的学习氛围,以激励性的语言进行正面引导,引导学生及时开展自评和互评。一是要采用正面性评价,教师要尽可能做到把学生的发言引向正确或全面,树立准确、严谨的评价观。二是倡导激励性评价,积极鼓励并优先提问胆小或内向的学生,充分肯定敢于发言特别是敢于对老师的观点提出疑问的学生。三是坚持即时性评价,教师要及时评价,并引导学生及时自评和互评,以避免学生产生失望倦怠情绪。四是注重延时性评价,对学生正在研讨的问题,不急于肯定或否定,而是参与讨论,鼓励学生去分析、论证。五是坚持多元化评价,从多个角度组织学生进行自评和互评,既要评价学习效果,又要评价学习态度和学习方法。六是要有无声的鼓励,如真诚的微笑、热情的拥抱、赞扬的手势等,这种简便、直接、有效的评价方式,能够给予学生爱的浸润,促进学生生命成长。

在实践中,我们要求每天安排行政小组负责执勤,记录全班各个学习小组一天的情况;每节课由行政小组长安排本学习小组内的两名学生分别记录,轮流进行,避免负担过重的问题出现。记录内容为各个学习小组课堂学习情况,如板书、展示、对抗质疑等环节的量化赋分。

同时,行政小组长汇总统计各学习小组记录情况。安排一个学科学习小组负责执勤,记录全班各个学习小组本学科一周的情况。

行政小组和学科小组分别统计汇总。行政小组长进行汇总统计,将当天全班各学习小组团队及个人量化情况记录结果报送班主任;每周学科小组记录结果由科代表汇总统计,结果报送任课教师。

课堂评价记录表模板见表4-5。

表4-5 高____(　　)班课堂评价记录表

日期_____星期____节次____学科____团队_____(第____组)

小组成员	学案完成	讨论交流	黑板板书	课堂展示	对抗质疑	当堂检测	其他	个人成绩	小组成绩
	教师检查记录	教师检查记录							

六、工具桥梁：利用相关的资源

要根本改变传统的课堂教学结构，除了需要高效的教学模式外，还应利用相关学科的学习资源作为学生自主学习、自主探究的认知工具和协作交流工具。

认知工具是支持、指引、扩充学习者思维过程的心智模式和设备，包括问题任务表征工具（如 Word、PPT、Frontpage 等），知识建模工具（如几何画板、Flash、Excel 等），绩效支持工具（如网络教学平台、学科网站、信息平台等），信息搜索工具（如 Google、Baidu、Yahoo、Sina 等），协同工作工具（如 BBS、CHAT、OICQ 等），测评评价工具（如实时测验与分析系统、发展性教学评估系统等）。

华东师范大学闫寒冰教授从知识管理和支持学生学习的角度，将信息化学习工具分为获取类、授导类、交流类、合作类、探究类、表达类六种认知工具，各类学习资源分别对不同的知识转换形式提供支持。这样的分类方法可以帮助教师和学生根据不同的活动目标选择相应的工具。表 4-6 展示的是信息化学习资源分类细目，每个细目后面还有相应的例子。[①]

表 4-6　信息化学习资源分类细目

分类	资源名称	举例
获取类	搜索工具	Google、Baidu、Yahoo、Sina
	数据库	CNKI（中国知网）、万方数据
	数字图书馆	中国数字图书馆、网上学位论文库
授导类	网络课程	4A 网络教学平台、Moodle
	电子测试	题库系统、易测系统
交流类	电子邮件	Foxmail、Flymail
	电子论坛	K12
	即时聊天	ICQ、OICQ、GoogleT

[①] 闫寒冰. 学习过程设计：信息技术与课程整合的视角 [M]. 北京：北京教育科学出版社，2005.

（续上表）

分类	资源名称	举例
合作类	教育博客	胡兴松教育博客、苏菲高考、孙振恒高中政治教学
	教育资源网	文综之家、聿怀政治、武汉政治教研网
	文件共享	PP点点通、Microsoft Net Meeting
探究类	数据处理	Excel、SPSS
	思维可视化	Inspiration、Timeliner、Equation
表达类	文字处理	记事本、写字板、Word、WPS
	多媒体演示	PowerPoint、Authorware

综上所述，"生态课堂"的口诀可总结为：

十个字："知识的超市、生命的狂欢"。

九个字："主动性、生动性、生成性"。

八个字："学会、会学、学乐、创学"。

七个字："把学习交还学生"。

六个字："自主、合作、探究"。

五个字："以学生为本"。

四个字："揪住""两惟"。

三个字："搞舒服"。

两个字："自学"。

一个字："学"。

把学习的权力还给学生，让每个学生在自主课堂尝试成功、感受快乐、激活思维、释放潜能，成为学习的主人。我们认为在教学关系上是"惟学"：教育即解放，教室即生长，不是"传道授业"，更不是牺牲学生发展自己。在师生关系上是"惟生"：教师是促进者、辅助者、组织者、发展者；教师不是统治，而是"平等中的首席"；教师不是春蚕，而是发展。这就要教师"走进学生、读懂学生、尊重学生、依靠学生"。

第三节　信息技术与高中思想政治教学融合的生态课堂教学模式操作实践

一、信息技术与高中思想政治教学融合的生态课堂教学模式课例展示[①]

基于贝罗 S-M-C-R 传播理论模式的教学设计从一堂课的整体结构入手，厘清教学思路，即先讲什么、后做什么，在每个教学过程的环节中考虑多种因素，从教师自身到学生的接受与反馈，从知识的内容到对每个知识点所做的处理和加工，从知识的结构到传播知识的通道和媒体，既考虑到知识的逻辑顺序，又考虑到学生对于知识接受的心理。整个教学设计条理清晰，安排紧凑周密、科学严谨。

下面以《价值的创造和实现》一课为例，展现信息技术与高中思想政治教学融合的生态课堂的整体风貌，这是教师践行深度教学的有益尝试。

课例

价值的创造和实现

【教学目标】

结合实例，分析实现人生价值的正确途径；解释在个人与社会的关系中通过奉献才能实现自身价值，说明价值的实现离不开社会提供的客观条件；解释实现自身价值需要创造主观条件，充分发挥主观能动性，提高科学精神。

学生能运用实现人生价值的条件和途径的道理，处理好个人与社会的关系，勇于向困难挑战，在奉献中实现人生价值，培育公共参与意识。学生喜欢哲学、热爱哲学，认同哲学对人生的意义和价值。

[①] 骆霞. 信息技术与情境探究教学整合：培养学生政治核心素养的基本路径 [J]. 中学政治教学参考，2017（2），52-54. 此处有删减和改动。

【教学背景分析】

知识分析：本课在前面价值观、价值判断和价值选择知识的基础上，学习"价值创造和实现的途径"，包括主观条件和客观条件。

受众分析：高二的学生已经掌握了一定的高中政治学习方法，经过前面的学习，对价值观已经有了一个初步的了解。高中生正处于世界观、人生观和价值观形成的时期，所以这节课要引导学生树立正确的人生价值观，对他们的成长起导向作用。在我国现阶段，涌现了许多爱岗敬业、无私奉献的先进模范人物，为学生提供了活生生的身边人、身边事。教学时，可以结合生活实际，创设符合学生认知规律的学习情境，培养学生的科学精神、公共参与和政治认同等核心素养。

【教学方法】

情境教学法、问题探究法。

【教学方式】

以多媒体等信息技术手段引导学生合作探究。

【教学重点】

实现人生价值的途径。

【教学过程】

课前导入：猜猜他是谁，说说人生的价值

教师展示一幅图片，让学生猜猜他是谁。

教师继续展示图片，提示：高凤林获得的 2016 年第二届中国质量奖，是表彰他在哪个方面做出的突出贡献？

播放视频《大国工匠——火箭"心脏"焊接人高凤林》。

（设计意图：用高凤林的图片和视频作为情境导入，基于学生生活经验和当下生活热点，能够抓住学生的兴奋点，调动学生的学习兴趣）

教师点拨学生思考：人生价值是社会价值和个人价值的统一。人既是价值的创造者，也是价值的享受者。那么，人生价值是如何创造和实现的？

导入简洁明了，教师承上启下，引出本课内容。

在为学生创设情境的基础上，教师适时地提出问题，指导学生通过各种手段多渠道收集信息资源，从而实现信息技术与高中思想政治课的融合，丰富思想政治课的学习内容，拓宽学生的视野。

培养学生的理性思维，应以问题为纽带，善于创设有效问题情境，引领学生积极思考，让学生在问题中探究，在探究的过程中获取知识，丰富情感，发展能力，形成理性思维品质。上述课例以"焊接巧匠高凤林"为主题情境，设置若干个探究问题，突出学习重点。

新课教学一：分享获奖感言，感悟人生价值

2015年4月28日，焊接火箭发动机的中国航天科技集团公司第一研究院发动机车间班组长高凤林获得全国劳动模范荣誉称号。高凤林在报告中说道："岗位不同，作用不同，心中只要装着国家，什么岗位都光荣，有台前就有幕后。工匠精神是'中国制造2025'坚强的支撑。"

2016年3月29日，第二届中国质量奖颁奖现场，高凤林作为唯一的个人奖项获得者走上领奖台。他说："这是对航天事业取得卓越成果的高度肯定，是对航天人不懈追求万无一失、尽善尽美的激励，更是对技能工人扎根一线，以工匠精神打造中国制造品质的鞭策。"

探究一：结合高凤林在获得全国劳动模范称号和中国质量奖时发表的获奖感言，说明我们怎样才能创造自己的人生价值。

教师引导学生商讨后得出结论：在劳动和奉献中实现人生价值。

教师进一步点拨：劳动是人的存在方式。一个人在劳动中创造的财富越多，贡献越大，他自身的价值越大。

新课教学二：直面思想困惑，评判人生价值

我国火箭的研制成功离不开众多的院士、教授、高工。高凤林独创"焊接育人法"，利用润湿和渗透效应育人，让团队成员潜移默化地相互影响；利用焊点和焊缝的关系育人，强调合力作用；利用熔池效应育人，让大家在大熔炉里百炼成钢。高凤林说："只有将个人的梦想与事业的发展、时代的主题、国家和民族的梦想紧密结合，人生才更有价值；只有扎根一线、岗位报国、勇于实践、不断创新，梦想才会一步步变为现实！"

探究二：如果没有院士、教授、高工，没有火箭发动机焊接团队成员的岗位报国、勇于实践，我国火箭的研制能成功吗？高凤林是怎样看待个人和国家的关系的？说说如何实现人生价值。

教师引导学生思考、讨论。

学生总结：在个人与社会的统一中实现人生价值。社会提供的客观条件是人们实现人生价值的前提。社会发展和人的发展是相互促进的。只有正确处理个人与集体、个人与社会的关系，才能在奉献社会中实现自己的价值。

新课教学三：求索之路无止境，闪亮人生永不朽

技工学校毕业的高凤林刚入行就勤学苦练。他通过观察和实践，总结出焊接技术"稳、准、匀"的基础要领。为了实现这三个字，他端过砖头，甚至在焊枪上绑过铅条练习。

时代在发展，焊接技术也在与时俱进，只有不断用理论武装自己，才能对现有的焊接技术进行推陈出新。高凤林先后取得了机械制造工艺专业大专

学历,以及计算机科学与应用专业的大学本科学历。

曾有人开出"高薪加两套北京住房"的诱人条件给高凤林,他却说:"我们的成果打入太空,这样的民族认可的满足感用金钱买不到。"正是民族认可的自豪感和满足感,牵着他专注做一件事,不仅成就了人生价值,也为中国走向航天强国贡献了力量。

探究三:高凤林的成功主观上具备了哪些条件?给我们什么启示?

学生联系教材,讨论思考、分析得出:在砥砺自我中走向成功,实现人生价值,需要充分发挥主观能动性;需要顽强拼搏、自强不息的精神;需要努力发展自己的才能,全面提高个人素质;需要有坚定的理想信念;需要有正确价值观的指引。

教师逻辑缜密地设计编写"焊接巧匠高凤林"的主题情境事例,让学生体味哲学的理性思维。从事例呈现来看,既有视频素材,又有教学辅助的文字阅读材料,问题的设置是引导学生去阅读原生态的文字材料,这对于培养学生的阅读能力、提取信息能力和理性思维能力是一个很好的做法。

教师指导学生围绕问题进行分析、讨论、探究,发表自己的见解,利用信息技术的播放演示功能展示自己的研究成果。在课堂教学过程中,教师有效地促进学生积极主动地探究,为学生充分展示自己的认识与看法提供空间和机会,使学生通过不同视角和观点相互交流和补充,从而增强学生的信息整理能力,增强学生的学习能力。

新课教学四:明辨是非,畅想人生

对于如何实现人生价值,网友们结合高凤林的事例有不同的看法:

有人认为"有为才有位"。高凤林人生价值的实现是个人努力的结果。因此,为实现人生价值可以不择手段,"人人为我,我为我"。

有人认为"有位才有为"。高凤林人生价值的实现离不开社会提供的客观条件。当客观条件不具备时,不论个人怎么努力也无济于事,所以只能等、靠、要。

学生对教师截取的网络上的帖子展开了热烈的辩论。学生进一步认识到对实现人生价值的两个条件——主观条件和客观条件—都不能有所偏颇,人生价值的实现需要在个人和社会的统一中实现,同时离不开个人的主观努力。

师生在情境中围绕教学任务和内容、情感碰撞、观念冲突等方面展开对话交往和体验,这既有师生之间的平等和谐、相融相依,又会产生情感思想的矛盾冲突与沟通，这是教育情境中常常存在的师生之间真实的文化生态，是"师生基于交往活动所建构的共享共生的和谐存生方式"①。

师生共同对探究结果进行归纳总结，教师也可以将自己的看法和研究结果通过多媒体对学生进行展示。同时，可以通过信息测评工具，采取学生自评、他人测评、教师测评相结合的方式，对学生的学习情况做出评价。评价标准应注重对过程性、参与性、创新性、整合性的评价。

"焊接巧匠高凤林"的主题情境事例让学生发现科学之美、科学之精神。在充满人文与科学气息的课堂中，哲学思辨的味道浓厚，学生愿意在这样的课堂中去品尝人文、科学、哲思的味道。教师注重人文教育，挖掘情境的价值，有利于健全学生的品格和人格。

最后，播放习近平主席关于"中国梦"的视频。

教师总结阐述：我们要勇敢肩负时代赋予的重任，志存高远，脚踏实地，努力在实现中华民族伟大复兴中国梦的实践中放飞青春梦想。

教师引导学生在课后积极总结，结合高凤林的事例，写下对自己人生的启发。比如：你准备怎样实现自己的价值，拥有一个美好的人生？

【教学评价】

教师使用实物投影展示学生的感想。学生分享了人生体会，知道勇于向困难挑战、在奉献中实现人生价值的道理，达到喜欢哲学、热爱哲学的目的，认同哲学对人生的意义和价值的教学目标，培养科学精神、政治认同等核心素养。

【专家点评】

（专家：孔令启，广东省宝安中学政治高级教师、广东省特级教师、华南师范大学教育硕士兼职导师、深圳市名师工作室主持人、深圳市宝安区教育科研专家工作室主持人、广东省"百千万"名教师培养对象优秀学员。）

骆霞老师的"价值的创造和实现"是其作为广州市"百千万人才培养工程"第二批名教师培养对象在2015年12月上的汇报课。本课有四大亮点。

（1）教学目标设计的前沿性。教学基于高中政治学科素养的要求，内化价值判断与选择的科学精神。教学以从熟知的人物身上展现出来的行为提升公众参与，以价值判断与选择之后的价值实现来提升政治认同，树立社会主义核心价值观，实现人生价值。教师让杰出的现实人物在学生面前变得如此

---

① 邵迎春. 高中思政课堂生态系统特征及教学对策 [J]. 中学政治教学参考, 2021（7）.

鲜活，让价值判断和价值选择变得不再是说教，而是生活的自然选择与人生的内在要求，从而促进学生提升素养，立足实践，实现人生价值。

（2）知识处理的创新性与逻辑性。知识创立的创新性首先表现在课堂情境设置的有效性，运用先进模范人物形象引导学生感悟人生，体味价值，焕发出对美好人生的期许并付诸行动实现，让知识融于生活的真实，感受知识来源于生活的本质。其次表现在课堂基于问题的探究。设置生活情境，提出问题，层次递进，逻辑性强，问题的立意明确。通过对逻辑性问题的思考与师生之间的交流对话，生成问题。因此课堂活动的整个亮点不是在教师，而是在学生，使学生成为课堂活动的真正主人，知识在生活情境的感悟、体验、凝练和问题的深度思考、碰撞、合作探究、资源与信息共享中生成，学生享受着生成知识的快乐。知识处理的逻辑性在于环节的严谨：从分享获奖感言、感悟人生价值、走进人生价值的思考，到直面思想困惑、评判人生价值、寻找价值标准，再到求索之路无止境、闪亮人生永不朽的实现途径与方法的探索，最后到明辨是非、畅想人生、对未来实现人生价值的憧憬。这些精巧的环节设计使知识的内在联系紧密，思维过程严谨，课堂环节之间的关系顺畅。

（3）信息技术与学科教学的融合性。利用教育信息技术创设教学情境，对视频、图像、文本等多媒体信息综合处理，将多媒体信息有机地融为一体，实现有声、可视、形象、生动的表达效果，引发学生的疑问，点燃学生的探究热情。

（4）"六有课堂"与深度教学的实践性。围绕立德树人根本任务，和学生讲好实现人生价值的条件和途径，鼓励他们勇于向困难挑战，实现人生价值（课堂有魂）；以学生发展为根本原则，培养学生科学精神、公共参与和政治认同等核心素养（课堂有人）；引导学生用科学理论武装头脑，通过"分享获奖感言，感悟人生价值""直面思想困惑，评判人生价值"和"求索之路无止境，闪亮人生永不朽"活动，认同在劳动与奉献中、个人与社会的统一中和砥砺自我中实现人生价值（课堂有理）；引导学生通过"明辨是非，畅想人生"任务路径，在观念冲突中展开对话交往、体验，培育学生的质疑精神（课堂有疑）；以"焊接巧匠高凤林"为主题情境，设计多个探究活动让学生体味哲学的理性思维，提升学生的高阶思维（课堂有思）；以活动型议题式教学方式设置多个探究活动，让学生发现科学之精神，在充满人文气息的课堂中体会哲学思辨之味（课堂有动）。

教师教学方面，教师自然流畅的语言引领学生思考，亲切舒缓的语态凸显出课堂教学过程中的民主、平等对话与交流。教师通过层层问题的引导，抛出问题，诱发思维飞扬，引导学生充分表达。教师通过适度、恰当的点拨，与学生共同感悟知识的生命与生命的活力，形成真知，追求价值。

学生方面，从课堂所表现出的学习方式的变革中透射出对知识和生活情境的深度学习与倾诉，从课堂所体现出来的生命特征展示出课堂生活的活力与张力。学生们课堂上的轻松、愉悦与深刻思考，展示出课堂的实际效果的达成与目标的实现。

一堂课，落实核心素养的追求与探索，让课堂绽放出生命活动与生命之间交流传递的灵动，教师与学生享受着课堂。这不正是我们的课堂追求吗？

二、信息技术与高中思想政治教学融合的生态课堂教学模式的教学策略

教学就是即席创作，尽管教师课前会充分预测可能出现的信息走向，但在实际教学中仍会出现一些意想不到的问题。有经验的教师会抓住这稍纵即逝的信息，甚至巧妙利用负面或无关信息，敏锐地把生长点催生为生成点，使教学有创造性的收获。教师要拥有一双慧眼，敏锐地发现、捕捉这些资源并加以利用。教师要根据课前的预设和课堂生成实际情况组织教学，在当时特定的生态环境下，因势利导，创造性地组织适合学生参与的自主创新式教学活动，在师生对话、同伴对话中互补、互构、互融，从而使教师真正成为学生发展的朋友和学习的伙伴，使凝固的课堂场景变成鲜活而生动的生态自主课堂画面，流淌出生命的活力。

（一）生态生成，催化"生态课堂"

1. 问题意识是生态生成的桥梁

问题意识的培养，是预设走向生成的桥梁，是"生态课堂"的具体体现。这就要求教师创设生态环境，让学生敢问、爱问、善问、会问，在课堂教学中努力培养学生质疑问题的能力，让学生成为课堂学习的主体。

营造课堂民主氛围，奖励学生提问。课上，教师创设了民主氛围，学生才能放言，民主的关键在于允许学生说错话。即使学生说错话，教师也应在指出错误时给予学生积极的鼓励和表扬，维护高中学生的自尊。在教学中，制定提问奖励制度，课堂上师生互动就会自然而热烈。

编制问题学习表格，引导学生提问。为增强学生的问题意识，教师可引导学生提问，在学案中设计问题学习表。问题学习表主要包括两方面的内容：一是课前预习时填写。如在预习中你遇到了哪些自己无法解决的问题？你在自主研读中还可提出哪些问题？二是课堂学习后填写。如你在学习中产

生的问题解决了哪些？还有什么问题没解决？通过本课的学习，你有哪些收获？你学完后还有什么新问题？

问题反馈给学生指引了思考的方向，培养了学生的问题意识，提高了学生提问的质量和数量，为引发学生自主探究奠定了基础。学生回顾课堂学习情况，再次反馈学习效果，进一步深化学习内容，提高提问的针对性，与教师一起构建"生态课堂"，真正成为课堂的主人。

2. 以学定教是生态生成的基础

构建"生态课堂"，实现预设向生成转化，要求教师尊重学生的学习权利和创造性。教师在预设时要深入了解学生现状，系统思考班级学生的认知基础，做到心中有数，以此作为预设的依据，也就是必须让预设在以学定教中走向生成，这是"生态课堂"的重要体现。

教师应根据教材编写的理念确定教学目标，并随学生的内在需求而变化。教学内容的选择，应适应学生的独特感悟。教师根据教材特点、教学时机等对教材进行取舍或采取适合学生的教学方式。教材是以模块为体系的，有些知识点如果不加以渗透或调整，仍然会造成预设与生成的背离。如《经济生活》中有关"企业"的知识，如果只是按教材第二单元第五课的安排来讲，没有整合、渗透第二单元第六课和第四单元第十、十一课的内容，就不能全面地讲清"企业"。所以，教师要充分发挥主观能动性，促进预设向生成的转化。

教师应把握教学过程，给学生自主解决困难的权利。教学过程是一个生态生成的过程，只有做到人人参与、相互激励和共享信息，才能使课堂充满灵性、灵感和创造力。要让学生人人达成生态生成是很难实现的，遇到困难时可让学生提出解决的办法，这是学生最容易接受的，最有效的，能更快地实现生态生成。

比如教学《文化创新的途径》① 一课时，可以预设课堂活动：

为广州四种名小吃荔湾艇仔粥、西关咸煎饼、沙湾姜撞奶、泮塘马蹄糕申报非物质文化遗产项目，设计一句广告语。

步骤一：小组成员围坐在一起，教师给每个学生发放一张小纸片，小纸片上印有广州四种名小吃的图片。

步骤二：学生设计和讨论后，安排每个小组把写得最好的一句广告语向

---

① 骆霞. 描绘政治课堂的"微笑曲线"，提高课堂附加值［J］. 思想政治课研究，2017（2）.

全班展示、讲解。

步骤三：组间互评，哪几条广告语设计得最好，好在哪里。

步骤四：学生讨论后评选一句最佳广告语。

这种在教师点拨下的学生动手操作、自主、合作探究活动，有利于调动学生多种感官参与学习，使学生兴趣盎然，自主、合作探究活动扎实，学生的思维得以充分训练，学生的观察、思考、协作能力在实践活动中都得到了培养。学生们分享了许多好的广告语，如"粥滑软绵，芳香鲜味""不到长城非好汉，不吃咸煎饼真遗憾""沙湾姜撞奶，一起冻起来""借问马蹄糕何处好，泮塘马蹄糕最地道"等，在活动中明确了社会实践是文化创新的根本途径。在情感、态度与价值观方面，这种探究活动达到了培养学生继承中华优秀传统文化的文化情感目标，做到课前预设和课中生成的和谐碰撞。学生自己参与学习过程，掌握学习方法，实现了生态生成，真正体会到了学习的愉悦，感受到了精神上的满足。

总之，教学过程是创造性地执行教学预设的过程，是由预设转化为生成的过程。教师必须及时观察学生的学习动态，让预设走向生态生成，并为学生主动参与留出空间，为教学过程的生态生成创设条件，才能使课堂真正成为"生态课堂"。

3. 信息技术是生态生成的加油站

信息技术是预设的一个重要内容，它能有效地创设生态环境，使教材的内容得到一定重现，让学生通过观看感悟教材内涵、引起联想，推动学生在生态生成中达到预设的目的，这就焕发了生命力，提高了教学的效率和质量。

例如，讲"掌握系统优化的方法"[①] 这一观点时，恰逢中国国家女子排球队在里约夺得奥运会冠军。教师先把排球队主攻、副攻、接应、二传、自由人的司职位置和能力特点进行了介绍，再从网络上下载、播放国家女子排球队比赛的视频，引导学生思考"中国队获胜是因为掌握了什么方法"；再引导学生思考"如果将球队的功劳归功于像朱婷等个别球员的超常发挥是否合理，为什么呢？"学生们经过讨论后，得出"掌握系统优化，要着眼于事物的整体性、内部结构的有序性和优化趋向"的结论。

---

① 骆霞. 描绘政治课堂的"微笑曲线"，提高课堂附加值［J］. 思想政治课研究，2017（2）.

（二）开放探究，优化"生态课堂"

1. 开放教师是构建生态自主课堂的关键

教学是教师的"教"和学生的"学"的有机统一。在教学过程中，我们应将传统意义上的"教"和"学"不断让位于师生积极互动的交往，广泛开展实践活动，倡导自主、合作、探究的学习方式。教师应成为引导者、参与者，与学生融为一体，形成一个真正的学习共同体，让"生态课堂"充满生命的智慧。

2. 开放学生是构建生态自主课堂的基础

解放学生的嘴巴，让他们敢说会读；解放学生的大脑，让他们独立探索、大胆想象、求异创新；解放学生的手脚，让他们乐于接触大自然、体验生活。在课堂教学中把选择的权利还给学生，既为学生提供一方自主学习、挥洒个性的栖息地，又为他们搭建一个激发智慧、释放思想的舞台。

罗森塔尔期待效应告诉我们：学生的进步是与教师对学生的关注分不开的。而良好的教学效果则是师生心理相容和情感交流的必然结果。从这个意义上讲，教师必须为学生创造自我表现的机会，使学生获得成功的激励；更重要的是给学生个性化的学习开放学习空间，用教师本身的思想修养、情感魅力以及教学艺术去点燃学生的思维火花。

（三）自主探究，构建"生态课堂"

1. 敢质疑，让学生做课堂的主人

（1）壮学生质疑之胆。要让学生学会提问质疑，首先要让学生人人敢于质疑。这就要让学生在质疑中获得成功，使他们知道质疑并不难，而质疑是学好本领的首要条件，这需要教师示范、引导、激发和鼓励。

如讲"中国共产党的宗教工作基本方针"[①]时，有学生提出："我国实行宗教信仰自由政策，父母经常要我们参加群众性宗教活动。"面对学生的"打岔"，教师没有制止，马上提出"共青团员该不该参加宗教活动"这一问题。学生们展开了课堂辩论，从不同角度认识宗教信仰自由，最后得出结论。在学生情绪高涨之时，教师要尊重学生的自主学习权和创造性，激发学生的探索热情，及时点拨，给学生提供相关的线索，起到水到渠成的启发作用，创造条件让学生想说、敢说、能说、会说，促进学生发展。

（2）给学生质疑之法。学生没有掌握质疑的方法，也是不敢质疑的原因

---

① 骆霞. 描绘政治课堂的"微笑曲线"，提高课堂附加值[J]. 思想政治课研究，2017（2）.

之一。教给学生质疑之法，能够使探究性学习正常开展。问题往往被视为探究学习的核心。创建问题环境是进行探究学习的关键。在学习中遇到难题是不可避免的，这时就要在问题环境的创建中留给学生提出问题的空间，更要留足学生解决问题的空间，这种动态教学情境的生成更是一种有利于学生成长的教学资源。

例如，有这样一幅漫画《他敢烧吗？》[1]，学生的普遍性结论是"他不敢烧"。教师发问："能不能假设条件？给漫画假设两种条件：一是漫画中的人离地面很低，且地面有防止人摔伤的海绵垫；二是气球飞到一定的高度就会爆炸。针对这两种条件，你会得出什么结论？"学生们饶有兴趣地讨论起来，最后得到的结论是：矛盾双方的相互依存是有一定条件的。如果具体条件发生了变化，也可以得出"他敢烧，而且他必须烧"的结论。"敢烧"是因为气球下面是离地不高的海绵垫；"必须烧"是因为现在离地不高，如果不烧，气球飞到一定高度会自动爆炸，飞得越高，摔得越惨。

（3）还学生质疑之权。长期以来，在教学过程中往往是教师问、学生答。一问一答看似气氛热烈，好像学生动起来了，实际是教师牵着学生的鼻子在走，学生的思维往往局限于教师课前所设计的一环扣一环的问题和思路，学生处于被动接受知识的局面，是一种接受式学习。这样学生的个性受到束缚，限制了创造思维。因此，教师要把"问"的权力还给学生，让学生做"问"的主人。教师要把学生教出"问题"来，让学生自己质疑、自己解疑，调动全体学生的学习积极性，这样，对于培养新一代有胆识、有创新能力的人才，将会取得事半功倍的效果。首先，课前让学生预习时提出问题，做好搜集、整理工作，以此作为预设的主要依据；其次，课中引导学生提问及做好课后研习，要将课前质疑和课中提问结合起来组织教学；最后，课后再追问，让学生提出没解决的问题和拓展性的课题，把提出问题的权利还给学生这个主体，让学生真正成为课堂学习的主人。

2. 会选题，让学生成为探究的主角

探究性学习致力于改变学生的学习方式，实施以创新精神和实践能力为重点的素质教育，也是"生态课堂"之根本。这不仅是"学"的革命，也是"教"的革命。在组织实施探究性学习过程中，选题是首要的也是极为重要的环节，因此让学生学会选题已成为有效开展探究性学习"教与学"的重要工作。教师应组织、引导学生以多种形式汇集课题，形成课题库；积极指

---

[1] 骆霞. 描绘政治课堂的"微笑曲线"，提高课堂附加值［J］. 思想政治课研究，2017（2）.

导学生根据自己的兴趣爱好、个人探究情况进行自主选择、自主分组、自定研究方法,为开展专题合作研究做好准备、定好方向。

(四) 培养兴趣,提升自主学习能力

新课程改革强调通过激发学生的学习兴趣和动机,提升学生的自主学习能力,让学生的个性特长得到充分发展。另外,将现代信息技术应用于学科教学中,能够提高学生的学习效率,培养学生全面综合的素质,要在网络环境下培养学生对学科的学习兴趣,提升学生的自主学习能力。

1. 提高学生自我激励能力

所谓自我激励,是指通过激发人的行为动机,使其处于一种兴奋的状态去面对问题、解决问题。自我激励能够使学生充满激情地面对学习,迎接学习中遇到的困难和挑战。自我激励能力是学生学习的内在动力,它能促使学生保持意志坚定,饱含热情,保持兴趣。在信息技术环境下的课堂学习中,学生遇到的学习困难相对来讲会较多。教师的指引和帮助,能使学生克服长期处于个人学习状态的孤立感,与教师共同参与到教学过程中面对问题、解决问题;使学生对学习任务保持热情和责任感,这种积极的友善的氛围会提高学生的学习效果和效率。学生可以借助一些方式方法提升自我激励能力,比如计划一个学习目标,逐步完成学习,在线与教师互动沟通;也可以与同学使用同一个学习软件探讨当天所学的心得体会;还可以利用学习软件自测功能,经常给自己的学习成果做统计总结,这有利于建立起成就感和勇于继续挑战难题的信心。

2. 提高学生学习规划能力

学习规划能力,是指学生根据学习任务对学习进行规划的能力,包括设定学习目标、制定学习计划的能力。在学习过程中,有可能会出现学生因为任务复杂、完成时间过长,导致学习主动性减少,甚至感到挫败的情况。这时候,可以由学生本人进行学习规划,将复杂的学习任务分解成详细具体的小目标。比如,面对网络上大量的信息资源没有头绪时,学生可以与教师沟通,将单元性的知识转换成小的专题逐个击破,也可以向教师请教指定内容的网络资源链接来节省浏览时间。

3. 提高学生信息加工能力

信息加工能力是在信息技术环境下学习的一种基本能力。学生的信息加工能力分为两方面:第一,网络操作技能,如利用网络浏览、搜索学习材料,属于操作技能层次的能力。学生不愿意在网络环境下的课堂学习,很大一部分原因就是缺乏利用网络学习的能力。学校及教师可以在计算机基础课

程外，开展丰富多样的课外活动，举办多种形式的竞赛活动，比如网页制作比赛，使学生产生对计算机操作的兴趣，进而掌握操作技能，挖掘潜能，促进创造性思维能力和实践操作能力的培养。第二，信息加工策略，是指在网络环境下的课堂中分析学习材料的技能，即在学习活动中运用的方法、技巧等。学生可以尝试在预习的环节中自主上网寻找相关知识，做好学习准备；也可以将课堂中关注的兴趣课题在网络中拓展学习，巩固、加深对知识点的理解。

4. 提高学生沟通合作能力

在信息技术环境下，学生自主学习的过程要求学生独立、主动、饱含兴趣，同时也要与教师和同学进行交流合作。网络交流平台对营造相互尊重、平等融洽、自由表达观点的氛围提供了有力支持，学生能够感受到自己的存在，有助于形成教学过程中的人性化环境。当学习遇到困难时，学生可以及时向教师和同学请教交流，形成个人有条理、完整的观点认知。教师运用协作学习教学模式，能更充分地发挥网络环境在培养学生沟通合作能力方面的作用。比如，学生可以在小组分工后，各自收集网络信息资源，利用沟通软件及时比对、探讨，小组交流后共同确定。这种交流对于完成课堂活动任务是非常及时高效的，同时也能锻炼学生沟通、合作的能力。

第四节 建构信息技术与高中思想政治教学融合的生态课堂的课程结构

课程包括文化课程、活动课程、隐性课程。文化课程包括国家课程、地方课程、校本课程。活动课程包括大型活动、学生团体组织的自主活动、综合实践活动。隐性课程是相对于显性课程而言的。显性课程是学校以直接的、明显的方式呈现的课程，是教育者直接地表现出来的，如课程表中的学科。隐性课程除了包括上述几类课程外，还包括一切有利于学生发展的资源、环境、学校的文化建设、家校社会一体化等。高中思想政治课的课程结构和广州大同中学申报的广州市普通高中特色课程"大同文化"特色课程能密切整合起来。

一、"大同文化"特色课程

(一)"大同文化"特色课程的内涵

"大同文化"的内涵是"平等公正,和谐共生"。其要义是:敬慕平等公正,崇尚亲善仁爱,重视群己关系、人与自然的和谐共进。

"大同文化"特色课程的目标是培养"崇尚公平、心怀公正、衷情仁爱"的现代公民。"平等"是践行大同文化的行为准则;"公正"是大同文化的价值取向;"仁爱"彰显的是大同文化的精神气质。"大同文化"特色课程以"平等、公正、仁爱"三个维度为课程构建基础,通过"至平"课程、"至公"课程、"至仁"课程三大课程模块螺旋式推进。

(二)"大同文化"特色课程设计思路

1. 课程目标

课程目标是培养具有"崇尚公平、心怀公正、衷情仁爱"的大同情怀与品质的现代公民。其具体目标如下。

(1) 崇尚公平。通过一系列特色课程的实施,提升学生的公平意识,培养学生的公平行为,让学生懂得尊重、维护自身与他人权利的道理,努力使学生具备尊重自己同时又尊重他人的品质,善于交往,善于同他人合作,重视各种横向联系的生活态度,培养推己及人、平等待友的好品德。

(2) 心怀公正。通过一系列特色课程的实施,让学生懂得尊重公共规则,有一定的是非观念,正视社会正义,树立规则的权威,将道德情感、道德意志和道德行为结合起来,实现公正感的知行合一,最终实现公道处世行为习惯的养成。

(3) 衷情仁爱。通过一系列特色课程的实施,培养学生爱党、爱国、爱自然、爱他人、爱集体,用仁爱的胸怀去容纳大千世界,培养学生满怀感情地、自觉地为他人服务、为社会服务、为真理与正义的追求与实现做出贡献。

2. 课程结构

以"至平"课程、"至公"课程、"至仁"课程三个模块为课程的一级结构,每一个模块都有目标指向,根据每一个课程模块的目标指向,分别设计相应的课程内容。

3. 课程实施方式

以普修、专修为实施方式,以主题活动、课题研究、社团活动、校内外实践及微型课程、短课程和长课程为实施途径，引导学生自主参与、亲身经历，接受"大同文化"的熏陶。

4. 课程评价方式

以激励性评价和发展性评价为评价原则，采用学生自评、互评和师评等多元评价方式。采取学分认定制、成长档案制、成果展示交流等具体评价措施，让学生成为特色课程评价的主角。

5. 课程发展方向

在自主、和谐、包容的教育环境中，让学生享受成长的幸福，培养具有"崇尚公平，心怀公正，衷情仁爱"的大同情怀与品质的现代公民，使学生学会在未来有尊严地工作和生活，成长为职业领域与个人生活的成功者及有益于社会的现代公民。

（三）"大同文化"特色课程内容设置

"大同文化"特色课程依据课程目标的递进关系，确定为"至平"课程、"至公"课程、"至仁"课程三大模块（如图 4－12 所示），根据每一个课程模块的目标指向，分别设计相应的课程系列内容，每一个课程系列里面包含数量不等的具体科目。

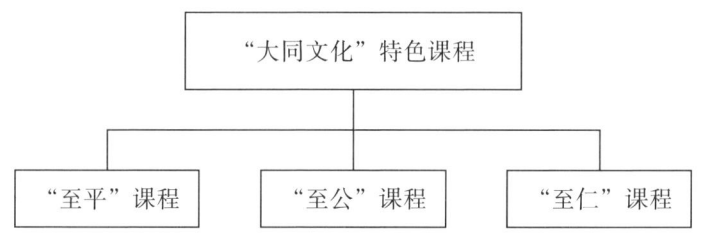

图 4－12　"大同文化"特色课程模块设置

1. "至平"课程

该课程以"认识并理解公平、平等的价值，培养追求公平、平等的精神品质，养成良好的公平、平等的为人处世行为"为课程模块目标。普修班通过"社会主义核心价值观教育""人际交往中的平等"等课程内容的学习与实践，在思想观念上唤起学生对公平、平等的认识，提升学生公平、平等的意识。专修班通过"公平的起点、过程和结果""平等，如何做是好——反歧视讨论与行动"等课程内容的学习，使学生将"平者无偏，持心如衡"作为行为准则，懂得尊重、维护自身与他人的权利，善于交往、合作，培养推己及人、平等待友的好品德。

2. "至公"课程

该课程以"认识并理解公正的价值,培养追求公正的精神品质,培养处事公正的行为"为课程模块目标。普修班通过"未成年人保护法""消费者权益保护法与公民生活"等课程内容的学习与实践,在观念和情感上唤起对公正的认识,有是非观念,正视规则与正义。专修班通过"《宪法》经典导读""庭审旁听""模拟法庭""公正,如何做是好——共同责任的辩论与践行"等课程内容的学习,以"公者无私,天下为公"为己任,将道德情感、道德意志和道德行为结合起来,实现公道处世行为习惯的养成。

3. "至仁"课程

该课程以"认识并理解仁爱的价值,培养追求仁爱的精神品质,能表现出良好的仁爱行为"为课程模块目标。普修班通过"祖国颂歌""环境自然资源保护法与公民生活""情暖社区"等课程内容的学习与实践,在情感上加深学生对仁爱的认识与感受,培养学生爱党、爱国、爱人民的品质。专修班通过"《论语》经典诵读——'仁'的味道""仁爱,如何做是好——互存、互助、互爱"等课程内容的学习,培养学生不仅有"仁者亲善,仁爱为本"的信仰,而且具有爱党、爱国、爱环境、爱社会的行为能力。

"大同文化"特色课程是螺旋形递进结构课程,以人的和谐发展为主轴,在不同年级、不同课程模块中,课程内容重复出现,逐渐扩大知识面与实践面,加深知识难度和拓宽实践广度,即同一课程内容前后重复出现,前面呈现的内容是后面呈现的内容的基础,后面呈现的内容是前面呈现内容的不断扩展和加深,层层递进,不断拓宽加深以"至平"课程、"至公"课程、"至仁"课程三个模块为基础的递进式结构,使之在课程中呈螺旋式上升的态势。

"大同文化"特色课程的具体内容见表4-7。

表4-7 "大同文化"特色课程内容

课程模块	课程目标	课程内容	修习方式
"至平"课程	认识并理解公平、平等的价值,培养追求公平、平等的精神品质,养成良好的公平、平等的为人处世行为	社会主义核心价值观教育	普修
		人际交往中的平等	
		中学生的权利与义务	
		班级民主管理	
		体育竞技与公平	
		公平的起点、过程和结果	专修
		平等,如何做是好——反歧视讨论与行动	

(续上表)

课程模块	课程目标	课程内容	修习方式
"至公"课程	认识并理解公正的价值，培养追求公正的精神品质，培养处事公正的能力	未成年人保护法	普修
		知识产权保护法	
		消费者权益保护法与公民生活	
		"主题值周班"自主管理	
		《宪法》经典导读	专修
		模拟法庭	
		公正，如何做是好——共同责任的辩论与践行	
"至仁"课程	认识并理解仁爱的价值，培养追求仁爱的优秀品质，培养具有仁爱品质的行为能力	祖国颂歌	普修
		走近党代表	
		环境自然资源保护法与公民生活	
		情暖社区	
		《论语》经典诵读——"仁"的味道	专修
		仁爱，如何做是好——互存、互助、互爱	

二、高中思想政治课程结构

高中思想政治课程将高中三年的思想政治课教学作为一个完整的生态教学周期，通过全面整合国家课程和校本特色课程，将课程、德育、课堂资源融合在一起，培养学生思想政治学科核心素养，实现学生的可持续发展（见表4-8）。

表4-8 高中思想政治课程结构表

年级	学习内容	课程内容	学习形式
高一	必修	必修1：中国特色社会主义	面授
		必修2：经济与社会	面授
		必修3：政治与法治	面授
		习近平新时代中国特色社会主义思想学生读本	面授，利用班团队课、校本课程等统筹安排

(续上表)

年级	学习内容	课程内容	学习形式
高一	特色课程选修一（"至平"课程）	普修和专修	面授，普修和专修各选一
	特色课程选修二（"至公"课程）	普修和专修	面授，普修和专修各选一
		爱国主义教育实践	主题活动
高二	必修	必修4：哲学与文化	面授
	选择性必修	模块1：当代国际政治与经济 模块2：法律与生活 模块3：逻辑与思维	面授
	特色课程选修三（"至仁"课程）	普修和专修	面授，普修和专修各选一
	综合实践活动	研究性学习	合作学习
		爱国主义教育实践	主题活动
高三	高考复习	必修1、必修2、必修3、必修4、选择性必修1、选择性必修2、选择性必修3	面授
	综合实践活动	成人礼	主题活动
		百日宣誓	

高中思想政治课的课程结构体现了生态课堂多样化、特色化、活动化的特点。

(1) 多样化。课程多样化最早出现于二十世纪二三十年代。当时托斯顿·胡森（Torsten Husen）和纳维尔·波斯特尔斯威特（T. Neville Postlethwaite）认为，课程多样化即学校教学内容增加实用的或职业的知识，或是在以往几乎是纯学术性的学校教育的某些阶段引入职业教育。这一观点同样适用于基础教育。在基础教育阶段，中学生尚未形成明确的兴趣和职业走向，在该阶段设置多方向、多要求、多组织的课程，有利于学生更好地进行多样化发展，拓宽学生的视野。为此，我们设置了必修课程、选择性必修课程、校本特色课程、综合实践活动课程等，供学生选择。

(2) 特色化。国家课程是教育部统一实施的全国性课程。在国家课程实施的过程中，为了体现学校的校情和学情，我们开设了特色课程。我们依托学校"大同文化"之根，以"生态教育"哲学思想为指导，着眼于培养学生的主体精神、创新精神和可持续发展思想，以努力让每一个生命成长为有"崇尚公平，心怀公正，衷情仁爱"的大同情怀与品质的现代公民为课程核心育人目标。课程体系以选修方式开展，包括"至平"课程、"至公"课程、"至仁"课程。

（3）活动化。通过不同的活动实践，使课程活动化，丰富课程生成样式。如综合实践活动，包括研究性学习、爱国主义教育实践、成人礼和百日宣誓等。课程活动化可以使学生在具体的活动体验中增长见识、开阔视野。

高中思想政治课程在教学实施过程中把讨论、展示、反馈作为常规化的教学策略，不仅关注所有学生的整体特性，还重视学生的多元差异；不仅强调生命个体，还关注生命之间的联系；不仅重视课堂整体的和谐，还关注课堂过程的动态平衡；不仅强调高质高效的课堂教学，还重视师生、生生之间的平等，体现生生、师生共生共荣的生态特征。

第五章
信息技术与高中思想政治教学融合的生态课堂翻转实践

> "难"也是如此,面对悬崖峭壁,一百年也看不出一条缝来,但用斧凿,能进一寸进一寸,得进一尺进一尺,不断积累,飞跃必来,突破随之。
>
> ——华罗庚

第一节 翻转课堂的由来和发展

一、翻转课堂的由来

2007年,美国科罗拉多州落基山林地公园高中的两名化学教师首次提出了"翻转课堂"这一概念,帮助生病的学生或缺课学生跟上教学进度。他们使用录屏软件录制PPT演示文稿和教师实时讲解的音频,然后再把这种带有实时讲解的视频上传到网络供学生下载或播放,以此帮助课堂缺席的学生进行补课。后来,这两名教师让学生课下看视频,课上解决作业问题,这样,就使"课堂上听教师讲解,课后回家做作业"的传统教学习惯、教学模式发生了"颠倒"或"翻转",变成"课前在家里听教师的视频讲解,课堂上在教师指导下做作业(或实验)"。

翻转课堂有别于传统教学形式,它实现了学生和教师的角色互换。学生课前通过观看制作好的学案、教学视频来学习传统课堂上教师讲解的内容，课中时间用来交流和解决学案、观看视频所遇到的问题。这种方式在传统教学模式上进行创新，改变了学习者的学习方式。随后美国一些学校开始尝试这一教学模式。

二、翻转课堂的发展

2011 年，萨尔曼·汗创立可汗学院，其网站开发了一种练习系统，能及时反馈学生状况以供教学者参考，彻底改变"以教师为主体"的教学形式，实现"以学生为主体"的学习形式，使翻转课堂被众多教师熟知，并成为全球教育界关注的教学模式，同时引发了"慕课"和"微课"在高等教育领域的涌现。可汗学院的翻转课堂，被誉为开拓新世纪教育的曙光。可汗学院免费提供的优质教学视频，克服了实施翻转课堂的重要障碍，大大降低了广大教师进入翻转课堂的门槛，从而推动了翻转课堂的普及，使翻转课堂走出科罗拉多州，进入北美乃至全球教育工作者的视野，并受到热捧。

2011 年 7 月，在美国科罗拉多州举办了翻转课堂大会，乔纳森·伯格曼（Jonathan Bergmann）和参会教师从七个方面对翻转课堂进行定义：翻转课堂增加了学生与教师之间的互动化和个性化学习的交流时间；在翻转课堂的教学环境下，学生应该对他们自己的学习负责；在翻转课堂上，教师已不再是"讲台上的专制者"，而是"教学活动的向导"；翻转课堂把直接讲授和建构主义学习混合在一起进行教学；它的教学视频能让那些由于生病或者是参加课外活动的学生不被甩在后面；它的教学内容可以长久地保存下来，以便学生以后复习和查缺补漏；在翻转课堂的环境下，所有的学生都能参与教学活动，同时，也能获得个性化的教学指导。这一定义揭示了翻转课堂的构成要素，主要包括：课堂的向导——教师；学习的主体——学生；教学的载体——教学视频；教学的方式——混合学习；教学内容——永久保存。

三、国内翻转课堂的探索和不足

（一）国内翻转课堂的探索

随着教育改革步伐的加快，我国不少学校探索从传统的以"教师教为中心"的模式到以"学生学为中心"的新的教学模式的转变，如"尝试教育""生本教育""杜郎口中学教学模式""昌乐二中教学模式"，这应该是最早的翻转课堂的探索。这些模式强调以"学生学"为中心的重要性。以学案为依托，让学生提前预习新课，倡导"不学不教，以学定教"。课中依靠学生小组讨论，解决预习中存在的疑点，教师全程起到辅导、组织者的作用。这种教学模式激发了部分学生的学习积极性，但也发现了不少问题：一是学生在用统一的纸质学案预习时，能力强的学生很快完成，能力弱的学生则完不成。课中，能力强的学生占据发言权，能力弱的学生则充当听众的角色，没有从根本上解决"以生为本"的个性化教学理念，分层教学难以实现。二是教师跟学生之间的交互是"传递式"交互，由于课堂时间和人数的限制，大多数课堂的交互形式都是单向交流，很难实现师生互动、生生互动，教师和家长不能全面了解学生的学习情况。三是教学结构没有根本性变革，课堂教学系统四个要素（教师、学生、教学内容、教学媒体）的地位和作用没有改变。教师依然是课堂教学的主宰者和知识的灌输者，学生依然是知识灌输的对象和外部刺激的被动接受者，教学内容依赖一本教材，教学媒体只是辅助教师突破重点、难点的形象化教学工具。把教育信息技术融合到翻转课堂中能够弥补这些不足。由于教育信息技术的使用，翻转课堂模式也被看作"尝试教育""杜郎口中学教学模式"的升级版。

国内学者张金磊、王颖、张宝辉等人于2012年在《远程教育杂志》发表了一篇名为《翻转课堂教学模式研究》的文章，将翻转课堂介绍到国内教育界，自此国内有关翻转课堂的研究方兴未艾。作者结合自己的教学实践，借鉴了罗伯特·塔尔伯特（Robert Talbert）教授的翻转课堂结构图，构建了翻转课堂教学框架。

我国最早探索和实施翻转课堂教学的基础教育学校当属重庆聚奎中学。聚奎中学在持续深入地对翻转课堂进行理论研究的基础上，构建起中国本土化的翻转课堂整体框架、支撑体系、教学模式和评价体系，构建了"四步五环"式教学模式。自重庆聚奎中学后，国内不少学校加入到翻转课堂的教学实验中。

目前，翻转课堂从"教学流程的颠倒"1.0版本转向"以技术支持的教学系统结构性变革"2.0时代。以教育信息技术与教学融合为标志的教学变革，支持全过程技术支持学习，促进了教学理念、学习方式、教学结构等方面的改革。翻转课堂2.0版提倡"以学生为中心，技术支持学习"；知识学习通过"课前、课中、课后"三次内化的"递进式学习"；通过议题式教学、活动型课程、开展项目式学习；通过提供动态学习数据和即时分析，教学进程从"先学后教"向"以学定教"发展；利用智能教学平台，实现课堂教学技术支持的互动化和智能化。

（二）目前我国翻转课堂存在的不足

翻转课堂实现了师生角色的转换，能够促进学生的学习。然而，目前我国翻转课堂仍然面临诸多挑战，主要还存在以下不足：第一，重课堂教学形式的多样化，轻教学结构的改变。目前教育领域只是将信息技术应用于改进教学手段、方法这类"渐进式的修修补补"，或者是只关注了如何运用技术去改善"教与学环境"或"教与学方式"，没有触及教育系统的结构性变革，即教师主宰课堂的"以教师为中心"的传统课堂教学结构依然存在。既充分发挥教师主导作用，又突出体现学生主体地位的"主导—主体相结合"教学结构，作为信息技术与学科教学深层次整合的实质与落脚点，依然没有得到实质性落实。第二，重知识获取的碎片化和学习的广度，轻学习的深度挖掘。随着翻转课堂实践的深入发展，知识碎片化、学习停留在浅层次、"翻转"形式化等问题日益突出，翻转课堂需要从浅表走向深层，应该与深度学习理念相融合来实现学习的高阶性和反思性。在教师的指导下，学生在问题解决的过程中实现高级思维技能的发展，尝试以深度学习所倡导的基于问题、项目、案例的学习为原型，围绕学生思维品质的提升进行整体的设计。第三，重技术实现，轻教学评价研究。开展翻转教学评价体系研究工作的主要是高校教师及部分教育研究者，高中阶段的教育工作者鲜有评价体系设计的研究，可能和中学教育阶段评价手段单一、唯分数论有一定关系。

第二节　国内外翻转课堂教学模式分析

一、杰姬·格斯丁翻转课堂的教学模型

2011 年，美国学者杰姬·格斯丁最先构建了翻转课堂的教学模型，将课堂划分为四个阶段，分别为：体验参与阶段、概念探索阶段、意义建构阶段以及展示应用阶段（如图 5-1 所示）。[①]

[①] 乔爱玲. 翻转课堂教学［M］. 北京：高等教育出版社，2019：26.

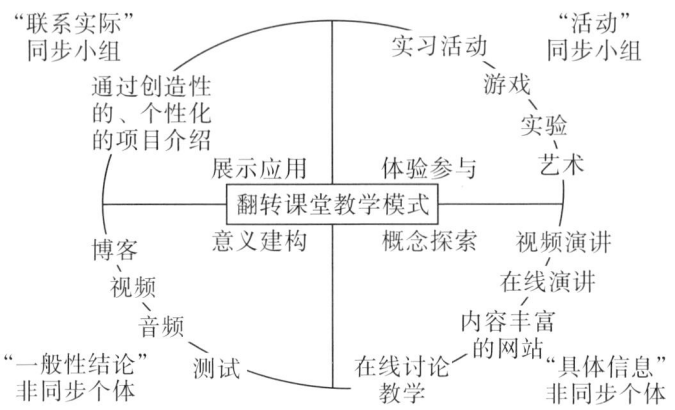

图 5-1 杰姬·格斯丁提出的翻转课堂教学模型

（1）体验参与。该模型指导下的翻转课堂模式的课程实施从学生体验参与开始。教师组织学习活动，包括教育游戏、实验、手工实践等，提高学生的学习兴趣，并让学生了解学习目标。

（2）概念探索。学生通过观看教师提前分享的教学视频、网络课程以及教师提供的教学资源等进行课前自主学习，也就是概念探索。自主学习完成之后，可以与同伴或教师进行在线讨论，引发思考。

（3）意义建构。学生通过撰写博客，运用社交网络等工具进行对知识的意义建构，并完成教师安排的测试内容。

（4）展示应用。通过有意义的个性化的项目演讲进行学习报告与总结。教师在此过程中应予以及时的评价与鼓励。

二、罗伯特·塔尔伯特翻转课堂结构图

同在 2011 年，美国罗伯特·塔尔伯特教授根据自己的线性代数课程教学经验归纳出翻转课堂结构图（如图 5-2 所示）[①]。他将翻转课堂分为两个阶段五个步骤：课前阶段，学生观看教学视频，完成指导性练习题目；课中阶段，教师对学生的自主学习情况进行快速简单的评价，以问题为导向来促进学生知识的内化，最后进行小组汇报和成果展示。

---

① 乔爱玲. 翻转课堂教学［M］. 北京：高等教育出版社，2019：25.

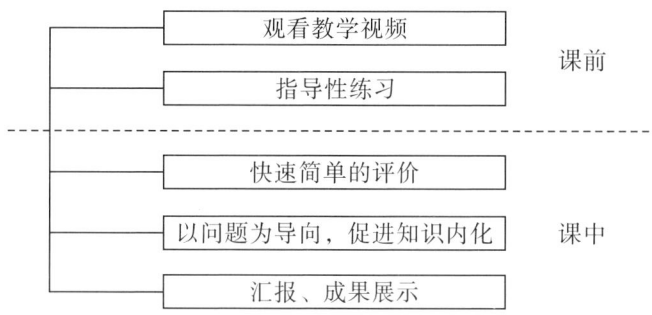

图 5-2 罗伯特·塔尔伯特提出的翻转课堂结构图

三、重庆聚奎中学翻转课堂模式

聚奎中学将翻转课堂诠释为：学生在课前通过教师分发的数字化材料（音视频、电子教材等）进行自主学习，回到课堂后与教师和同学互动交流，并完成练习的一种教学形态。聚奎中学根据已有的理论体系进行分析、设计，制定出一套较为完善的总体目标和实施目标。总体实施框架如图 5-3 所示。翻转课堂从美国的"在家"和"课堂"的翻转，变成了中国本土化的"课前"和"课中"的翻转。

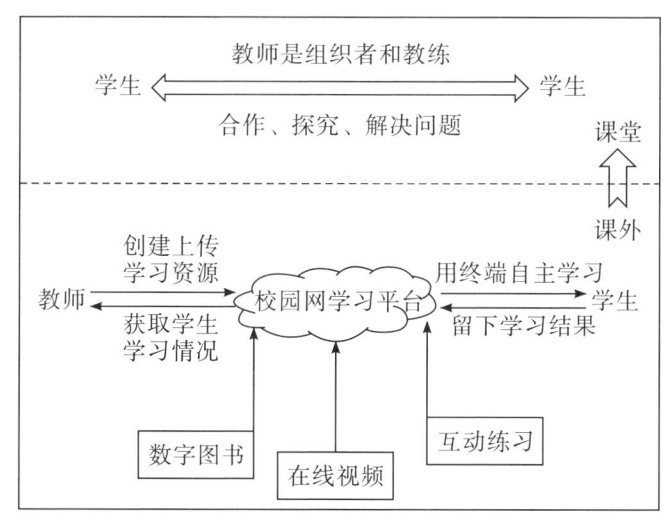

图 5-3 重庆聚奎中学翻转课堂总体实施框架

教师把课下制作好的教学视频或者学习任务单上传到学校创建的"校园云"服务平台，学生可使用电脑从"校园云"服务平台里下载学习资源，再使用不同的学习终端观看视频。学生先独立完成自测预习题（仅限于选择、填空和判断三类题型），组内还可以互助解决个人完成不了的问题，如组内无法解答的可由组长记录交给课代表，再由课代表整理上传到服务器，以便教师根据情况设计出独具针对性的教学计划。

四、张金磊等人提出的翻转式教学模式

我国学者张金磊、王颖、张宝辉等人在《翻转课堂教学模式研究》一文中，结合自己的教学实践，借鉴了罗伯特·塔尔伯特教授的翻转课堂结构图，构建了翻转课堂教学框架（如图5-4所示）①。

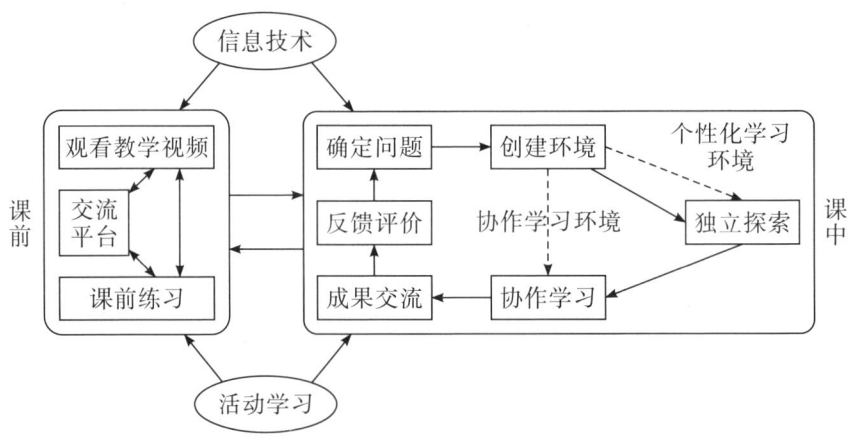

图5-4 张金磊等人提出的翻转式教学模式

相对于传统课堂来说，翻转课堂从注重"教师的教"向注重"学生的学"转变，从关注"知识的传授"向关注"学生的发展"转变，从"群体学习空间"向"个体学习空间"转变，从"传统教学"向"翻转教学"转变。在这样的教学模式下，学生可在课下随时随地观看视频等数字资源，同时，这些教学视频也能长久保存，知识传递的持久性和高效性得以提升，学生与学生、学生与教师之间交流机会增多，并且学生也能够充分表达自己的观点和看法，知识的内化得到更深层次的升华。因此，翻转课堂教学相比传统教学，能更好地体现"以学生为主体，以教师为主导"的"双主"作用。

上述四个模型是目前比较流行并得到广大教师认可的翻转课堂模型，各有利弊。杰姬·格斯丁提出的翻转课堂教学模型图文并茂，清晰地将整个教

---

① 乔爱玲. 翻转课堂教学［M］. 北京：高等教育出版社，2019：28.

学过程分为四个阶段，点出了翻转课堂的精髓；罗伯特·塔尔伯特的翻转课堂结构图清晰简单，把翻转课堂模式的整体流程总结得非常透彻，通俗易懂，便于实施；聚奎中学的翻转课堂在形式上结合了在线学习和面对面课堂学习的优势，适应了不同能力和兴趣的学生的个性化学习需求；张金磊等人提出的翻转式教学模式强调信息技术与学习活动的支持作用，可操作性强，适合教师活动课程的设计与实施。我们借鉴分析了国内外专家学者的研究成果，结合本校校情、学情以及思想政治学科的特点，进行综合分析，提出"学、议、展、导、用"学教并重的翻转课堂模型。

第三节 "学、议、展、导、用"翻转课堂教学模式

2015年以来，广州大同中学先后升级了学校云服务器，增加到3000兆光纤到班，实现了校园、教室无线网络全覆盖。这些技术条件上的升级和改进，提供了优质的教学课程资源，搭建了师生网络互动交流的场所，为实验准备了较为充分的物质条件。"生态课堂"学案导学模式进一步发展，走向信息化和个性化，由此创建了"学、议、展、导、用"翻转课堂教学模式。

探索信息技术与教育教学融合，不能脱离教育的本质，必须以教育中的人为出发点和落脚点，把"培养人、发展人、成就人"的核心任务作为第一追求。因此，笔者注重探索信息技术与教育教学融合和课程改革有机结合，在多年实验的基础上，关注课堂结构深层次变革，探索"生态课堂"的翻转实践，让技术无痕融入教育，实现学生的个性化学习，发展学生的核心素养。

推进信息技术与课程融合，一方面需要信息技术融入课堂教学过程，改变课堂教学模式，推动课堂教学变革；另一方面，教学理念和模式必须有与之相适应的信息技术提供支撑。为此，课题组成员结合课程改革的理念和信息技术的优势，进一步优化课堂教学模式，在学案导学的基础上，以翻转课堂的微课视频作为教学材料，以多媒体学案作为学习的导航，创设问题情境，促使学生对新知识进行同化或是顺应，形成新的认知结构，教会学生"四会"，即课堂教学应着重培养学生会倾听、会表达、会质疑、会合作；在前期实验的基础上不断修改、完善，创建了"信息技术与高中思想政治教学融合的生态课堂教学模式"（如图5-5所示），重视学生自主学习、探究学习、合作学习能力的提高，形成知识交流、生命对话、思维碰撞、智慧火花

四射的深度、高效、开放课堂。

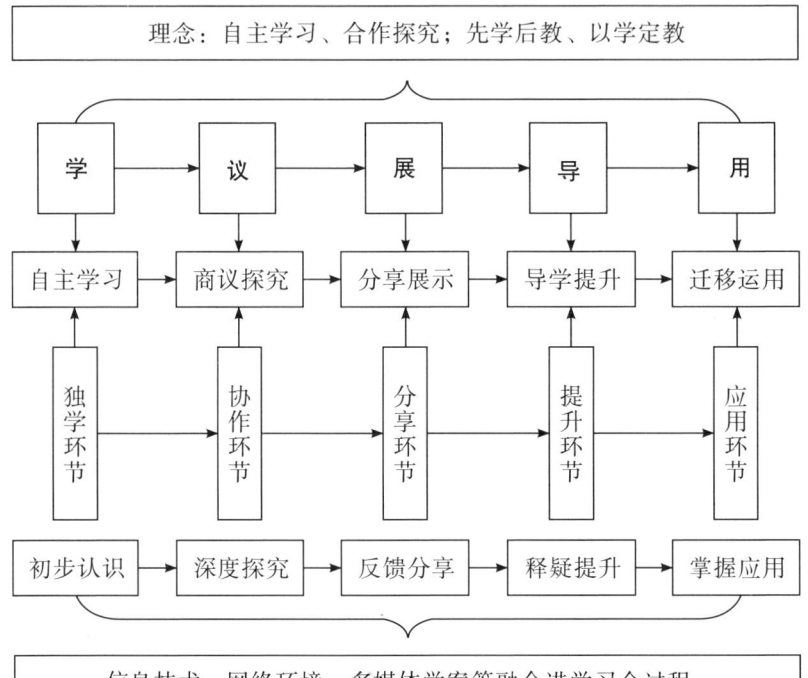

图5-5　信息技术与高中思想政治教学融合的生态课堂教学模式

依图可见，信息技术与高中思想政治教学融合的生态课堂教学模式提倡的教学理念是：自主学习，合作探究；先学后教，以学定教。这一教学模式的五个基本流程是：学、议、展、导、用。在整个教学过程中，信息技术、网络环境、多媒体学案等融合进学生的学习全过程。

第一步："学"。"学"是课堂的基础。课前独立环节，学生自主学习，通过独学达到初步认知的目的。所谓"独学"，是指学生根据微视频、PPT、"多媒体学案"的指导，自学教材，积累对学习内容的认识理解，然后解决"多媒体学案"的导学题，遇到障碍时提交小组内讨论解决。课外或回家看教师的视频讲解，可以在轻松的氛围中进行，不必像在课堂上那样紧绷神经，担心遗漏什么或因为分心而跟不上教学节奏。学生观看视频的节奏由自己掌握，懂了的快进跳过，没懂的倒退反复观看，也可以停下来仔细思考或做笔记。

第二步："议"。"议"是课中小组内商议讨论，对学（对学以释疑，在独学的基础上，由学科小组长带领组员商议讨论、合作探究，解决独学时没有解决的问题与困难）、群学（群学以激辩，在对学时不能解决的问题，提交全班交流展示时解决），这个对话环节实现深度探究。这也是后来 2017 年版新课标提倡的议题式教学方式。议题式教学是一个设置议题、创设情境、组织活动以完成议学任务的过程。① 此环节教师要充分放手，给学生自主的权利，给学生探究的时间和空间。每个小组围绕着学习内容和学习目标开展具有小组特色的探索活动，百花齐放的探究过程是教师了解学情、发现学生个体差异的好机会，教师要关注学生的探究过程，重视对探究过程的指导。在小组内合作探究之中，教师要全班巡视，发现问题并指导、点拨；教师要重点关注学生探究的参与面和参与的积极性、探究活动的深入度、学生的探究方法策略的差异性等。在小组合作探究之后，教师要收集学生中生成的不同信息和资源，为展示交流做准备。同时，在探究过程中还要教给学生适用的记录方式，提高学生的学习效率。

第三步："展"。"展"是课堂的核心，是分享环节，交流展示包括对学微展示、小组集体展示、小组代表展示、个人展示、组内小展示、组间大展示，实现反馈共享。学生是展示交流的主人，教师要鼓励学生学会倾听、善于表达、敢于质疑。本环节主要是生生互动，交流解疑，师生互动。教师要参与到交流中去，积极"捕捉"学生的真实学习情况，以便对自己的教学做出适当的调整；要鼓励学生发表不同的观点，为学生的交流创造一个良好的心理环境（包括情感环境、思考环境、人际关系环境等）；要引导学生投入到探索交流中去，调动学生的学习积极性，激发学生的学习动机。"学"是问题前置，是"展"的基础；"展"是在学生学的基础上进行的，展示的内容是学生先预习自学过的内容。

第四步："导"。"导"是课堂的关键，即问题卡壳时给予启发式点拨、认识偏向时给予及时点评、思维凝固时给予诱导式点燃、引向深入时给予发展式点化。这个提升环节在于导学提升、释疑提升。教师要引导学生梳理思路，并作相应的方法指导，让学生在交流中学习、在阐释中深化、在辨析中提升。

第五步："用"。"用"是应用环节，是课堂教学效果的迁移运用、掌握应用。在本环节操作过程中，要培养能力、提炼方法、形成学法。教师要关注全体学生，要根据学生个体之间的差异来设计具有趣味性、层次性、弹性和开放度的练习设计方案，以适合不同学生的发展。在操作中教师还要注意以下要点：应用要有目的性，题目要围绕学习内容来设计，着眼于指导思路，有利于方法和技巧的形成；应用要有现实性，要结合学生生活实际，指

---

① 沈雪春. 显性与隐性相统一的议题式教学双重架构模式探析 [J]. 中小学德育，2021（2）：56.

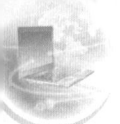

导学生解决问题，让学生在应用知识的同时体会思想政治课的价值；应用形式要有多样性，要以新颖多变的形式调动学生的学习积极性，使学生始终保持良好的学习兴趣，从而提高学习效率；应用要体现主体性，给学生独立完成的时间，让学生在独立解决问题的过程中体验方法，形成技能，发展思维；应用评价要有发展性，对学生的应用能力和应用效果要及时进行诊断评价，引导矫正，让学生在评价中发展提高。

以上所述五个环节关注学生的深度学习。正如钟启泉教授所说，"深度学习"涵盖三个视点：第一是主体性学习。主体性学习使学生产生对学习的欲望，使学生学习的主动性和积极性得以提高。第二是对话性学习。在学习活动中寻根究底，反复叩问：为什么探究这个课题（目的）？通过探究弄清楚什么（内容）？应当用怎样的方法展开探究（方法）？着力于在"习得""运用"与"探究"的学习过程中，与同伴共同实现问题的发现与解决。第三是协同性学习。借助同他者的合作、同外界的交互作用，拓展并深化学习者自身的思考。①

信息技术为教学注入了新的活力，在很大程度上打破了时空的限制，使"时时能学、处处可学、人人皆学"成为现实，营造出了全新的学习环境，推动了课堂结构的深层次变革。在信息技术与课程融合中，信息技术已不仅仅是一种工具，更多地被看作是生存与学习的环境。一方面，信息技术作为促进学生数字化时代自主学习的认知工具、创设信息化教学环境的主力及情感激励的催化剂，实现了信息技术教学价值的最大开发；另一方面，教育信息化时代呼唤教学模式的现代化，教学模式、教学方法的革新要求课程融合信息技术，使课堂教学结构与教学方法不断变革、创新。下面以课例《价值判断和价值选择》来展示"学、议、展、导、用"课堂教学步骤。

课例

价值判断和价值选择

【教学目标】

结合对愿望的选择，思考选择的理由，解释价值判断和价值选择的内涵和关系。解释价值判断和价值选择的社会历史性和主体差异性特征，培育科学精神。

---

① 钟启泉. 从"知识本位"转向"素养本位"：课程改革的挑战性课题[J]. 基础教育课程，2021（11）：5–20.

通过邓稼先人生选择的典型事例，解释做出正确价值判断与价值选择应坚持的标准。

在典型事例的展示中，经过对比、思考和分析，解释把人民群众的利益作为最高的价值标准，树立为人民服务的思想和热爱人民的情感，增强政治认同。

【教学重难点】

教学重点：如何做出正确的价值判断与价值选择。

（依据：高中生对价值判断和价值选择的标准不够清晰，需要正确引领。）

教学难点：认同人民利益为最高价值标准，树立为人民服务的思想。

（依据：人民利益是最高的价值标准问题，理论性很强。学生现时的抽象思维能力较弱，生活阅历较浅，理解这一问题有不小的难度。现实社会文化的多元化给学生的判断和选择也带来不少困惑。）

【教学方式】

以多媒体等信息技术手段引导学生合作探究。

【教学过程】

表5-1 教学过程

教学环节	内容	课堂教学步骤
课前独学	学生自主学习，根据多媒体学案的指导，自学教材	第一步："学"。学生自主学习。
新课导入	播放视频：北京卫视综艺节目《我是演说家》——梁值《我的偶像》演讲。 （设计意图：设置情境，提升学生的兴趣，调动学生学习积极性） 一、价值判断和价值选择的内涵和关系 展示事例：邓稼先1924年出生于安徽怀宁县一个书香门第之家。26岁，毕业于美国印第安纳州的普渡大学研究生院，人称"娃娃博士"。1950年8月，他获得博士学位。毕业后他面临着两个选择： A. 留在美国，过安逸的生活。 B. 回国。 1958年秋，钱三强找到他，征询他是否愿意参加一项必须严格保密的工作。这时他又面临着选择： A. 放弃参加这项工作。 B. 参加这项工作，与家人隔绝联系，去大漠搞原子弹、氢弹试验，打破西方大国的核垄断。	

（续上表）

教学环节	内容	课堂教学步骤
新课学习	出示投影： 价值判断： 1. 祖国强大，国家利益高于一切； 2. 核试验成功对新中国意义重大； 3. 核泄漏，对身体有致命影响； …… 价值选择： 1. 放弃优越条件，毅然决定回国； 2. 离开妻儿，秘密从事核试验； 3. 拦住所有人，独自冲进试验场； …… 图5-6 价值判断和价值选择 引导学生总结：价值判断和价值选择的内涵和关系。 （设计意图：利用视频资源，提炼视频信息，引导学生理解价值判断和价值选择的内涵和关系） 二、价值判断和价值选择的特征 展示问题：有十个愿望，你会选择哪两个？ 出示投影：智慧 财富 勇敢 名气 善良 　　　　　权力 自由 勤奋 健康 美貌 引导学生讨论、商议、分享展示四个问题： 1. 你选择的理由是什么？ 教师总结：你判断它有无价值，就是价值判断，在这个基础上做出的选择就是价值选择。 2. 为什么每个人的选择不同？ 教师总结：社会地位不同、生活环境不同、看问题的角度不同、价值观不同、所处立场不同使我们的价值判断与选择产生差异。这体现了价值判断和价值选择的主体差异性。 3. 同一个人在人生的不同阶段选择一样吗？ 教师总结：价值判断和价值选择会因为时间、地点和条件的变化而不同。这就是价值判断和价值选择的社会历史性特征。 4. 假设袁世凯现在坐在我们班级，他会选择什么？他为什么失败了？ 教师总结：选择的目标能否实现，实现的程度如何，取决于认识是否符合社会发展的客观规律。	第二步："议"。小组内商议讨论，对学解决了独学时没有解决的问题与困难。 第三步："展"。学生展示小组讨论的结果，教师再总结归纳。

（续上表）

教学环节	内容	课堂教学步骤
新课学习	（设计意图：对愿望的选择，并思考选择的理由，领会、区别价值判断和价值选择的社会历史性和主体差异性特征，培养进行正确价值判断和价值选择的能力） 三、如何做出正确的价值判断和价值选择？ 出示投影，展示三张图片，引导学生思考、讨论、商议四个问题（如图5-7所示）：  思考： 1. 永动机和袁世凯复辟为什么失败了？ 2. 了解邓稼先的事迹，说一说我们如何才能做出正确的价值判断和价值选择。 3. 有没有最高的价值标准？是什么？ 4. 如何正确处理个人利益、他人利益、集体利益的关系？ **图5-7 如何做出价值判断和价值选择** 教师总结：永动机违背能量守恒和转化定律，是不能成功的。这个事例告诉我们：只有符合事物属性和发展规律的价值判断和价值选择才是正确、科学、合理的。离开事物的属性及其规律性，单凭良好愿望确定价值目标是根本不可能实现的。 社会的发展离不开遵循社会发展规律。袁世凯复辟是历史的倒退，不符合历史发展的趋势，违背了社会发展的客观规律，注定要失败。 展示事例：1958年，国家下达了研制原子弹的命令。年轻的邓稼先被选为主要研制者之一。他深感自己职责重大，说："为了完成这项任务，死了也值得。"一次，航投试验时出现降落伞事故，原子弹坠地被摔裂。邓稼先深知危险，却一个人抢上前去把摔破的原子弹碎片拿到手里仔细检验。长期艰苦的工作使他受到了核辐射的致命伤害，肝脏受损，骨髓侵入了放射物，得了直肠癌。但他仍坚持回核试验基地。在他生命的最后时刻，他留下的话是如何在尖端武器方面努力，并叮咛："不要让人家把我们落得太远……"这样的一位科学家怎能不让人称赞，怎能不让人拥护呢？邓稼先面临人生中的价值选择时，他是把什么作为衡量尺度和最高标准呢？	第四步："导"。教师引导学生梳理思路，让学生在交流中学习，在阐释中深化，在辨析中提升

（续上表）

教学环节	内容	课堂教学步骤
新课学习	教师总结：在人生的价值判断和选择中，可能会有各种利益的冲突，邓稼先始终站在广大人民群众的立场上从事国防事业，这个最高标准就是把人民群众的利益作为最高的价值标准，牢固树立为人民服务的思想，把献身人民的事业、维护人民的利益作为自己最高的价值追求。 （设计意图：通过对典型事例的展示，引导学生思考和分析，从而突破本课重点，有助于学生理解要把人民群众的利益作为最高的价值标准，树立为人民服务的思想）	
学以致用	引导学生思考：在高考填报志愿中有几种典型的价值标准，如重地域、重学校、重专业、重兴趣。填报高考志愿，你将坚持什么样的价值标准？ （设计意图：让学生在知识迁移中掌握基础知识和基本技能，达到知行统一）	第五步："用"。在本环节操作过程中，要培养能力、提炼方法，形成学法

第四节　"学、议、展、导、用"翻转课堂教学模式实验研究

教学实验既是一种教育科学研究方法，又是一种特殊的教育实践活动。它是具有科研性的教育实践活动和具有教育实践性的科研活动的统一。在信息技术与课程融合相关理论指导下，笔者进行教学方案设计与实施，通过与传统教学进行对比、分析，找出信息技术应用于思想政治课教学的恰当切入点，优化课堂，突出重点，分化难点，使学生达到教学目标的要求，取得预期效果。实验方案如下。

一、实验目的

本实验在对 2015 年 9 月入学的高一新生课堂教学中采用生态课堂翻转教学模式，希望通过教学实验提高学生的学习兴趣、合作意识和学习的主体地位，并验证翻转课堂教学模式在教学中的效果和实用性，以便能提供给一线教师使用。

二、实验设计

实验设计是进行教育实验的计划、框架和策略。实验设计有时会在很大程度上影响着实验的效果，因此，在实验之前做好实验设计是很有必要的，主要从实验变量、实验准备两方面来阐述。

（一）实验时间

2015 年 9 月开始，截至 2022 年 2 月，实验仍在进行中。

（二）研究对象

选取任课教师所教的两个高一年级平行班，一个为实验班，一个为对照班。高一年级第二学期结束文理科分班后，选取任课教师所教的两个高二年级文科平行班，一个为实验班，一个为对照班。高二学年结束后，对升入高三的实验班继续实验跟踪。

（三）实验变量

在教学实验中，对实验变量进行如下分类：

1. 自变量

本实验的自变量是教师在课堂教学中应用的教学模式。实验班使用翻转课堂教学模式及其教学策略进行教学；对照班则使用传统课堂教学模式教学。

2. 因变量

因变量是本实验中所需研究的因素，受自变量影响，如学生学习思想政治课的兴趣、合作意识、学习主体性、努力学习的程度、成绩。

3. 无关变量的控制

学生方面：实验班和对照班的学生年龄、智力水平、男女比例、学业成绩均接近。

教师方面：两个班的任课教师相同。

上课时间：课时相同。高一年级第一学期每个班每周均为 2 个课时，第二学期每个班每周均为 3 个课时；高二年级每个班每周均为 4 个课时；高三年级每个班每周均为 5 个课时。各班每周均有一天晚自习，可进行学生辅导。

教材教辅：实验班和对照班使用相同的教材、教辅和测试方式。

（四）测量工具

1. 成绩测量卷

2015 年 9 月—2018 年 6 月为第一轮实验（高一至高三，共五次成绩测量），2018 年 9 月—2019 年 6 月任教高三（上学期期末广州市调研考、下学期高考）。

第一次前测试卷：2015 年 9 月高一新生入学前广州市中考政治试题。

第一次后测试卷：2015—2016 学年第一学期期末考试（市联考）高一政治试题。

第二次后测试卷：2015—2016 学年第二学期期末考试（市联考）高一政治试题。

高一结束时，学生进行文理分科。教学实验在高二、高三文科平行班继续开展，选取一个实验班和一个对照班。

第二次前测试卷：2016—2017 学年第一学期期中考试学校政治试题。

第三次后测试卷：2016—2017 学年第一学期期末考试（市联考）高二政治试题。

第四次后测试卷：2016—2017 学年第二学期期末考试（市联考）高二政治试题。

第五次后测试卷：2017—2018 学年第一学期期末考试（市联考）高三政治试题（2017—2018 学年第二学期文综合卷，没有高考思想政治单科成绩）。

2019 年 9 月—2022 年 6 月是第二轮实验（截至 2022 年 3 月，高一至高三共五次成绩测量）。

2. 调查问卷

2016 年 9 月、2017 年 7 月在实验班发放问卷进行不记名式问卷调查，了解新教学模式的实施效果。

三、实验假设

本实验研究是想通过实施信息技术与思想政治教学融合的生态课堂翻转

模式课堂教学,激发学生的学习兴趣,培养学生的合作交流能力,促进学生的学习主体性,从而提高学生的成绩。

研究的最终评价主要从学生成绩的综合素养、学业成绩和调查等方面进行。

(1) 综合素养包括学生的学习兴趣、学习意志、语言表达、文字表达、创造能力等。

(2) 学生成绩针对的是期末检测成绩,包括对照班和实验班成绩的平均分、及格率、优秀率对比和分析。

(3) 调查主要利用问卷分析进行效果评价。

四、实验过程

在实施本实验之前,应先设计出实验流程(如图5-8所示),按部就班地实施实验以方便后续实验的进行。

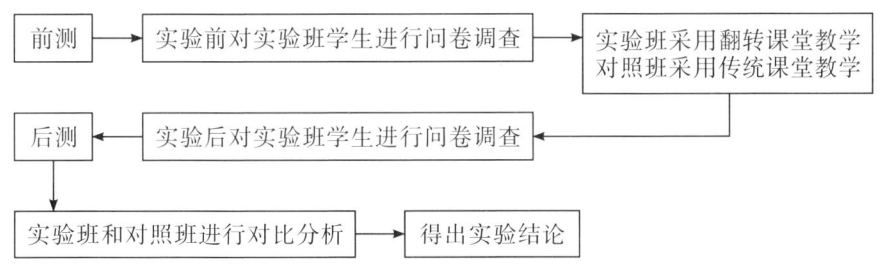

图5-8 实验实施流程图

在实验实施前,先对实验班学生的学习兴趣、小组合作意识、学习主体性等方面进行问卷调查,以掌握实验对象的基本情况,同时也为实验实施做好充分的准备。以高一(A)班作为实验班,采用翻转课堂教学模式教学;以高一(B)班作为对照班,使用传统课堂教学模式。在实验了第一个学期后,针对传统课堂教学和翻转课堂教学的差异对比,结合学生对实施翻转课堂教学的建议,实验组教师相应地做出了教学调整。高一结束时,学生进行文理分科。教学实验在高二、高三文科平行班继续开展,选取高二(A)班、高三(A)班作为实验班,高二(C)班、高三(C)班作为对照班。

高一年级实验教学结束后,针对第一次前测和学生的实际情况,使用实验前的问卷再次进行调查,获得对比数据。第一次、第二次后测完成后,将实验组和对照组的前后测相关数据进行对比分析。高一结束时,以分科后的文科班成绩作为第二次前测成绩,经过第三次、第四次、第五次后测,最终

获得第一轮实验结论。

五、实验结果及分析

2016年9月、2017年7月，在实验班发放问卷进行不记名式问卷调查，通过对调查结果进行比较分析发现：

1. 学生的学习兴趣、课堂满意度提高

学生的政治学科学习兴趣有所提高。前测统计中，对政治学科感兴趣的学生占比22.52%；后测统计中，很感兴趣的学生占比30.66%，上升8.14%。

学生对信息技术整合课满意度有较大提升。前后测对比结果显示，满意的学生占比提高14.79%，一般满意的学生占比下降7.68%，不满意的学生占比下降7.29%。说明不少学生由不满意转为满意或一般，达到基本满意，且基本满意率超过七成（74.23%）。

2. 学生的学习效果明显增强

从基础知识掌握、自主学习能力、分析解决问题能力以及自身的长远发展方面对学习效果进行调查，结果如下：

17.8%的学生表示，这种教学模式对基础知识的掌握非常有帮助，77.6%的学生表示有帮助；19.6%的学生表示该教学模式对自己的自主学习能力提升非常有帮助，78%的学生表示有帮助；20.3%的学生认为该教学模式对他们分析解决问题的能力非常有帮助，75.9%的学生表示有帮助；21.8%的学生认为该教学模式对他们自身的长远发展非常有帮助，76.9%的学生表示有帮助。具体数据如表5-2所示。

表5-2 学习效果调查情况

项目	非常有帮助	有帮助	几乎没帮助
基础知识掌握	17.8%	77.6%	4.6%
自主学习能力	19.6%	78.0%	2.4%
分析解决问题能力	20.3%	75.9%	3.8%
自身的长远发展	21.8%	76.9%	1.3%

3. 学校的教学质量明显提升

实验班学生联考成绩明显高于对照班。实验班与对照班2015年秋季入学（第一次前测成绩）和 2015—2016 学年度第二学期期末成绩统计分析如表 5 - 3 所示。

表 5 - 3　高一（A）班与高一（B）班政治成绩比较（$N=104$）

班别	人数	平均分 X（入学）	平均分 Y（期末）（第二次后测）
高一（A）班（实验班）	52	73.40	73.25
高一（B）班（对照班）	52	70.17	60.89
高一年级	630	71.15	65.13

从上表可以看出，入学时实验班高一（A）班与对照班高一（B）班的平均分差异不明显，学生基础与发展程度相当。而经过一学年的时间，对照效果明显，采用信息技术融合课教学效果优于传统课堂教学。

高一结束学生文理分班后，在文科平行班继续开展教学实验。以分班成绩作为第二次前测成绩。实验班与对照班 2016 年秋季（第二次前测成绩）和 2016—2017 学年度第二学期期末成绩统计分析如表 5 - 4 所示。

表 5 - 4　高二（A）班与高二（C）班政治成绩比较（$N=107$）

班别	人数	平均分 X（分班）	平均分 Y（期末）（第四次后测）
高二（A）班（实验班）	53	75.24	60.37
高二（C）班（对照班）	54	70.18	47.13
高二年级	322	65.13	52.50

实验班与对照班 2016—2017 学年度第二学期期末成绩（高二）和 2017—2018 学年第一学期期末考试市联考（高三）统计分析如表 5 - 5 所示。

表 5 - 5　高三（A）班与高三（C）班政治成绩比较（$N=107$）

班别	人数	平均分 X（高二期末）	平均分 Y（第五次后测）
高三（A）班（实验班）	53	60.37	63.10
高三（C）班（对照班）	54	47.13	53.95
全年级	322	52.50	56.30

从上表可以看出，实验班高二（A）班与对照班高二（C）的分班平均分差异不明显。经过一学年的时间，对照效果比较明显。到了高三总复习之后，对照效果非常明显。

新一轮的实验在 2018 年 9 月继续实施。因学校工作安排，笔者任教高三（D）班（实验班）和高三（E）班（对照班）。高三第一学期期末广州市调研考，实验班平均分为 58.8 分，比对照班的平均分 55.4 分高 3.4 分。高三第二学期，实验班 40 人参加高考（高考文综合卷没有思想政治单科成绩），24 人上本科线，本科率 60%，对照班 19 人上本科线，本科率 47.5%。

2019 年 9 月开始，笔者任教高一年级。2020 年 1 月，高一第一学期期末广州市联考，笔者任教的实验班高一（F）班平均分 73.39 分，比对照班高一（G）班平均分 70.53 分高 2.86 分。随后因疫情改为线上授课，2020 年 5 月复课后重新分班，2020 年 7 月，高一第二学期期末广州市联考，笔者任教的实验班高一（H）班平均分 80.07 分，比对照班高一（I）班平均分 74.94 分高 5.13 分。

2021 年 1 月，高二第一学期期末广州市联考，实验班高二（H）班平均分 81.2 分，优秀率 61.90%，优良率 88.1%，合格率 100%；对照班高二（I）班平均分 75.88 分，优秀率 31.43%，优良率 74.29%，合格率 91.43%。实验班成绩高于对照班 5.32 分，优秀率、优良率、合格率均高于对照班。

2021 年 7 月，高二第二学期期末广州市联考，实验班高二（H）班平均分 77.88 分，优秀率 6.98%，优良率 46.51%，合格率 86.05%；对照班高二（I）班平均分 64.89 分，优秀率 0%，优良率 10.53%，合格率 52.63%。实验班平均分、优秀率、优良率、合格率均比对照班高。

2021 年 8 月，笔者任教高三（J）班。2021 年 12 月，广州市高三调研考试，实验班高三（J）班平均分 76.98 分，优秀率 28.89%，优良率 88.89%，合格率 97.78%；对照班高三（I）班平均分 71.70，优秀率 21.62%，优良率 62.16%，合格率 81.08%。实验班平均分、优秀率、优良率、合格率均比对照班高。

从 2015 年 9 月至 2021 年 12 月这 6 年半，教学实验的 11 次广州市期末终结性考试成绩和高考成绩（没有政治单科成绩）来看，信息技术与高中思想政治教学融合的实验研究能提高学生思想政治学科学习兴趣，提升教学质量。

4. 学生的思想政治学科素养增强

表 5-6 学生获奖情况

序号	项目名称	获奖等级	指导教师	时间
1	2015 年广州市中学生法律知识竞赛	市级二等奖	骆霞	2015 年 5 月
2	2016 年广州市从化区中学生时事政策学习评价活动	区级一等奖	邓燕燕	2016 年 5 月
3	2016 年广州市中学生时事政策学习评价活动	市级二等奖	骆霞	2016 年 6 月
4	2017 年广州市高中思想政治社会实践成果（小论文）评选	市级一等奖	曾燕	2017 年 5 月
5	2017 年广州市中学生法律知识竞赛	市级一等奖	罗莉莉	2017 年 5 月
6	2017 年广州市黄埔区"学宪法讲宪法"演讲比赛	区级一等奖	曾燕	2018 年 5 月
7	2019 年广州市高中思想政治社会实践成果（小论文）评选	市级二等奖	陈素兰	2019 年 3 月
8	2020 年广州市中小学生"学宪法讲宪法"法治知识竞赛和演讲比赛	广州市优秀奖	李婉健	2020 年 9 月
9	2021 年广州市白云区中学生革命文化与思政课深入融合小论文评比	区级二等奖	骆霞	2021 年 12 月

5. 学生的综合素养全面提高[①]

教学实验开展了一年后，2016 年 9 月，在广州市第八十中学、广州市第八十六中学、广州市从化区第六中学（现更名为广州市从化区流溪中学）、广州市从化区第五中学的实验班发放调查问卷 253 张，收回有效问卷 246 张。经过数据分析，结果如表 5-7 所示。

表 5-7 问卷调查情况

项目	选项 A（提高）		选项 B（变化不明显）		选项 C（降低）	
	人数	百分比/%	人数	百分比/%	人数	百分比/%
学习兴趣	212	86.4	34	13.6	0	0

---

① 骆霞. 描绘政治课堂的"微笑曲线"，提高课堂附加值 [J]. 思想政治课研究，2017（2）：71-75.

(续上表)

项目	选项A（提高）		选项B（变化不明显）		选项C（降低）	
	人数	百分比/%	人数	百分比/%	人数	百分比/%
学习意志	215	87.5	31	12.5	0	0
收集资料	205	83.4	39	16	2	0.6
课堂发言	209	85.1	34	14.1	3	0.8
探究活动	217	88.3	27	11.1	2	0.6
合作学习	213	86.9	30	12.2	3	0.9
创造能力	205	83.7	37	15.2	4	1.1
文字表达	218	88.8	26	10.6	2	0.6
学习成绩	201	82.1	42	17.1	3	0.7
综合能力	216	88.1	28	11.4	2	0.5

六、实验结论

实践证明，信息技术与高中思想政治教学融合的生态课堂教学模式对于提高学习兴趣、改善学习效果、提升学习成绩以及增强综合素养、学科素养等方面具有积极的促进作用，达到了预期的研究目标，印证了该教学模式具备的独特优势。

（一）从理论上审视，这一教学模式是科学的

教学论的观点认为，科学完整的教学模式一般应由理论依据、达成目标、操作条件、活动程序和评价方式五个基本因素构成。信息技术与高中思想政治教学融合的生态课堂教学模式以生态教育、多元智能、主体性教育等理论为指导，以构建"阳光、开放、向上、平等、民主、和谐"的课堂、激发学生的潜能为目标，以组建研究型管理机构、组建学习小组、实施学案和信息技术融合教学为操作条件，以独学、对学、群学、反馈为主要活动程序，以捆绑式评价、星级评价等为主要评价方式。可见，这一教学模式从教学论的角度来看，具备了以上五个基本因素，是科学的、符合教学规律的教学模式。

信息技术与高中思想政治教学融合的生态课堂教学模式以独学为前提，以生命合作活动为宗旨，把讨论、展示、反馈作为常规化的教学策略，以教师

"点化"学生的知识、思想、思维和精神生命为教学核心过程，以生生之间、师生之间在生态课堂环境中相互依存、相互促进、共同提升生命质量为目标，展现了新课程改革背景下的课堂教学效益和生命质量整体提升的美好愿景。

（二）从实践中总结：这一教学模式是有效的

（1）将信息技术与生态课堂、翻转课堂、深度学习有机结合。本课题研究将信息技术与生态课堂、翻转课堂、深度学习进行了有机结合，在实施过程中，巧妙地将在线学习与面对面学习、基础知识与实践技能的学习、知识的应用与迁移有机地结合在一起。

（2）通过教育云平台为学生构建良好的协作交流环境。本课题研究使用"慧学君"教学云平台，为学生创设了自主学习环境，构建了个性化的学习交流平台，促进学生实时的交流与协作。

（3）落实"自主、合作、探究"，将"讲堂"变成"学堂"。对教学活动的全过程进行线性的、伸展性的考察，就会发现，教学活动是沿着"教学理念（教师的教学理念）→教学准备（教师编写多媒体学案，学生课前根据学案指引独学，收集问题；教师进行学情调查）→教学实施（对学、群学、展示）→教学效果（课堂检测）→教学评价（学生评价，教师个人反思）"这样的轨迹发展的。在这样的活动中，"教学理念"是先导，它在很大程度上影响教师的教学准备行为、教学实施行为和对教学效果进行评价的行为。"把课堂还给学生"的教学理念旨在尊重学生的主体地位，通过落实学生的"自主、合作、探究"，将"讲堂"变成学生学习的"学堂"。

第五节 "学、议、展、导、用"翻转课堂的价值追求

莫道耕耘苦，花开满园新。"生态教育""生态课堂""学案导学""信息技术与高中思想政治教学融合的生态课堂教学模式""生态课堂翻转实践"，为我们预设了一个有别于传统的课堂教学环境，力图改变课堂教学系统四要素（教师、学生、教学内容和教学媒体）的地位和作用，凸显"以学生为中心"的教学理念，实现教学方式和课堂教学结构的变革，构建数字化环境下"以学生为中心、以学习为主线、教师提供学习支架"的课堂教学结构。在这个全新的环境中成就了教师，成长了学生，发展了学校，赢得了社会的赞誉。

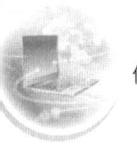

一、转变了教育观念，营造了生态教育氛围

长期以来，高中思想政治教学在高考指挥棒的指引下注重对学生的知识灌输，忽视了对学生实践生活能力的培养。死记硬背的学习方式扼制了学生学习的积极性和主动性，不利于学生创新精神的培养，降低了学生学习兴趣和学习效率，忽视了学生的精神生活。参与本课题研究的教师通过学习、培训与实践，转变旧的教育观念，树立起新的教育教学观念，重视全体学生的发展、学生的全面发展、学生的终身可持续发展；树立起重视学生发展差异性的观念，尊重学生的个性，以学生发展为本，培养学生自主学习能力、合作学习能力、可持续发展的能力、创新实践能力，营造了生态化的教育氛围。

二、转变了教学方式，展现了课堂生态活力

"先学后教、以学定教，自主、合作、探究"的教学理念从主要依靠"教"的教育教学转变为主要依靠学生"学"的教育教学，教与学的方式发生重大转变。教师在课堂上注重点拨引导、关注全体，加强与学生交流，引导学生自主探究、独立思考、合作交流和实践操作，充分发挥学生的自主性、能动性和创造性，形成民主、平等、和谐、互动的师生关系和教学氛围；以学生的"学"为主线，关注学生的自主学习与合作探究，及时反馈学生的学习情况，实现了学生的自主学习；构建了以教师为主导、以学生为主体、以问题为主轴、以训练为主线、以思维为主攻的新型师生关系，展现了课堂生态活力。

示范性普通高中初期督导验收组在广州大同中学听了课题组教师的课后，评估专家认为：这样的课堂体现了"自主、合作、探究"的教学方式，课堂上相信学生、解放学生、依靠学生、发展学生，把课堂还给学生，把学习的权利还给学生，把管理的权利还给学生。

三、释放了生命活力，激发了学生潜能发展

把学习的权利还给了学生。第一，学生主体地位的确立，增强了学生的主动参与意识。第二，培养了学生良好的自主学习习惯。第三，促进了学生思维水平的提高，能充分发挥小组每个人的聪明才智，从多层次、多角度思考问题，发展了学生思维的独特性、创造性。第四，学生的人格素养得到提

升,在师生交往、生生对话、生本对话过程中,强化了师生之间、生生之间、人本之间的情感交流,丰富了学生的情感体验,培养了学生良好的情操。让每个学生在自主课堂尝试成功、感受快乐、激活思维、释放潜能,成为学习的主人,把课堂的学习权还给学生,把学生的发展权还给学生,把学生的话语权还给学生,包括对知识的解释权、对问题的质疑权、对自我以及同伴的评价权等,让学生学会学习、学会交流讨论,在平等、宽松、和谐的氛围中成长,培养学生自我教育、自我管理和自主学习的能力,使学生的个性得到张扬、才华得以施展,组织能力和表达能力大大提高。

"生态课堂"注重生命的陶冶和发展,使教学内容贴近人心、贴近心灵、贴近生活,让知识充满生命色彩和生活情态。教师把教学提升到生命的高度,使教学过程成为发现生命、激活生命、超越生命、享受生命的过程,成为自我发展、自我升华的过程。学生在课堂上体验的是课程带给他(她)的幸福的生命体验。课堂要教给学生的,不仅仅是知识,更为重要的是为学生的生命之塔奠基,全面塑造学生的心灵、精神和品格。

四、提高了教学成绩,实现了教师专业化发展

教师的专业化发展就是教师不断寻求自身专业化成熟与发展的过程。除了广泛吸收先进的教育理念、教改信息和教学经验,并内化形成自己的教学境界之外,教师还应该关注课堂内部活动、学生是否得到发展、课堂的实效。在这个过程中,教师的专业化发展成为一种自觉的行为。

教学工作是教师的中心工作,教学方法的优劣、教学策略的高下直接决定着教学成效的高低。信息技术与高中思想政治教学融合的生态课堂教学模式对教师的教学技能提出了更高的要求:教师教学不再是"一言堂",教师是课堂的引导者,具有对课堂氛围与进程的掌控能力,对学生发散性观点进行捕捉总结概括的能力,对学科知识体系灵活娴熟运用的能力,对生活实践、时事政治等问题与学科原理相联系和解读的能力等。这些都将促进教师不断提升自我与可持续性发展。

笔者在开展系列课题研究和教学实验的十余年间,课堂效益高,任教成绩优异,专业不断发展,取得了突出成绩。笔者多次获得广州市高考突出贡献奖(2010年、2011年、2012年、2014年)、广州市白云区政府授予政府嘉奖(2011年),以及广州市优秀思想政治教师(2013年)、广州市十佳青年政治教师(2014年)、广州市白云区创新能手(2014年)、广州市白云区骨干教师(2017年)、广州市优秀学校思想政治理论课教师(2019年)等荣誉称号。2014年被遴选为广州市"百千万人才工程"第二批名教师培养

对象，2019 年 7 月期满考核评定为"优秀"。2019 年 12 月被遴选为广州市"百千万人才工程"第四批教育专家培养对象。2020 年 9 月被聘为广州市白云区第十一届教研会秘书长。2021 年 9 月，被评定为广州市名教师工作室主持人，被聘为广州市第十六届中学政治教研会理事。

  其他课题组成员也在课题研究的过程中，获得专业成长方面的快速发展。如李辉云老师 2014 年被遴选为广州市"百千万人才工程"第二批名教师培养对象，2019 年被认定为"优秀"学员，2021 年 9 月被评定为广州市名教师工作室主持人；曾燕老师被授予广州市优秀学校思想政治理论课教师（2019 年）等荣誉称号，2019 年 12 月被遴选为广州市"百千万人才工程"第四批名教师培养对象；罗莉莉老师 2017 年被认定为广州市第三批骨干教师；陈素兰老师被聘为广州市白云区第十届教研会理事、广州市政治中心组成员，被认定为白云区骨干教师，获广州市优秀学校思想政治理论课教师荣誉称号（2021 年）；蔡曼娜老师被聘为广州市高考研究组、广州市政治中心组成员；何婉莲、李婉健老师被聘为广州市、白云区政治中心组成员，被评为白云区十佳青年政治教师、白云区教坛新秀；等等。

第六章

信息技术与高中思想政治教学融合的生态课堂应用模式

> 未来将属于两种人：思想的人和劳动的人。实际上这两种人是一种人，因为思想也是劳动。
>
> ——雨果

我们在探索新型教学模式以推动信息技术与教育教学实践的深度融合中，创建了基于学情的多种应用模式，构建数据互联融通的个性化教学环境，依托学生学习过程数据提高学生综合素质评价的精准性，提升师生的信息素养。

第一节 情境探究模式

当前信息技术和思想政治教学融合最常用的教学模式是课堂多媒体教学环境的情境探究模式，把信息技术作为教师教学的辅助工具（通常在不需要使用智能教学平台时使用）。该模式中，教师通过多媒体演示平台创设情境，设计探究问题，展示形象而生动的多媒体课件，为学生提供丰富而形象的素材，帮助学生理解和掌握概念、原理和观点，推动学生的思维发展，提高学生的学习效率。

多媒体教学环境的情境探究模式（如图6-1所示）[①] 得到广泛应用的

[①] 李克东. 信息技术与课程整合的目标和方法 [J]. 中小学信息技术教育，2002 (4)：24. 有改动。

原因有以下几点：该模式对硬件要求不高，只需最基本的电脑和投影设备即可展开教学；相关素材搜索快捷，受惠于信息技术的高速发展，只要有网络，教师就可以非常便利地下载课件和相关资源；该模式易于组织和实施，这种教学模式依然"以教师为中心"，教师可以根据自己的需要进行多媒体演示，因此它与传统教学手段之间有着很好的兼容性。

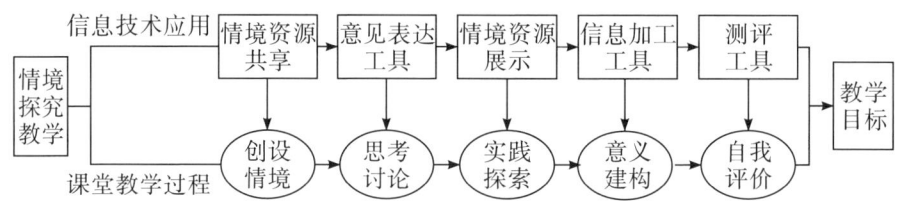

图6-1　情境探究模式

从信息技术与高中思想政治教学融合视野中的信息技术视角考量，多媒体课件属于"物化形态的技术"范畴，而"人"的因素与"智能形态的技术"相关，这两者共同构成了多媒体情境探究模式教学的技术逻辑。思政课教师必须了解、熟悉"物化形态的技术"的特点和功能，具有择优运用"物化形态的技术"的能力和水平，这种能力和水平主要反映在对计算机（硬件系统）、多媒体课件（软件系统）及其运行平台的操控方面。

如图6-1可见，信息技术与情境探究教学整合是潜件（教学观念等潜在的教师素质及教学过程中的潜在影响因素）、软件（课件、积件和网络）及硬件（计算机设备等）三者的有机结合。信息技术作为工具和手段渗透到课程教学过程中。信息技术在教学过程中起着情境资源共享、意见表达工具、情境资源展示、信息加工工具和测评工具的作用，与此对应的是在情境探究教学过程中的创设情境、思考讨论、实践探索、意义建构和自我评价。这种教学模式实现教师的"教"和学生的"学"的和谐统一，是一种自我导向的学习系统，实现"交互学习"和"发现学习"。

多媒体教学是通过以计算机为核心的信息技术对文字、数据、图形、图像、动画、声音等多种媒体手段进行综合处理和管理，使学生可以通过多种感官接受学习对象和内容。基于多媒体教学环境的情境探究模式中，教师在传授学生知识的同时，也教会学生主动使用信息技术发现、分析信息。在该模式下，教师仍旧在教室中进行授课，粉笔、黑板与多媒体网络资源都可以为教师所用。该模式突出了电脑等多媒体技术手段在思想政治课教学中的作用。

一、情境探究模式：新课教学

新课教学课例设计：《经济与社会》第三课第二框"建设现代化经济体系"。

（一）创设情境

教师课前布置学生阅读党的十九大报告，思考党的十九大报告为什么指出解决当前工作不足和困难最重要的任务是建设现代化经济体系。查找 2020 年 7 月 21 日习近平总书记在企业家座谈会上的讲话资料，思考如何建设现代化经济体系，并制作多媒体演示文稿。教师挑选部分学生的演示文稿向全班展示。多媒体起情境资源共享的作用。

（二）思考讨论

教师展示系列数据统计图，突破"推动经济高质量发展"这一教学重点。

展示我国消费、投资和进出口对 GDP 增长贡献率，思考：当前的投资需求和出口需求存在什么问题，怎么办？

展示我国劳动、资本以及自然资源的利用情况，思考：我国在劳动、资本以及自然资源的利用方面存在什么问题，怎么办？

展示我国产业结构对经济的贡献率，思考：我国产业结构对经济的贡献率方面存在什么问题，怎么办？

学生讨论整理思路，教师利用多媒体展示学生的答案。多媒体起意见表达工具的作用。

（三）实践探索

对课前布置的任务"如何建设现代化经济体系"，有的学生在互联网上搜索习近平总书记在企业家座谈会上的讲话资料进行总结："我们要增强信心、迎难而上，努力把疫情造成的损失补回来，争取全年经济发展好成绩。"经济复苏战是中国的生死战，中国实现高质量发展，首先就要大力发展实体经济，做大做强制造业。有的学生说："企业是市场经济的主体，是 GDP 的创造者，没有大批的世界一流企业作为国家经济的支柱，国家的实力就无从谈起。要建设众多的世界一流企业。"有的学生认为"实施新开放举措，不断提升开放型经济发展水平，发挥服务业扩大开放综合试点与自由贸易试验区政策叠加优势，搭建更高水平开放平台，着力构建具有中国特点的开放型经济新体制"。有的学生引述 2020 年 8 月 24 日人民日报社论《把做实做强做优实体经济作为主攻方向》，阐述实体经济的作用"是一国经济的立身之

本、财富之源。不论发展到什么时候,实体经济都是我们在国际经济竞争中赢得主动的根基"。学生把在互联网收集到的习近平总书记在安徽考察时发表的讲话的视频在课堂上播放:"要深刻把握发展的阶段性新特征新要求,坚持把做实做强做优实体经济作为主攻方向,一手抓传统产业转型升级,一手抓战略性新兴产业发展壮大,推动制造业加速向数字化、网络化、智能化发展,提高产业链供应链稳定性和现代化水平。"这对学生深刻了解国家政策有非常大的积极作用。学生在查找资料过程中相互交换信息,交流自己的看法。多媒体起情境资源展示的作用。

(四)意义建构

通过探究和讨论,学生找到了问题的答案。学生认为"'一带一路'建设、京津冀协同发展、长江经济带发展、粤港澳大湾区建设都能推动国家重大区域融合发展,能够推动经济高质量发展"。教师把学生推向新的探索层次:国家区域协调发展新机制的三个目标(到2020年建立与全面建成小康社会相适应的区域协调发展机制、到2035年建立与基本实现现代化相适应的区域协调发展新机制、到21世纪中叶建立与全面建成社会主义现代化强国相适应的区域协调发展新机制)对我国实施区域协调发展战略有什么启发?引导学生总结归纳。多媒体起信息加工的作用。

(五)自我评价

新课学习结束,运用多媒体投影习题巩固新知,学生思考后得出答案,进行自我评价。多媒体起测评工具的作用。

二、情境探究模式:"命题+讲题"模式

在高三毕业班教学中,教师在主观题命题时换一种问法,有的学生作答就抓不住主旨,甚至离题万里,得分较低。课题组成员之一的广州市第八十六中学曾燕老师在课堂上推广学生"命题+讲题"模式,致力于提高高三教学的实效。①

"命题+讲题"模式的教学理念是:发挥学生在知识调度中的决定性作用,教师简政放权,进行科学的宏观调控,厘清教师和学生的关系。在贯彻落实核心素养目标下,教师要创新教学管理方式,充分利用学生的主体作用。

---

① 曾燕. 命题精益求精,讲题入木三分:学生"命题+讲题"模式在高三政治复习备考中的实践与思考[J]. 课程教育研究,2017(31):78-79. 有删减和改动。

(一)前一天分发学案,独学、对学、群学

教师在复习备考时注意搜集重大时政热点,编辑成与教材联系比较密切的时政材料供学生阅读,让学生尝试根据材料和问题作答。教师将问题分给各小组。各小组所有成员独立完成学案后,需互换学案赏析,讨论出全面的答案。有疑问的,由组长与教师沟通,确定最后的展示方案。上课前在小组内部进行任务分工。

(二)课前板书,呈现问题、思路、关键词

课前按分配的任务,小组指派代表在黑板上书写所负责材料的设问和答案,呈现思路、关键词,并用不同颜色的笔标注以便区分。

(三)课堂展示,说思路、答案,接受质疑

课堂展示时,小组指派一名成员板书,其他成员站在黑板前大声说出对材料的理解、分值的设定、命题的角度、答题的逻辑(如图6-2所示)。要求说的内容与板书内容同步,说到哪,指到哪。其他小组如果对答案有疑问,可马上站起发问(如图6-3所示)。展示的学生如果不能作答,可由本小组其他成员代为回答,如果本小组所有成员都无法答疑,可以由发问学生自问自答。质疑发问的学生不限一名,可轮换多组,有疑问的直接发问。教师把握好课堂时间。

图6-2 学生课堂展示

图6-3 学生课堂质疑

（四）教师补充、点评、提升总结

学生展示的问题和答案总有不尽如人意的地方。待负责讲解的小组轮流完成对同一类材料、同一模块的设问后，教师将所有问题累积进行点评，既要指出小组代表在展示中解读、获取信息的可贵之处，又要指出和分析现象背后思路的不足。在点评之后还要引导学生思考如何破解同一类问题，适当地把时政热点名词渗透进课堂。

学生说题，能培养学生解题的思维习惯、思维品质，提高学生的解题能力，让学生养成"说题、想题、做题、反思"的学习习惯。经过高三第一、第二轮复习备考的实践，"命题+讲题"模式已经完成了对所有模块的微观或宏观的扫描，学生获取、解读、调用和运用知识分析和解决问题的能力均有提升，学生成绩的进步说明本模式成效明显。

第二节　项目式学习模式

项目式学习（project-based learning，PBL）是学习者通过项目合作，在学习过程的体验中解决现实问题、难题或挑战，强调以用促学、在用中学，掌握知识、技能，提升核心素养的学习方式。

基于课外活动的"资源利用—主题探究—合作学习"项目式学习模式[①]（如图6-4所示），把信息技术作为学生学习的认知工具。要求教师熟练运用计算机进行网络课件制作，综合运用视频、音频、动画、图像、文字等多媒体教学手段，将多媒体课件上传到网络资源上，供学生浏览共享。教师明确任务驱动教学，通过围绕某一主题，设置若干探究任务或者问题，将学生分成若干个小组；学生以小组成员的身份参与学习，从网站资源、课件资源和素材资源中提取有用的资源，共同讨论问题，或进行角色扮演、辩论；最后教师发布各个小组针对问题形成的解决方案作品。各小组之间可以就不同小组的解决措施相互评价，并提出改进意见。

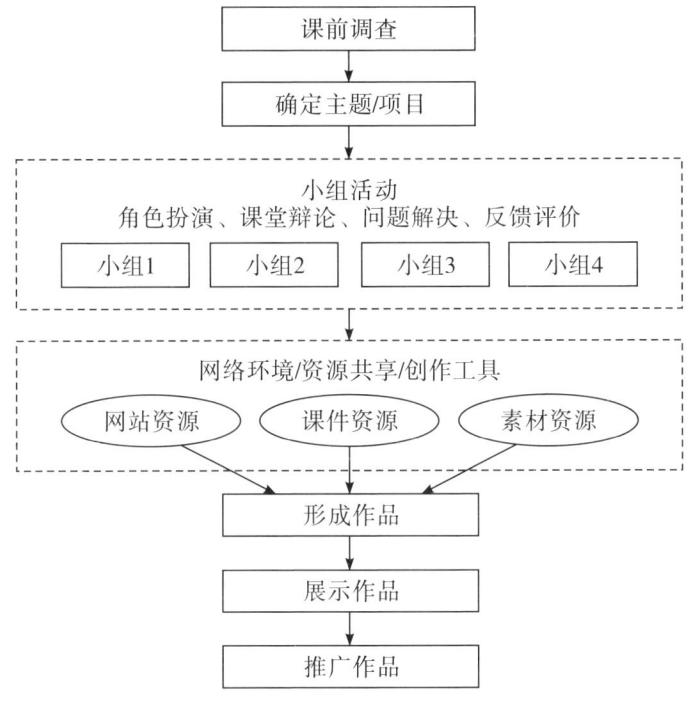

图6-4 项目式学习模式

例如：《经济和社会》的综合探究课《践行社会责任 促进社会进步》[②]，设置了"做好就业与自主创业的准备"的项目学习主题。操作步骤和基本环节设计如下：

---

① 李克东. 信息技术与课程整合的目标和方法［J］. 中小学信息技术教育，2002（4）：25. 有改动。

② 骆霞. 思想政治综合探究课教学实践与反思［J］. 广州教学研究，2011（10）：34-37. 有删减和改动。

一、课前调查

教师制作课件上传到网络,供学生浏览。课件中提示"做好就业与自主创业的准备"项目式学习的目标:了解就业前景和就业、自主创业所需的基本素质,掌握就业常识和求职技巧,培养树立正确的就业观和积极的创业观。通过探究和思维活动,深化、整合、拓展本单元的重点知识,培养综合运用知识,参与经济实践的能力。教师课前做好常规培训,指导学生成立小组,明确任务,操作路径,创设情境。赋予学生问题解决者的角色,这样,学生就能投入到问题情境中去,做好课前调查。比如学生要模拟招聘现场会,只有课前对角色进行了解,才能扮演好"业主"和"物业管理公司"等角色。

教师引导学生弄清楚需要解决什么问题,让学生明确自己已经知道些什么,要解决该问题还需要具备哪些知识和信息,这有助于激发学生学习新知识、收集新信息的动力。最后把已学的书本知识、需要学习的知识、需要收集的信息和对该问题的结论和看法等内容填入教师设计的知识清单(见表6-1)。

表6-1 知识清单

已学的书本知识	需要了解的信息	结论和看法
企业与劳动者; 公司的经营; 投资与融资; 就业的意义; 树立正确的就业观; 劳动者依法享有的权利;劳动者依法维权的途径	当前就业形势、就业政策、就业信息; 求职技巧及其实例; 教师、医生、律师等职业所应具备的素质; 自主创业需要具备的创业素质、创业能力	就业形势严峻,特别是刚毕业的高中生、大学生; 医生、律师、IT等职业较热门,要求具备的素质都比较高; 自主创业应当具备的良好个人素质包括:有强烈的职业意识、谦虚,善于听取他人意见,对自己有信心、有非常强的领导力和执行力等

教师指导学生收集和共享资源。教师在活动开展之前,引导学生收集准备资料。学习小组共同讨论解决眼前的问题需要收集哪些资料、学习哪些知识,然后各小组成员按照自己所负责的任务,通过各种途径,如查阅书籍、登录相关网站、走访相关人员等,收集与主题相关的信息。当小组成员认为自己已收集到足以回答或解决问题的信息时,开始对所收集到的资料进行筛选、归类、整理、分析,进行组内交流沟通。因为各小组的任务不同,所以,把这些资料进行共享,不仅可以使学生提高分析能力,而且还能够使学

生体验到团体智慧、合作学习的快乐。

充分利用现有的资源做好资料的收集准备工作，为学生收集资料提供必要的支持，这是项目式学习的重要环节。教师的指导作用非常重要，教师要指导学生掌握调查方案的制定方法，收集、筛选信息的方法，如何收集足够的资料和有效地处理收集到的资料。

在实际操作中，我们可以看到学生的调查方案一般由调查主题、调查时间、调查目的、调查对象、调查形式、调查内容和调查结果分析等部分构成。教师要注意提醒学生：确定调查的主题应简洁明快，对人具有启发性。如以"你们需要怎样的员工"作为调查主题。同时要明确调查对象、目的、形式等。不同调查主题具有不同的具体调查对象、目的和形式。如这次调查目的是为将来就业或自主创业做好准备；调查对象为企事业单位或创业成功（或失败）人士；调查形式可以是开调查会、口头调查、书面问卷调查、访问、谈话、观察、查找资料等。调查的问题要根据调查的主题进行设计。如"你认为员工的哪种素质最重要？""你对员工的学历有什么要求？""你如何看待大学生自主创业？"等。学生到社会上去做调查、访谈企事业和机关单位的人事部门或领导，自己设计提问内容，自己邀约访问对象，自己拍录访问过程，自己整理拍录的内容与统计数据，这一过程充分锻炼了学生自主探究和合作探究的能力。

二、确定项目

在课前做好了充分的准备之后，各小组确定研究的项目。教师把学生填好的项目学习单收上来检查，了解学生的学情和活动的设计方案，做好诊断引导和问题的界定，指导好学生活动的实施和开展。

三、小组活动

小组活动通过小组合作来实现。学习小组作为一个学习共同体，要求小组成员明确学习目标、要解决什么问题、要达到什么样的效果。组长负责分工，每个成员有自己承担的责任和角色，如谁负责组织、谁负责记录、谁负责查资料、谁进行调查访谈。小组成员要清楚各自所承担的责任和义务，以此来增强合作意识和责任感。在实际操作中，把全班按兴趣分为择业组、自主创业组、招聘组、应聘组和模拟情境组，各组按照自己的需要去调查访问、查找资料、组织活动，在课堂上模拟招聘，在民主、开放、和谐的课堂氛围中拓展职业观念、求职技巧、创业素质和创业能力等新知识，了解、掌握就业常识和求职技巧。

四、形成、展示、推广作品

在展示成果之前,教师要注意观察和了解学生的情况,做好过程性评价,监督和督促学生,及时对学生的行为做出表扬、鼓励或制止、批评,引导学生初步形成作品。

引导学生回顾他们之前对问题的陈述和界定,然后根据整理好的资料提出解决的方案,最后进行调查结果的分析和成果展示,这是项目式学习的关键部分。学生以适当的形式展示成果,如用小论文、口头报告、课件、戏剧表演等方式来陈述小组活动的计划和任务安排、小组怎样开展协作活动、对解决问题的建议或解决方法。学生可以谈感想、体会或看法,找原因、措施或办法,做总结、提建议、说意义等。如在"就业准备"中,学生认为:青年学生要有正确的就业观念,要有吃苦耐劳的精神,要抓住现在的学习机会等。进行成果分析时,教师要注意引导学生回归教材,紧密联系教材所学知识,从调查结果中总结出一些带有普遍性、规律性的结论,从而深化认知、培养能力、提高觉悟。

在展示成果环节,模拟情境组模拟表演了"业主"和"物业管理公司"的有关经济活动。学生的模拟表演分为三幕:第一幕,学生按《公司法》中规定的程序准备资料、成立"公司",确定、建立"公司"的组织机构,制定"公司"的规章制度和岗位职责,设定岗位安排人员。第二幕,"公司"成立后进行某物业管理小区的投标活动,组织投标小组,研究制定投标方案,测算物业管理服务成本,决定投标报价,编制并递交投标文书,召开开标会,经过评标确定最终的中标者。第三幕,"公司"中标后,接管工作,进入日常运作阶段,"公司"的职能部门与"业主"发生业务联系和纠纷,"公司"处理"纠纷"。

又如模拟招聘现场会:"求职者"设计一份正规的求职申请书,申请书基本按照目前社会流行的格式设计。求职申请书不仅反映了"求职者"的基本资料,还反映了"求职者"的志趣、技能、特长,从而使其进一步认识自我。教师布置、模拟一个招聘会现场,学生分成招聘者和应聘者两个大组,招聘者组再分成几个小组,每个小组自拟一个公司或机关单位的名称、性质、规模,自主确定招聘人员的数量、条件、要求等,并在小黑板上写出来。"应聘者"到每一组应聘,先递交求职申请书,招聘人员现场询问、考核,宣布录用名单。

学习评价是学习和教学过程中的一个关键环节。教师组织学生一起回顾、讨论他们在解决问题的过程中哪些地方做得好、哪些地方做得不够好;鼓励学生不断地对自己的探究学习进行自我评价,如检查采用的方法是否合适、解析是否合理、对知识的理解程度如何等，以后在解决同类问题的过程中怎样扬长避短，让学生在解决问题后学会总结和反思。

评价既要考评学生理解了哪些观点、是否能灵活地运用知识解决问题、是否能提出问题、是否能设计并实施探究计划、是否能分析处理所收集到的素材等，又要考评学生在探究过程中所体现的探究态度、探究能力。对探究成功与否的认定不仅限于是否得出探究结果，更重要的是，是否参与了探究的全过程。如模拟招聘会，应对每位学生表现中的优缺点加以全面评价，尤其是优点应适当加以放大，这是对学生探究精神的肯定和鼓励。如果有些学生活动结果是失败的，但是学生在活动中所得到的教训也是非常宝贵的，因此也应该肯定。

最后，让学生撰写项目式学习的报告，推荐到相关期刊推广学习成果。

项目式学习改变了学生的学习方式。学生围绕确定的主题主动参与，深入调查，通过学习共同体的合作探究、分析和解决问题，实现学用合一，促进深度学习。

第三节　网络协作教学模式

一、网络协作教学模式的内涵

网络协作教学是更高层次融合的教学模式。网络协作教学是指教师和学生通过专门的网络或主页（教师网站、学科网站等）、校园网和局域网，或由互联网连接外部学习资源的计算机设备，围绕一定的教学主题和要求，查询有关资料，师生之间、学生之间进行交流研讨、协作，从而实现教学任务的教学活动。

该教学模式中，教师是学生协作活动的引导者、组织者和促进者，学习活动由学生自主完成。这一做法与建构主义的相关理论是吻合的。建构主义强调应该由学生主动建构自己的认知，教师则应创设学习情境，引导学生展开积极的合作与对话。思政课教学中有很多适合学生进行合作学习的素材，一些具有开放性且与社会紧密联系的话题，都可以交由学生自己通过网络搜集资料，在小组讨论中提高认知、发展能力。

二、网络协作教学模式的操作要点

第一步，情境创设，进入主题。教师根据教学目标整合教学内容，采用PPT、微信、QQ等信息技术手段，激发学生的学习兴趣，向学生展示、提供活动对象，如有关教学中的热点、重点、难点的文字、图片、录音、录像片段等视听材料，创设活动情境，提出明确的学习要求，引导学生进入主题，组织学生学习。学生独立思考、自主探究、观察、认识问题。

第二步，设问置疑，引发思考。教师针对学生自主探究的情况，提出富有启发性的疑难问题，设置探究悬念，引导学生明确要探究的问题，鼓励学生小组合作、讨论，发现问题、分析问题，进行协作学习。

第三步，网络环境，自主探究。教师提供探究环境，指导探究方向。学生自主探究，结合课本内容，运用网络查阅学习资料，对网络资源进行搜集、分析，在掌握信息的情况下总结分析问题。

第四步，协作交流，展示成果。教师提供问题解决工具和协作策略指导，学生在合作交流中展示成果，获得新知或不同观点，共享资源和信息。

第五步，自测结果，总结提高。学生自测结果。教师及时评价探究结果，深化探究价值，总结归纳，以促成教学目标的达成。学生归纳总结、反思，不断发现新问题，实现知识的内化。

教师在整个过程中，对学生进行适时辅导和点评调控。这一教学模式的特点可概括为：学生活动有载体，小组讨论有议题，师生交流讲民主，思维创新有乐趣。这一教学模式的流程如图6-5所示。

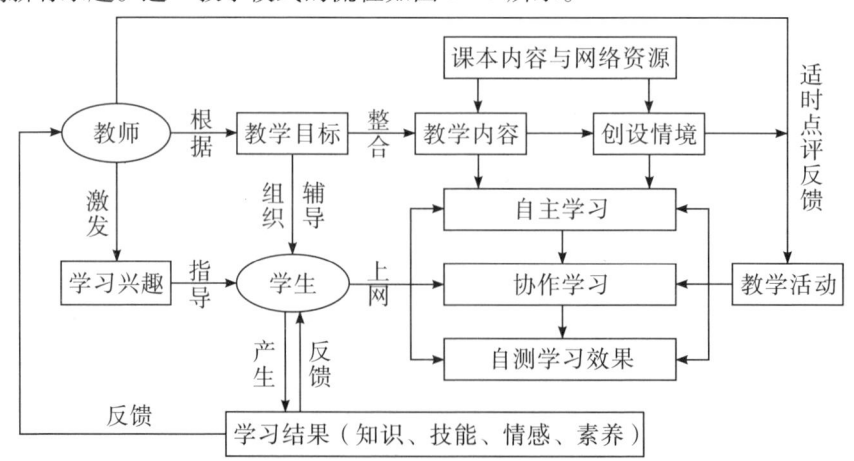

图6-5 网络环境下的协作教学模式

以《政治与法治》第三单元综合探究课《坚持党的领导、人民当家作主、依法治国有机统一》为例：

课例

坚持党的领导、人民当家作主、依法治国有机统一[①]

课前，教师将全班学生分成新闻时事组、政策法律组、基层生活组和辩论分析组、演讲分享组五个小组，分别围绕"坚持党的领导""人民当家作主""依法治国""体会有机统一"等主题查阅、搜集、整理、讨论、商议有关资料。

【情境创设，进入主题】

课程标准对本课的要求是讲述"依法治国是党领导人民治理国家的基本方式"，"理解坚持党对一切工作领导的意义，阐述中国共产党依宪执政、依法行政的道理、方式和表现"，体会"坚持党的领导、人民当家作主、依法治国有机统一"。新冠肺炎疫情威胁着亿万人民的生命安全和身体健康。中国共产党带领14亿人民众志成城、顽强作战，筑起抗击疫情的钢铁长城。国际社会解读"中国为什么能打赢疫情防控阻击战"时，看到的是中国共产党强大的组织动员能力，中国速度、中国效率、中国规模、中国精神、中国智慧和中国方案令世界瞩目。为此，本课设置"中国为什么能打赢疫情防控阻击战"的总议题组织课堂探究活动。下表是本课教学设计简表。

表6-2 教学设计简表

总议题：中国为什么能打赢疫情防控阻击战？					
教学环节	环节一：疫情防控党先行	环节二：疫情防控我有责	环节三：疫情防控法保障	环节四：疫情防控三统一	环节五：疫情防控扬精神
教学内容	议题商议："为什么"：打赢疫情防控阻击战为什么必须要坚持党的领导？	议题践行："怎么做"：疫情防控中，你和你身边的人是怎么做的？	议题决策："怎么做"：如何为打赢疫情防控阻击战提供法治保障？	议题辩论："怎么看"：你赞同哪种观点？用坚持党的领导、人民当家作主、依法治国的关系阐述理由？	议题升华：学生做"讲好抗疫故事，弘扬中国精神"主题演讲，激发自觉践行社会主义核心价值观，达到情感态度价值观的升华

[①] 骆霞，王红军.《坚持党的领导、人民当家作主、依法治国有机统一》教学设计及点评 [J]. 教学月刊（教学参考版），2021（1-2）：92-95. 此处有改动。骆霞. 在线翻转思政课堂培育学生核心素养的探索：以《坚持党对一切工作的领导》为例 [J]. 师道：教研，2020（5）：99-101. 此处有改动。

(续上表)

议学活动	材料剖析、组间交流、升华观点	生活观察、体会做法、强化信念	登录网站、查阅资料、分享交流	自主辨识、直面冲突、对话协商	演讲分享、深化认识、价值引领
主干知识	坚持党的领导的重要性、如何坚持党的领导	人民当家作主的做法、表现	依法治国的做法、表现	党的领导、人民当家作主、依法治国的关系	
核心素养	增强责任意识，强化政治认同	树立公民意识，提升公共参与能力	激发理性思考，增强法治意识	尊重法律权威，增强法治意识	

【设问置疑，引发思考】

教师引导学生阅读议题资源，查阅相关资料，布置议学任务。学习小组开展讨论、商议、分享议题讨论成果，生成、深化学科核心知识。

课堂导入：新冠肺炎疫情威胁着亿万人民的生命安全和身体健康。中国共产党带领14亿人民众志成城、顽强作战，筑起抗击疫情的钢铁长城。国际社会解读"中国抗疫为什么能打赢疫情防控阻击战"时，看到的是中国共产党强大的组织动员能力，中国速度、中国效率、中国规模、中国精神、中国力量和中国方案令世界瞩目。今天，我们一起来探究"中国为什么能打赢疫情防控阻击战"的原因和做法，理解"坚持党的领导、人民当家作主、依法治国有机统一"。

环节一 新闻时事组：疫情防控党先行

（1）商议：打赢疫情防控阻击战为什么必须要坚持党的领导？

课堂活动：课前，学生收集疫情期间的新闻材料和热点热议材料，联系教材商议提纲。课堂组间交流，展示商议结果。

教师展示材料：从"坚定信心、同舟共济、科学防治、精准施策"的总要求，到"坚决遏制疫情蔓延势头、坚决打赢疫情防控阻击战"的总目标；从"坚持全国一盘棋、统筹各方面力量支持疫情防控"的重要保障，到"控制传染源、切断传播途径"的关键着力点；从"武汉胜则湖北胜，湖北胜则全国胜"的大判断，到"全面动员、全面部署、全面加强疫情防控"的大战略……打赢疫情防控阻击战，离不开一个主心骨，这就是中国共产党。在党中央统一领导、统一指挥下，各地各部门各司其职、联防联控，在较短时间内有效遏制了疫情。世界卫生组织总干事谭德塞盛赞中国为阻滞全球疫情蔓延和传播做出了巨大贡献，为全球应对疫情提供了重要的"时间窗口期"和科学有效的中国方案。

探究议题1：联系材料，说明打赢疫情防控阻击战为什么必须要坚持党的领导。

探究议题2：联系材料，谈谈打赢疫情防控阻击战怎样坚持和加强党的领导。

学生：坚持党的领导能够集中力量办大事，成功应对重大风险挑战、克服艰难险阻，始终沿着正确方向稳步前进。

学生：中国特色社会主义最本质的特征是中国共产党的领导，中国特色社会主义制度的最大优势是中国共产党领导。坚持党的领导，紧紧依靠人民群众，带领全国人民团结一致打赢疫情防控阻击战。

（其他学生发言略）

（设计意图：引导学生通过收集疫情期间的新闻材料和热点热议材料，结合自己的所听、所见、所闻，设置探究议题1和探究议题2。引导学生分析中国共产党在领导、指挥、部署新冠肺炎疫情防控阻击战取得的令世人瞩目的抗疫成果，感悟坚持和加强党的领导的原因和做法，明确因为始终有党的领导，集中力量办大事，国家统一高效组织开展疫情防控各项工作，才能成功应对重大风险挑战、克服无数艰难险阻，始终沿着正确方向稳步前进。中国特色社会主义最本质的特征是中国共产党的领导，中国特色社会主义制度的最大优势是中国共产党领导。加强党的领导，为推进国家治理体系和治理能力现代化提供了坚强保障。我国国家治理体系需要改进和完善，但怎么改、怎么完善，在这场疫情防控阻击战中积累了经验。引导学生认可只有坚持党的领导，才能保证国家治理体系和治理能力现代化沿着正确方向稳步前进，强化学生的政治认同。）

环节二　基层生活组：疫情防控我有责

（2）践行：疫情防控中，你和你身边的人是怎么做的？

抗击疫情，人人责无旁贷，党政军民齐参与，医务工作者、人民解放军指战员、社区工作者、新闻工作者、公安干警、基层干部、下沉干部、志愿者、快递员、教师、学生等广大人民群众团结一致，令行禁止，汇聚成攻无不克、战无不胜的中国力量。

课堂活动：分析各行各业不同的人在疫情防控中的做法，课中分享交流。

探究议题3：结合材料，谈谈在疫情防控中，你和你身边的人是怎么做的。

学生：党政军民齐参与，广大人民群众团结一致，令行禁止，依法履行

疫情防控的责任和义务。教师、学生居家直播上课、学习，不聚会、不扎堆、不串门。

学生：医务工作者全情投入高强度工作，给病人问诊、开药、打针输液、抽血、吸痰、导管护理，以"血肉之躯"构筑起抗击疫情的"钢铁长城"。

学生：人民警察和辅警迎疫向前，日夜奋战、无私无畏，用行动诠释"人民公安为人民"的铮铮誓言。

学生：社区工作者、基层干部、下沉干部、志愿者、应急救援人员、快递员、环卫工人夜以继日，奋战在寻常巷陌，守护着人民家园。

学生：科技工作者勤奋钻研，刻苦攻关，研发核酸检测试剂盒和疫苗，为推进疫情防控提供了有力支撑。

学生：新闻工作者不畏艰险、深入一线，真实记录抗击疫情的动人场景。

教师小结：抗击疫情，人人责无旁贷。同学们列举的平凡人的抗疫故事，让我们感悟到坚持人民当家作主，发展人民民主，要密切联系群众，凝聚起最广大人民的智慧和力量，紧紧依靠人民，才能打好疫情防控阻击战。

展示相关图片，播放抗疫版歌曲《为了谁》音乐短片。

（设计意图：创设探究议题3，是引导学生联系自身实际，理解我国国家制度有效体现人民意志、保障人民权益、激发人民创造力。坚持人民当家作主，发展人民民主，密切联系群众，凝聚起最广大人民的智慧和力量，紧紧依靠人民推动国家发展。每个人都要树立公民意识，坚持权利和义务相统一的原则。引导学生理解只要人民在国家和社会政治生活中真正享有当家作主的地位，能够切实行使当家作主的权利，人民就会真心拥护和支持党的领导。人民是依法治国的主体和力量源泉。只有实现了人民当家作主，才能保证广大人民群众参与立法、执法和司法活动，监督法律的实施，确保良法善治落到实处，全面依法治国方略才能扎实推进。）

【网络环境，自主探究】

环节三　政策法律组：疫情防控法保障

（3）决策：如何为打赢疫情防控阻击战提供法治保障？

以"如何为打赢疫情防控阻击战提供法治保障"为探究议题4，学生收集、查阅国家以"法治之剑"斩断滥食野生动物陋习，司法机关严打抗拒疫情防控，以及造谣传谣、销售伪劣防疫物资等犯罪行为，筑牢防范境外疫情输入的法治防线和国家出台的《中华人民共和国传染病防治法》《突发公共卫生事件应急条例》《中华人民共和国疫苗管理法》《中华人民共和国药品管理法》与《中华人民共和国国境卫生检疫法》等，探究如何通过党领导人民制定法律、司法机关严打抗拒疫情防控、惩治妨害国境卫生检疫各类违法犯罪行为和国家出台的相关法律等，依法做好疫情防控。

教师：同学们课前查阅了相关网站，了解了国家为防控疫情阻击战最新修订的法案和专项法例，请小组代表分享交流。

课堂活动：小组代表分享交流国家为防控疫情阻击战提供法治保障最新修订的法案和专项法例。

课前，学生登录中国人大网，查阅《全国人民代表大会常务委员会关于全面禁止非法野生动物交易、革除滥食野生动物陋习、切实保障人民群众生命健康安全的决定》以及天津市、广东省和福建省人大常委会出台的地方法规中禁止滥食和交易野生动物的条文，了解国家以"法治之剑"斩断滥食野生动物陋习的做法，收集司法机关严打抗拒疫情防控、造谣传谣、销售伪劣防疫物资等犯罪行为的案例。

查阅最高人民法院、最高人民检察院、公安部、司法部、海关总署联合发布的《关于进一步加强国境卫生检疫工作 依法惩治妨害国境卫生检疫违法犯罪的意见》，了解国家为遏制疫情通过口岸传播扩散，综合运用行政执法和刑事司法手段，从严惩治妨害国境卫生检疫各类违法犯罪行为，筑牢防范境外疫情输入的法治防线。

登录中国法律政策网和中华人民共和国司法部官网，浏览查阅相关的法律法规，了解国家在疫情期间的法治措施，列举归类整理针对不同领域的最新修订法案和法例。

学生：从网站了解到《全国人民代表大会常务委员会关于全面禁止非法野生动物交易、革除滥食野生动物陋习、切实保障人民群众生命健康安全的决定》，天津市、广东省和福建省人大常委会出台地方法规禁止滥食和交易野生动物，说明国家以法治之剑斩断滥食野生动物的陋习和交易野生动物的违法行为。

学生：司法机关对抗拒疫情防控措施、造谣传谣、销售伪劣防疫物资等犯罪行为保持严打高压态势，正确处理严厉打击与依法办案的关系，既从快从严查办涉疫情犯罪案件，保障人民群众身体健康和生命安全，又切实把握政治效果、社会效果和法律效果的有机统一，为打赢疫情防控阻击战提供了有力法治保障。

学生：最高人民法院、最高人民检察院、公安部、司法部、海关总署联合发布《关于进一步加强国境卫生检疫工作依法惩治妨害国境卫生检疫违法犯罪的意见》，为遏制疫情通过口岸传播扩散，综合运用行政执法和刑事司法手段，从严惩治妨害国境卫生检疫各类违法犯罪行为，筑牢防范境外疫情输入的法治防线。

学生：我国已经制定、完善了一系列法律法规，为疫情防控提供了坚实的法律保障。

（设计意图：让学生通过查阅最新修订法案和专项法例，使其真切地感受并了解到国家在疫情防控中是如何依法治国的，以及坚持依法治国在国家处理重大公共突发事件中的重要性。引导学生关注依法防疫离不开健全完备的法律体系、理性客观地运用法律的武器，从而让学生更好地履行公民的义务，参与政治生活。）

【协作交流，展示成果】

环节四　辩论分析组：疫情防控三统一

（4）辩论：怎么看中国输入性病例增加，防控压力大？

材料：随着海外疫情的暴发，中国成为世界上比较安全的国家，有不少华人华侨回国。但有小部分华人入境后没有遵守国内防疫规定，引发声讨。针对目前中国输入性病例防控压力加大，有"二次过草地"的挑战，网友提出两种观点：

观点一：中国付出了巨大的代价，才换来现在比较稳定的状态。回国的华人加大了输入性病例的防控压力，应限制其来中国。

观点二：在疫情初期，不少身在异国他乡的同胞，为我们采购防疫物资回国，大部分回国人员都积极配合防疫工作，不应该关闭海外人员回国通道。

课堂活动：在自主辨析的基础上，小组协商，通过与他人观点的比较，发现哪种观点更具有合理性、哪些观点可以求同存异、哪些观点可以达成共识，在价值冲突中深化理解，在比较鉴别中坚定认识。

探究议题5：你赞同哪种观点？用坚持党的领导、人民当家作主、依法治国的关系阐述理由。

（设计意图：探究议题5引导学生运用党的领导、人民当家作主、依法治国三者关系的知识，理顺三者关系，坚持党的领导、人民当家作主、依法治国有机统一，尊法、学法、守法、用法，提高公共参与能力，增强法治意识。）

环节五　演讲分享组：疫情防控扬精神

（5）演讲：讲好抗疫故事，弘扬中国精神。

教师：在这场战"疫"中，中国精神是凝聚中国力量的精神纽带，是激发创新创造的精神动力，激励着中华儿女砥砺奋进、勇往直前。广大人民群众团结奋战，凝聚起中国精神磅礴伟力，演绎着可歌可泣的中国故事。让我们一起聆听"讲好抗疫故事，弘扬中国精神"的主题演讲。

（学生议学活动：演讲分享、深化认识、价值引领）

学生：讲好中国抗疫故事，弘扬命运与共的担当精神。"中国速度""中国效率"为阻滞疫情蔓延和传播做出了巨大贡献。中国及时同世界卫生组织和国际社会分享新冠病毒全基因组序列、疫情防控、诊疗方案等技术文件和中国有关病毒检测、流行病学调查、临床诊疗等方面的经验和方案，向出现疫情扩散的国家提供力所能及的援助。在G20特别峰会上，中国向世界发出携手抗疫的中国声音，承诺加大力度向国际市场供应原料药、生活必需品和防疫物资，彰显了中国兼济天下的世界情怀和命运与共的担当精神。

学生：讲好中国抗疫故事，弘扬严谨求实的科学精神。疫情暴发以来，科技部、卫健委等多个部门组成科研攻关组，确定新冠病毒全基因组序列并分离得到病毒毒株、研制药物、研发疫苗、实时更新《新型冠状病毒肺炎诊疗方案》，推动干细胞、单克隆抗体等先进技术用于治疗研究……他们边救治、边总结、边改进，将论文"写"在疫情防控一线，他们严谨求实的科学精神和云计算、大数据、人工智能等科技手段快捷运用，使防控措施更加高效。

（播放抗疫歌曲《我们在一起》作为背景音乐）

（设计意图：主题演讲能激发学生民族自豪感和自信心，践行社会主义核心价值观，把爱国情、强国志、报国行自觉融入抗疫行动中，为打赢战"疫"贡献力量，达到情感态度价值观的升华。）

教师小结：中国抗疫为什么能？是因为中国共产党的领导铸就主心骨，中国共产党坚持人民至上、生命至上；是因为人民群众在疫情防控阻击战中发挥了硬核支撑作用；是因为突出了依法防控的关键作用。党的领导是人民当家作主和依法治国的根本保证，人民群众是党领导下依法治国的主体力量，依法治国是党领导人民治理国家的基本方式。中国抗疫为什么能？是因为做到了坚持党的领导、人民当家作主、依法治国有机统一。

【自测结果，总结提高】

教师对学生自测结果及时评价，深化探究价值，总结归纳以促进学生学习。

【专家点评】

（专家：王红军，广州市花都区教育发展研究院政治教研员、中学政治高级教师、广州市名教师工作室主持人）

作为必修三《政治与法治》全书的综合探究课，本课"坚持党的领导、人民当家作主、依法治国有机统一"具有知识高度概括、理论观点抽象的特点，在一定程度上加大了学生的认知和理解难度。但是，骆霞老师精心谋划、巧妙设计，从学生的认知实际出发，选取抗疫的热点素材，组织核心议题，引导学生通过自主学习、合作探究实现预期的教学目标，可谓亮点纷呈。主要表现在如下三个方面：

一是理论深度和情感温度相得益彰。本课教学内容是对《政治与法治》全册书的知识总结和提升，虽然前三个单元分别阐述了"中国共产党的领导""人民当家作主""全面依法治国"的相关知识，但是如何进行总体把握、深入理解三者的内在逻辑关系既是本课的教学重点，也是学生理解的难点。本课教学以疫情防控为主线，凸显了中国共产党的强大组织动员能力，显示了人民群众的主体力量，贯彻了依法治国的基本方略，鲜明地回应了"中国抗疫为什么能"这一中心议题。同时，本课教学活动的多个细节饱含情感态度，彰显人文温度。如讲述平凡人的抗疫故事，让学生理解党和国家始终坚持人民至上的情怀。如以"法治之剑"斩断滥食野生动物的陋习，让学生感悟到不仅应珍惜自己的生命，也要爱惜他人的生命，更要尊重自然界的生命，有助于培养学生尊重生命的绿色生态价值观和与物共适的生态审美观。

二是任务驱动和自主探究并行不悖。骆老师积极践行新课程标准，尝试采取议题式教学，推进活动型课堂，激发学生深入思考"中国抗疫为什么能""打赢疫情防控阻击战为什么必须要坚持党的领导"等话题，在任务驱动之下，引导学生关注身边普通人的抗疫行动，了解国家防控疫情的法治保障。议题和活动交织，任务和探究并行，"商议—践行—决策—演讲"的课堂流程，环环相扣、层层递进，既有知识回归，也有能力锻炼，更有情感升华。同学们主动探究，具体表现在课前任务、小组讨论、课堂展示，特别是主题演讲环节，不仅充分发挥学生的主观能动性，而且有助于政治认同、法治意识、公共参与核心素养的培养，将整节课推向了高潮。

三是显性教化和隐性育人有机统一。育人之本，在于立德铸魂。习近平总书记在全国思想政治理论课座谈会讲话中提出了坚持显性教育和隐性教育相统一等"八个相统一"。骆老师的课堂设计了"疫情防控党先行"—"疫情防控我有责"—"疫情防控法保障"—"疫情防控三统一"—"疫情防控扬精神"五个主要环节，通过外显的课堂活动和组织形式，较好达成知识层面的目标。同时依托课堂主渠道，使用视频、音频、文字、图片等多种呈现方式，使学生通过观察认知、交流思想、感悟分享、价值认同等环节，自觉拥护和支持党的领导，主动将爱国情、强国志、报国行融入学习和生活，做一名遵守良法善治的社会主义公民，潜移默化之中实现了内化于心、外化于行，很好地坚持了显性教育和隐性教育相统一。

新教材实施伊始，许多一线教师仍处于"摸着石头过河"阶段。在教学思想和实践操作上，骆霞老师的这节课进行了可贵的尝试和有意义的探索。

第四节　云智能翻转课堂递进模式

在大数据、云计算等技术的影响下，学校教育正迈向"云智能时代"。近年来，云智能教育走进了中小学课堂，以学生为中心，将优质教育资源以及云计算、大数据、人工智能和移动互联网等信息技术与课堂教学相融合，采集学生在不同教学场景的学习数据，实现学生、教师、家长之间有效互动，满足个性化学习需要，实现因人施教、因材施教，能够准确定位学生的知识短板，避免重复性的无用功。

广州大同中学从2018年9月开始使用"慧学君"云智能教学平台（以下简称"慧学君"平台）服务课堂教学。"慧学君"平台是基于计算机、平板电脑教学环境的教学平台，利用技术手段对不同学生的学习数据记录进行智能分析，为学生提供个性化的学习解决方案。

"生态课堂"经过十几年的艰难探索，经历了以"学、议、展、导、用"课堂模式为代表的1.0版本。信息技术与学科教学融合是一个变革教学结构，使教与学达到优化效果的过程。我们在实践中探索，借助"慧学君"平台创新思想政治课教学模式，创设的以"问题驱动、情境商议、互动探究"为课堂基本要求的"云智能翻转课堂递进式教学模式"，是大数据时代翻转课堂2.0发展的新成果。

一、云智能翻转课堂的内涵

2001年，学者洛林·W.安德森等对布鲁姆认知目标分类体系进行修订，将"知识"分为用于表述基本现象或事实的"事实性知识"、表明几个事实共同要素的"概念性知识"、做某事的准则或方法的"程序性知识"，以及对认知或自我再认知的"元认知知识"。

传统的课堂第一阶段是"知识学习"，主要是在课内开展初级思维活动，即"知道"和"领会"（"识记"和"理解"），侧重事实性知识和概念性知识，学习内容主要来自书本的良构知识，表现为教师课上传授知识，逐一消化知识点①。第二阶段是"知识内化",主要是在课外开展高级思维活动,即"应用""分析""评价"和"创造",表现为课后通过学生独立完成作业、课后复习掌握知识的过程来完成。

云智能翻转课堂是指教师利用信息技术的便利,将课内传授知识的过程和学生课外学习的活动过程进行转换,是一种以学生为主体,强调学生、教师、家长信息分享和互动的课堂。这一课堂形式依托云计算、大数据、人工智能和移动互联网等技术,通过"慧学君"平台重新调整课堂内外的时间,将学习的决定权从教师转移给学生。"知识学习"是通过课外微课教学,使学生在教师的指导和引导下预习、自学,完成进阶作业,是"知道"(识记)和"领会"(理解)阶段。"知识内化"是"应用、分析、评价和创造"阶段,教师在掌握学情的情况下,渗透程序性知识和元认知知识,以多样的、非线性的、异构的学习目标为学习路径,增加来自生活的非良构知识,侧重知识关系的梳理和小组协同的知识建构。② 课堂内有针对性地展开研讨,师生互动,共同解决学习过程中产生的问题,通过"作业+辅导"的方式来完成。教师能够提前了解学生的学习困难,在课堂上给予个性化辅导。

翻转课堂教学模式发挥信息技术与课程教学融合的优势,对课堂内外的学习时间和空间进行重新规划和利用,借助信息技术让学生获得自主学习的体验,兼顾了学生认知从低层次到高层次水平的发展。其目的是为了从以教师的教为主转向以学生的学为主,让学生从被动学习转向主动学习,让学生在课内能够有更多时间发展其高级思维能力,解决学生自主学习后还不能理解的问题,促进学生学科核心素养发展(如图6-6所示)。

二、云智能翻转课堂递进教学模式

2018年秋季,广州大同中学开始应用"慧学君"平台(其他实验学校使用希悦开放平台、睿易互动教学云平台、希沃易课堂等),通过融合教学过程的课前、课中、课后、课外各环节,使用硬件平台,通过网络互联,将教师端与学生端、教师资源与学生资源、教育云资源等多种平台连接起来,实行由浅入深的翻转课堂递进教学模式。这一翻转课堂教学模式将教学过程分为三个阶段:一是课前学生预备学习阶段,主要培养学生初阶思维,包括任务下达、自主学习和课前测评三个步骤;二是课中师生深度学习阶段,主

---

①② 北京师范大学智慧学习研究院院长黄荣怀教授在"2021中国互联网大会数字教育论坛"上的报告。

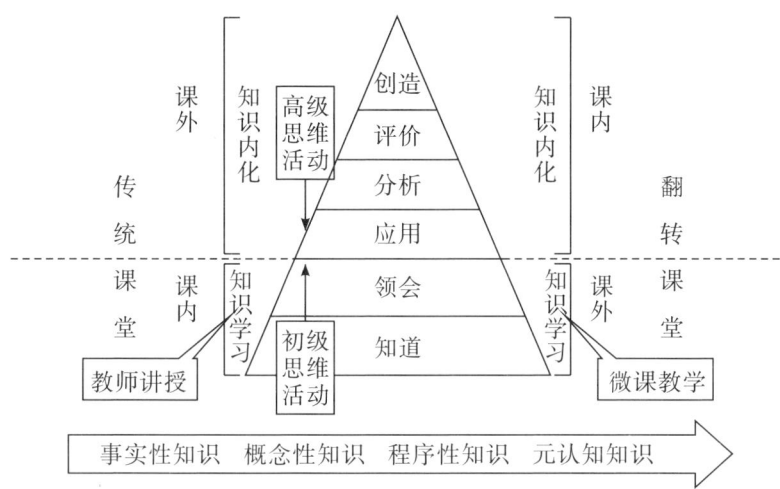

图 6-6 传统课堂和翻转课堂的对比

要培养学生高阶思维,包括互动学习和课中测评两个步骤;三是课后学生补拓学习阶段,主要是系统生成报告评价、反馈学生对知识的掌握情况,学生进行补救学习和拓展学习,完成课后测评(如图 6-7 所示)。

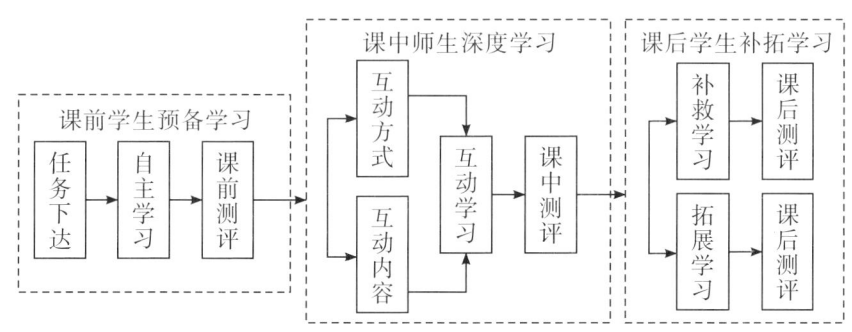

图 6-7 翻转课堂递进教学模式图

学生课前预备学习和课后补拓学习都是由教师发布任务,学生在课下独立完成。它的新颖性体现在改变了学生传统的预习和复习模式。传统的预习和复习主要是学生通过阅读教材和教辅独立完成,对于部分高中生来说是枯燥乏味的,也不利于教师和家长了解学生预习和复习的完成情况和效果。

翻转课堂递进教学模式借鉴了美国哈佛大学倡导的"同侪教学法"。玛祖尔教授在哈佛大学教物理课,由于选修的学生多,他无法了解学生的学习情况并依据学情调整教学内容和教学进度,因而提出"同侪教学法(Peer

Instruction，PI)"[1]，其核心理念是让学生教学生。课前，教师不是直接开始教学，而是先抛出概念题让全体学生作答。学生完成作答后，教师依据全体答对率来实施不同的教学策略（如图6-8所示）。若答对率超过70%，表示多数学生都能正确理解知识概念，则教师简单讲解即可；若答对率低于30%，表示多数学生无法掌握这一概念，则教师应在课堂上详细讲解。

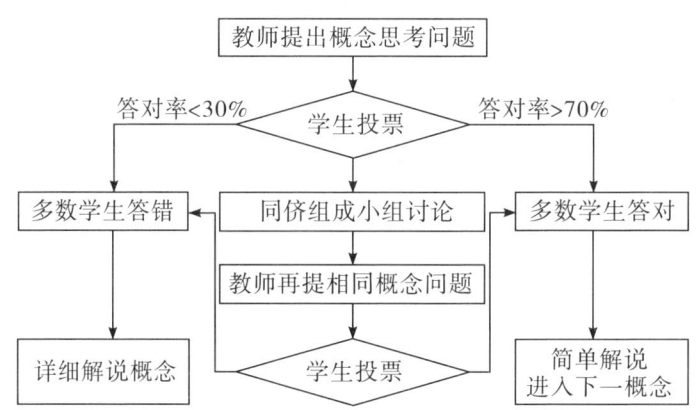

图6-8 同侪教学法的判定树

课前教师通过在智能教学平台发布导学案，学生自主预习，完成后提交。导学案的预习主要是激趣和课前导思。教师可以在课前了解学生的学习情况，答对率低于30%的知识就需要教师在课堂上来突破。

授课交互系统主要是在课上使用，教师将教学PPT和试题发布上去，广播展示在屏幕上。课中，学生小组围绕议题讨论生成各自的想法、困惑和疑问。智能教学平台采用随机提问、抢答、课堂测试、小组PK、分享笔记、倒计时等多种互动手段增强课堂互动和即时反馈。学生通过平板电脑答题，课室屏幕和学生平板电脑显示所有学生的答题时间和答题情况，由系统算出正确率（如图6-9所示）。数据的可视化能够即时掌握学生的课堂生成，激发学生的竞争意识，增强随堂习题的趣味性，动态地推进课堂教学与组织。学生通过平板电脑参与课堂学习，上传答题结果、提交答案。教师通过屏幕共享的方式展示学生的学习成果和反馈，实现师生、生生课堂实时交互。

信息化教学环境是交互多媒体教学环境，主要由多媒体计算机、交互式电子白板和触控电视等硬件构成，支持数字资源呈现的同时可以实现人机交互。

---

[1] 王绪溢. 数字时代的学与教：给教师的建议40讲［M］. 长春：东北师范大学出版社，2019：80-81.

图6-9 课堂即时检测反馈

不要小看这个课堂实时反馈，没有这个技术之前，教师只能凭自身印象和经验来猜测学生对知识的掌握程度，难以鉴别学生的学习效果。智能教学平台的这个实时反馈，由系统通过数据汇总展示答题情况，包括正确率、答对学生的名单等，做到实时监测，不仅增加了课堂互动，对错误率较高的题进行针对性讲解，而且使教师可以根据数据做出教学决策，对教学内容、教学方式优化加工，做到精准教学，提高课堂互动的质量，实现精准教学。

过去，教师邀请学生回答问题时，通常邀请优秀学生，目的是想向全体学生展示正确答案从而节省课堂时间。学习水平较差的学生较少有被邀请回答问题的机会，他们在课堂上只是被动地听课。智能教学平台随机挑人提问，每个学生都有被挑中的机会，使全部学生都充分参与课堂，适度的紧张感也能让全体学生投入到课堂中，使课堂发言实现了公平，教师可以了解不同层次学生的知识学习深度。

云智能翻转课堂以议题式教学方式组织教学，改变了过去教师独白式、单向度的话语权抹杀学生的兴趣和热情的状况，让学生在议题引领下，针对问题，结合书本知识和真实情境达成对知识的理解，促进了深度学习。课堂实时反馈的数据和信息可以让教师实时做出教学调整，做到了教学评价从"经验主义"向"数据主义"、"滞后反馈"向"即时反馈"转变，提高了教学质量和效益。

综上所述，云智能翻转课堂递进教学模式有以下几个特点：一是决策数据化。依靠平台提供的数据，教师可以掌握学情和调整策略，实现从过去依靠经验向现在依靠数据转变。二是互动常态化。利用技术工具，师生在课

前、课中、课后都可以互动交流。三是反馈即时化。课前独学预习反馈、课中实时检测反馈、课后巩固跟踪反馈都实现了即时化,为教师调整教学决策、实施精准教学提供了依据。四是学习深度化。课堂学习活动设计基于议题引领促进问题与合作的学习,规避浅表化教学倾向,培养学生的高级思维、批判性思维和创新意识。五是推送智能化。依托教学平台分析学生的学习轨迹,为学生推送智能化的学习资源,如学习过程中使用的微课视频、电子学案、课件、课堂笔记、习题、错题本等,满足学生智能化、个性化、多样化的学习需求。

三、云智能翻转课堂递进模式的操作流程

下面以《哲学与文化》第九课第三框"文化自信和文化强国"为例,展示翻转课堂递进模式的操作流程。

首先是课前学生预备学习阶段。教师下达任务,学生自主学习、阅读教材、观看视频、完成问题导学。在这个环节中,"慧学君"平台推送微知识点试题,并配有知识点微视频和名师精品视频。教师使用时结合课程标准的要求和教材内容编写电子导学案并上传到学生端。

【自主学习】

阅读教材,观看教学微课视频,完成以下问题导学思考题。

(1) 搜集具备文化自信和缺乏文化自信的事例。

(2) 近年来,中华文化走出去的话题越来越热,从孔子学院到百集中国文化系列短片《你好,中国》走向菲律宾,国产动漫《西游记》走向柬埔寨、老挝,动画片《中华小子》在法国热播并获奖,等等。你还知道哪些走出国门的文化作品?它们为什么深受外国观众喜欢?请思考推进国际传播能力建设,如何向世界讲好中国故事、增强中华文化国际影响力。

【课前测评】

学生在课前完成预习任务。在课前预习这个过程中,学生思考问题,整理成果,记录疑惑,完成平台推送的本节内容课前测评试题。

"慧学君"平台将学生答题结果生成报告反馈到教师端。教师通过电脑可以看到全班总体的答题情况以及每个学生的预习情况和答题情况,了解学生的学习状态。这样,教师就可以根据学生的预习情况适时做出教学决策,调整课件内容,实行适当的教学策略,有针对性地进行教学,从而提高教学效率。

借助微课辅助教学,能有效体现出学生在知识学习和探索中的主体性。借助学生喜闻乐见的"微视频"激发他们的自主学习意识,为学生的自主学习营造良好的学习环境和氛围,充分体现了"以学生为中心"的教学理念,将主动权还给学生,让他们参照自己的认知程度有选择、有侧重地去听讲、交流、互动。在课堂教学上,学生可以自主选择跳过自己掌握的部分,直接尝试完成教师布置的学习任务,顺利过渡到下一环节的学习;对自己认知困难的部分,课堂上注意听讲,提高了课堂听课效率,这是传统的思政课教学达不到的效果。

这一环节的实施充分地体现了"先学后教、以学定教"这一教改新理念,遵守了以教师为主导、以学生为主体这一重要的教学原则。

其次是课中师生深度学习阶段。教师在教师端选择平台资源或者利用个人资源生成交互式授课课件,设置中心议题,创设议题情境,课堂管控,多屏互动。教师可以一键管控学生的平板电脑,控制课堂秩序,保证教学流程有效开展。教师借助屏幕广播,将随堂内容同步显示在学生平板电脑上,保证教学的准确性。教师可指定将某个学生的屏幕内容显示到教室一体机大屏幕上,让学生展示自己的作业,完成课堂问答、示范讲解、课堂小老师等课堂演示功能。

【互动学习】

(1)教学设计。

表6-3 教学设计

中心议题	议题情境	子议题	主干知识
如何建设文化强国、坚定文化自信?	近年来,我国的文化产业快速发展,以社会主义核心价值观为引领的主旋律影片火爆荧屏,以文化创新助推文化强国建设,是建设文化强国的有益探索	如何坚定文化强国的信念?	建设文化强国靠什么?
	国务院出台建筑命名规范,"高大上"的奇葩名字被叫停,"洋地名"随处可见的现象警示我们:民族文化需要守护、传承。如果一味"西化",与"世界接轨",就丢失了民族文化特色	如何葆有文化自信的底气?	文化自信的底气来源于哪里?
			为什么要有文化自信的底气?

(2) 课堂教学。

议题一：如何坚定文化强国的信念？

教师播放四部电影（《八佰》《金刚川》《夺冠》《我和我的家乡》）的宣传片片段，引导学生联系情境材料，自主思考，阐述观点和理由。

材料一：主流故事传递中国精神

2020年，中国电影市场经历了冰火两重天，影院因新冠疫情一度停摆，但复工后显现了旺盛的活力。一批主流大片，如《八佰》《金刚川》《夺冠》《我和我的家乡》等讲述中国故事，塑造中国价值，传递中国精神，获得了市场和口碑的双丰收。

《八佰》讲述1937年淞沪会战末期，"八百"壮士留守四行仓库，顽强抗战四天四夜，坚守上海最后防线的故事。影片是一次震撼心灵的历史回眸，也是一曲中华民族危亡之际的热血挽歌。

《金刚川》从三个不同的视角出发，勾画出一组完整的战场叙事，讲述了志愿军战士们在敌我力量悬殊的情况下，以血肉之躯顽强拼搏的英勇事迹，展现了中国人民志愿军英勇顽强、舍生忘死的革命英雄主义精神。

《夺冠》聚焦中国女排从1981年首夺世界冠军到2016年里约奥运会重回巅峰的传奇经历，展现了几代女排人历经沉浮却始终不屈不挠、不断拼搏的体育精神。

《我和我的家乡》采用拼盘式叙事模式，5个故事聚焦医疗、扶贫、教育、环保、旅游等方面，从平凡人物切入展现发生在中国东西南北中五大地域的家乡故事，以幽默的方式全方位多维度地展现了在党的领导下，全国人民物质生活和精神生活的巨大变化，以及普通百姓在这一历史进程中的主体地位，在给观众带来了欢乐和感动的同时，引发大家思考。

（资料来源：《2020中国电影观察：新主流大片全年飘红》，央视新闻，2021-01-01）

探究问题1：这四部影片的创作是建设文化强国的有效探索，从中我们可以得出建设文化强国靠什么？

（设计意图：主旋律电影是文化产业的一部分，在情节设计和展现形式上，新时代的主旋律影片都呈现出了新的姿态，是建设文化强国的有效探索。从主旋律电影的情境入手，让学生论证建设文化强国需要靠什么，在师生思维碰撞中增强政治认同和科学精神。）

学生围绕议题、材料和问题，商议、讨论、展示交流观点。

教师总结：

(1) 弘扬主旋律，传播正能量。在中华民族精神和优秀传统文化的孕育下进行再创作。

（2）培育和践行社会主义核心价值观。发挥社会主义核心价值观对精神文化产品创作生产传播的引领作用。

（3）提高人们的道德修养和科学文化素养，引导观众树立正确的历史观、民族观、国家观，弘扬爱国主义、艰苦奋斗、团结协作、坚忍不拔、实干兴邦的传统美德和民族精神。

（4）推动文化事业和文化产业发展，以新时代的视角讲述中国故事，提升文化产品的质量，推进国际传播能力建设。

议题二：如何葆有文化自信的底气？

教师在课堂上展示国务院关于整治不规范地名以弘扬中华优秀传统文化的文件，让学生分享在课前搜集到的具有文化自信和缺乏文化自信的事例，引导学生联系情境材料，结合具体事例来感知文化自信的来源和基础。

材料二：住宅小区奇葩名字被叫停

在改革开放以前，市民的住宅小区通常被称作"职工宿舍""家属大院"等。如今，以"戛纳湾""莱茵河畔""威尼斯花园"等来命名的住宅区，是改革开放以后国外"洋文化"大量涌入我国的一个副产品。随着中国经济实力的增强和国际地位的提高，不少住宅区有了像"西子香荷""水韵花都""南薰别院"之类的名字，国人对中华优秀传统文化更加自信了，在继承民族优秀传统文化的过程中吸收西方文化，在与西方文化交融对话中不断发展中国建筑文化，努力建造体现地域性、文化性、时代性和谐统一的有中国特色的建筑名称。

中华优秀传统文化是五千多年中华文明的精髓，我们有理由自信。"洋地名随处可见"的现象警示我们：民族文化需要自己去重视、去守护、去传承。如果一味西化，看似与世界接轨，实际上容易跌落民族虚无主义的深渊，丢失了本民族的文化特色。

探究问题2：我们的文化自信的底气来源于哪里？

（设计意图：在直面缺乏文化自信的事例中增强科学精神，增进学生对中华文化的认同。）

学生围绕议题、材料和问题，商议、讨论、展示交流观点。

教师总结：

（1）中华优秀传统文化，党领导人民在革命、建设、改革中创造的革命文化和社会主义先进文化，尤其是改革开放以来形成的中国特色社会主义文化，是我们文化自信的来源。

（2）文化自信离不开经济的发展和制度的完善。中国经济实力和国际地

位不断提升，政治制度不断完善，为坚定文化自信奠定了基础。

探究问题3：我们为什么要有文化自信的底气？

（设计意图：坚定文化自信是"四个自信"的一部分，是其他三个自信的源泉和基础。引导学生明晰文化自信的底气来自党领导人民在革命、建设、改革中创造的革命文化和社会主义先进文化，以及中国特色社会主义文化，增强学生对党中央政策的政治认同和文化认同。）

学生围绕议题、材料和问题，商议、讨论、展示交流观点。

教师总结：

（1）文化自信，是更基础、更广泛、更深厚的自信。中国共产党是中华优秀传统文化的继承者与弘扬者，在长期革命、建设和改革的实践中，将马克思主义原理与中国实际相结合，既植根于中华优秀传统文化，又孕育形成了革命文化传统和社会主义先进文化。这些文化积淀着中华民族最深层的精神追求，代表着中华民族独特的精神标识。

（2）坚定文化自信可以巩固对中国特色社会主义共同理想自信，有助于中华民族的伟大复兴。

经过理论的感知和内化后，引导学生运用理论对不同的观点进行辨析。聆听学生的观点和阐述后，教师充分给予评价。

材料三：观点碰撞，你支持谁？

近年来，城镇化建设发展取得巨大成就，一座座高楼拔地而起，但新建筑及社区的命名令人眼花缭乱，如"普罗旺斯""阿波罗""缪斯广场"等。关于该如何给建筑、社区命名，网友们各持己见。

观点1："民族文化难出彩，洋名高雅又气派。"

观点2："命名求洋不自信，继承创新是根本。"

观点3："中华文化承千年，华夏文明永流传。"

探究问题4：你是否赞同网友的观点？请论证辨析。

（设计意图：坚定四个自信不是停留在口头上的，而是要在行动上践行。为中华优秀传统文化正名，要坚定文化自信，就要在面对各种"不自信"中自觉辨析，用严密的逻辑展现中华优秀传统文化的魅力。）

学生围绕议题、材料和问题，商议、辨析，教师随机抽取学生说明理由。

教师总结：

第一种观点是错误的。文化是民族的血脉。中华传统文化上下五千年，源远流长、博大精深。只要取其精华，去其糟粕，与时俱进，民族文化就能焕发时代的光芒。社区起"洋名"是吸收外来文化的表现，在一定程度上可以提升社区的知名度,但这不利于坚定文化自信。

第二种观点是正确的。建筑命名一味求洋是崇洋媚外、缺乏文化自信的表现,会降低人们对中华优秀传统文化的认同感,不利于坚定文化自信。民族文化要焕发光彩,就必须传承中华优秀传统文化,结合时代特点进行创新。

第三种观点是正确的。中华文化生生不息、历久弥新,我们应该有这个底气坚定文化自信,并做好中华优秀传统文化的传播者、弘扬者,在新时代展现中华文化的新光彩。

新课结束前,教师推送几道选择题检测学生对重点知识的掌握情况。

图 6-10　课堂教学场景

从课堂教学实践来看,教师把注意力更多地放在引导和启发学生对议题思考和解决问题上,师生互动性得到显著提升(如图 6-10 所示),有效激发了学生的学习兴趣和求知欲,增强了学生学习的主动性,体现了教学的开放性、双边性,关注了学生思维能力、价值观念等方面的培育和发展。翻转课堂不失为信息技术对传统教学的有效改造形式,它既保留了传统教学的优势,为学生打下坚实系统的知识基础,又强化了学生能力培养,促进了课堂教学从教到导、从知识传授向能力培养的转变。

最后是课后学生补拓学习阶段。课后,教师根据平台将学生区分为已达成课中学习目标和未达成课中学习目标两个类别,根据学生不同学习水平(补救和拓展)智能化推送本节内容的试题。课后反馈是教学活动最为重要的环节。"慧学君"平台会将学生答题结果生成报告反馈到教师端,教师可以看到每个学生的答题情况，也可以看到整个班级的掌握情况，如平均分、优秀率、良好率、及格率、标准差、分数段人数、比例、学生名单等（如图 6-11、图 6-12 所示）。学生答题结束即可获得知识点诊断报告和练习题详细解析，及时改正错题。

班组名称	任课教师	总人数	已提交人数	已批阅人数	平均分/满分	最高分/最低分	优秀率	良好率	及格率	标准差
高三7班	骆霞	45	45	45	72.4/100.0	95.0/50.0	31.11%	73.33%	91.11%	9.52

分数段人数比图表

不及格(8.89%)
及格(17.78%) 优秀(26.67%)
良好(42.22%)

级别	分数段	人数	比例	操作
学霸	90-100	2	4.44%	查看名单
优秀	80-90	12	26.67%	查看名单
良好	70-80	19	42.22%	查看名单
及格	60-70	8	17.78%	查看名单
不及格	0-60	4	8.89%	查看名单

图 6-11　课后反馈数据（平均分、优秀率、级别、人数、比例、名单）

图 6-12　课后反馈数据（每小题得分率）

教师借用智能技术引起、维持与促进学生的学习，同时发现、收集、分析、研究数据，并做出新的课程教学决策，实现从数字化课堂向数据课堂的转变，推动基于数据和证据的因材施教和精准教学，注重学生的获得感和满意度，逐步实现适合每个学生的"个性化学习"。

此外，平台还可以自动生成、永久保存错题（如图6-13所示）。教师可以通过平台推送错题让学生重做，做到举一反三，帮助学生找出学习中的薄弱环节，重点突出，学习更加有针对性，进而提高学习效率。云智能教学平台把"学、作、测、错"贯穿校内外，做到智能化、精准化、个性化，回归教育本质，重塑教育生态。

图6-13 班级错题信息（知识点、班级和年级掌握程度、差值）

翻转课堂实践中要避免"技术至上"的唯技术论，不能过度重视制作视频和应用智能教学平台使用技术，而忽视了技术是教学的辅助手段。教师要做的除了应用智能教学平台使用技术，更重要的是转变教学理念，改变教学结构，做到以学生为中心，培养学生的高阶思维，促进学生的深度学习。正如王绪溢博士总结的信息技术融合教学要成功必须考虑"人""事""物"这三个要素。"人"指能熟练操作信息技术的教师，这有赖专业培训；"事"指的是硬件环境配置，包括教与学的软硬件和通畅的网络设施；最难的是"物"，即教师如何善用信息技术带来的效能，提高教学质量和提升学习成就。[①] 这是我们必须要考虑的问题。

四、云智能翻转课堂递进模式的实践意义

（一）变革了课堂教学模式

在传统的教学活动中，教师跟学生之间的交互是"传递式"交互，由于课堂时间和人数的限制，大多数课堂的交互形式都是单向交流。现代信息技术支持下的课堂交互系统，使课堂教学实现信息的多向交流，通过数据分析

---

① 王绪溢. 数字时代的学与教：给教师的建议40讲［M］. 长春：东北师范大学出版社，2019：208.

和答题方式的改变，改变了学生的学习习惯，提高了学生的学习兴趣。

学习效果落实到每个知识点。课堂交互系统中针对每一个知识点的练习题，可以用平板电脑借助网络系统在课堂上现场完成，教师能马上了解每一个知识点的整体掌握情况和每个学生的学习情况，及时、有针对性地调整教学进度和教学内容，从而提高教学效果。

学习在轻松的竞争状态中完成。课堂交互系统的设计带有竞赛性质，在课堂教学过程中，教师可以根据学习内容针对学生实际学情进行科学的设计，使学生的答题过程就像在参与一场比赛，极大地提高学生的学习兴趣。在兴趣的调动之下，学生思维更加活跃，参与程度更高，能够在课堂教学中形成高效、竞争的学习环境，使学生在积极的心态、注意力高度集中的状态中进行学习。

及时准确地纠正共性问题。在课堂教学过程中，教师需要通过交互系统的数据分析，及时、准确地发现全体学生的一些共性问题，并从知识衔接、问题设置、学习基础、学习方法、答题技巧等方面进行全面的反思、总结，找到问题出现的原因，并及时采取正确的方法进行纠正、弥补，从而最大限度地发挥课堂交互系统的诊断、矫正功能，解决常规教学中不易发现的问题，使课堂教学效果最优化。

（二）提高了课堂教学效率

教师通过课前设计导学案、选择视频，然后推送给学生相关的预习和复习任务。学生利用电脑、手机、平板电脑等终端观看优质的名校视频资源，先一步展开自学，这样不仅培养了学生预习和复习的良好学习习惯，而且可以把宝贵的课堂时间用于进一步答疑解惑和提升水平，提高课堂教学效率。

（三）改变了教学的时空限定

充足的课堂时间和高效率的学习是提高学生成绩的关键因素之一。递进式翻转课堂教学模式的核心特点是在课堂教学中减少了教师的讲授时间，为学生合作探究留出更多的时间。教师减少在课堂上的讲授时间，把原来需要在课堂上讲授的部分内容转移到课外，而且用多种教学资源的形式呈现给学生，不仅培养了学生的自主学习能力，同时也保证了学习内容的信息量。在课下，学生如果有不懂之处，也能随时随地观看视频、教师授课课件，学习的时空不受限制。这是其他教学模式所没有的优势，也为学生学习和吸收知识提供了保障。

（四）促进了学生知识内化

递进式翻转课堂教学在课内主要是以商议、讨论式的学习为主，教师再结合实际情况以及重难点内容提出问题，让学生在课前观看相关的教学视频、有针对性地展开练习，在练习中产生疑点、提出问题，在课堂中进行探究。教师结合学生的不同特点分组展开探讨，促使学生主动参与到课堂活动中来。通过教师的耐心引导和小组讨论交流解决问题，帮助学生将知识内化，逐渐构建自己的知识体系。学生可以通过演讲、成果展示、小型竞赛等形式展开交流，及时将自己的学习收获分享给其他同学。为激励学生都能参与到课堂自主学习活动之中，教师也可以通过抢答、随机选人的方式将学生在课堂上的表现纳入到平时成绩中。

（五）满足了分层教学需要

"慧学君"平台应用大数据技术，可以将学生的测验情况以直观的图表形式展现出来，让教师能快速发现学生的问题所在，并根据每位学生的学习分析报告，制定学生专属的针对性学习内容，满足不同学生的学习需要，为分层教学提高保障。教师根据交互系统得出的数据分析，对每个学生的学习情况做出精准的判断，并以此为依据，结合微课程提供的教学资源、练习、测试，对课前预习、课堂授课、作业布置等各个环节设计适合每个人的个性方案。这种根据学生的实际情况实施的分层教学改变了全班学生整齐划一的粗放式教学方式，能提供针对每一个个体的学习内容和学习方法。

（六）帮助教师、家长了解学生情况

高中生大部分的时间都是在学校度过，在家的时间很少，因此，传统的教育模式下，家长很难第一时间掌握学生的学习情况。而"慧学君"平台在一定程度上解决了这一问题，家长可以通过家长端实时查看学生在"慧学君"平台上的答题情况，掌握学生在课上的表现和对知识的掌握情况。对于任课教师来说，学校每个班学生的平均人数达 50 人，想要清楚了解每位学生的学习情况，是一个不小的挑战。"慧学君"平台将学生答题的数据整理成报告反馈给任课教师，教师可以根据数据结果及时调整教学计划，提升教学效果。[①]

在教育生态系统中，充分利用教育信息平台，使学生的主体位置逐渐突显，家长在教育环节中的作用不断提高。递进式翻转课堂教学作为一种新型的教学方式，其教学效果的优势明显，既能提高学生的自主学习意识，又能培养他们自主学习、自主探究的能力。

---

① 张雪莹. "慧学云"平台在高中化学教学中的应用 [J]. 中国现代教育装备，2017（2）：75－76.

第五节 微信移动在线辅导模式

随着教育信息化的不断发展,微信移动客户终端的不断普及,基于微信的移动在线教学逐步兴起。当下,微信移动 APP 软件已经对我们的日常生活、学习都产生了重要影响。数字化移动学习正以迅猛之势融入教育教学中,微信群、朋友圈、公众号等成为"处处能学、时时可学"属性的移动学习新工具。它改变静态的、封闭的课堂展示,利用个性化、互动式移动学习资源,促成学生自主学习,改变高中思想政治课课后辅导效果不佳的现状。

移动学习是指在移动设备的支持下,在任何地点、任何时间发生的学习。移动学习使学习者和教授者在无线信息的交互过程中完成学习过程,增加了双方的互动沟通,是远程学习的进一步提升阶段。教师应紧跟信息技术的发展步伐,将先进的信息技术与教育教学有机结合,使教学与时代同步。

微信(WeChat)自 2011 年 1 月发布以来,截至当年 11 月,注册用户数已超过 5000 万,活跃用户达 2000 万。到 2021 年,微信月活跃用户数已经突破了 12.6 亿,微信成为中国用户量最大的 APP。网络的广泛覆盖和微信的普及,为微信在线教育平台的搭建提供了条件。微信移动在线辅导正是利用智能手机、iPad 等各种移动终端,实现远程、移动学习,将传统教师教授与学生自主学习结合起来,打破了传统课堂受制于时空的局限性,使得学习过程更富有弹性、学习形式更加多元化。

在教学实验的过程中,笔者注册"高中思政伴我行"微信公众号,旨在使其成为学生的课堂学习助手,拓展学生学科知识,实现在线辅导和测试,实现了学生跨时间、跨地域学习的可能性。微信移动在线辅导的移动性、及时性、网络性、跨时空性使得一切物理距离和地理区隔不再成为信息传递的阻碍因素,同时线上线下相结合的辅导方法改变了教师传统的单向度知识灌输的不足,加强了师生间的互动与连接。一般来说,微信移动在线辅导模式适合在寒暑假期间为学生休假期间的课外辅导提供高质量的支持和帮助。

一、微信通信平台及其教育功能

微信是腾讯公司 2011 年 1 月 21 日推出的一款为智能终端提供即时通信服务的免费应用程序。微信支持跨通信运营商、跨操作系统平台,通过网络快速发送免费语音短信、视频、图片和文字，同时，也可以使用共享流媒体内容的资料和基于位置的社交插件"摇一摇""漂流瓶""朋友圈""公众平台""语音记事本"等服务插件。利用微信通信平台的功能可以实现教学的师生交流和分享。教师可利用自己制作的课件和免费的语音短信、视频、图片和文字等进行线上交流，也可以通过微信群"公众平台"等实现教学资源和教学成果的分享和在线辅导。

二、微信移动在线辅导设计原则

通过阅读相关资料，笔者发现研究者对移动学习的设计原则进行了研究，利用微信公众平台进行学习的设计原则与移动学习设计原则有着密切的联系，存在着很多相似之处，可以借鉴。

学者 Dillard 在研究中提出了关于移动教学的六条设计原则：一是简单而又直观的界面。界面的设计要简洁大方，使学习者能够清晰了解使用规则。二是互动式的多媒体。尽量使用多媒体格式的内容（视频或者动画）。三是简短而又模块化的课程。建立模块式的学习内容，尽量将学习内容设置得精简。四是娱乐性的学习内容。与学习者进行适量的互动，尽可能调动学生学习的积极性。五是与学习情境有关以及有意义的内容。针对学习者的学习时间、环境、当前位置等进行设计。六是及时辅导，对学习者提出的问题及时解答，随时沟通。

对于利用微信公众平台进行思政课的课外自主学习的设计，笔者参照学者 Dillard 的设计原则，参考了学生对于平台内容的设置需求，结合思想政治学科的自身特点及思想政治学科学习的主要方法及内容，从技术层面、学习内容、学生学习特点等几方面分析，确定对思政课的课外自主学习微信公众平台的设计原则。

（1）界面设置的设计。要做到板块清晰、区域划分合理，在栏目中结合学科知识的特点，归纳出学科重点作为主要的学习栏目，层次清晰。

（2）内容形式的设计。要新颖，有创新性。结合学生自身的特点量身打造，内容形式新颖，符合学生的认知特点。

（3）学习内容的设计。平台主要是辅助学生进行课外自主学习，内容设计应该是对学生学习资料的一种补充，要针对学情特点，制定出有针对性的学习内容。学习内容要有一定的趣味性，让学生喜欢通过这个平台进行自主学习，协调好课上的内容，做到互相补充。

（4）学生应用的设计。要强化平台管理教师与学生的沟通，做到实时沟通。教师及时回应学生的疑难问题，高效互动，加强师生间的沟通。

三、微信移动在线辅导实践

结合微信在线辅导的特点，我们建立了以微信群为基础，以微信公众平台、微信直播间、微语音等为辅助平台的微信在线辅导模式（如图 6 – 14 所示）①，进行在线的立体化、系统化辅导。

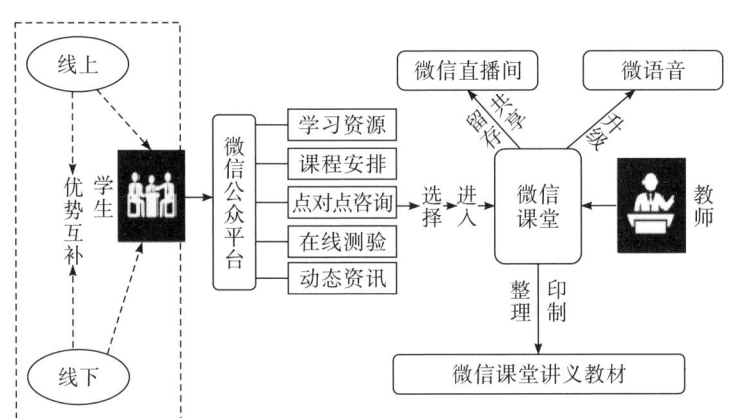

图 6 – 14　微信在线辅导模式图

教师平时要注意从网络、电视、广播、报刊、微信、微博等途径收集素材，改编成需要的文本发布在微信公众号。例如提供一个包含角色和事件的背景材料给学生，设计几个问题让学生思考、讨论和辩论。学生思考、讨论和辩论结束后，教师引导学生对该材料延伸出来的三个问题做出总结、提炼（如图 6 – 15 所示）。②

课后辅导资料的编写也应聚焦学生核心素养的培育。如上述例子能够引导学生树立社会主义法治理念，弘扬社会主义法治精神，提高法治意识，更好地知法、懂法、守法、用法、护法。

图 6 – 15　在公众号发布辅导资料

---

①　雷洪峰，窦宗玥. 建立微信移动在线教学体系的思考和探索［J］. 北京教育（高教版），2018（5）.

②　骆霞.《政治生活》和法治意识［J］. 思想政治课教学，2017（5）：31. 有删减。

四、微信移动在线辅导的积极意义

（1）延展学科知识宽度与深度。微信群功能将教师与学生置于同一个"聊天室"中，从而实现微信课堂在线辅导活动。教师在课堂教学任务之外，通过制作微课、课件、文本材料等将学科重点知识拓展、学科题型分析、时事专题、学科学法指导等内容纳入，辅助提升课堂教学实效，延展学科知识宽度与深度。

（2）拓宽资源传播渠道和手段。依托微信公众号打造教学服务平台，依托微信直播间打造教学资源平台，承担微信课堂资源留存和共享职能。打破时空和地域限制，为学生提供了便捷、可存储、可"反刍"、图文并茂的信息库，拓宽了资源传播渠道，实现了对学生的"云"服务。[1]

（3）拓展教学形式和范围。教师将教学内容划分为更小的单元或知识点，利用微信"传播即时、便捷、广泛"的特点，教师以微语音的形式讲授知识要点，以更为亲切、生动的语言，将讲解内容中的复杂问题简单化、抽象问题形象化、枯燥问题趣味化，充分刺激学生多种感官，加深学生的理解与把握。

第六节　在线翻转议题式教学模式[2]

2020 年 1 月，为做好新冠疫情防控工作，教育部下发通知，在全国首次实行全学段延期开学，要求在保障师生健康安全的基础上做好"停课不停教、停课不停学"工作。2 月，教育部办公厅、工业和信息化部办公厅联合印发《关于中小学延期开学期间"停课不停学"有关工作安排的通知》，提出要坚持教师线上指导帮助与学生居家自主学习相结合。疫情防控期间，笔者利用"钉钉"平台的群直播功能，综合运用各种媒体终端开启线上教学，保证了特殊时期教育教学活动的正常开展。钉钉在线直播课堂是"互联网 +

---

[1]　雷洪峰，窦宗玥. 建立微信移动在线教学体系的思考和探索［J］. 北京教育（高教版），2018（5）：69 - 71.

[2]　骆霞. 在线翻转课堂议题式教学培育学生核心素养的探索［J］. 思想政治课研究，2020（3）：136 - 139. 有改动. 骆霞. 在线翻转思政课堂培育学生核心素养的探索：以《坚持对一切工作的领导》为例［J］. 师道：教研，2020（5）：99 - 101. 有改动.

教育"的一次有益尝试，也是为实现泛在学习进行的教学实践。

班级教学至今已有 300 多年历史，是学校教学的主要组织形式。班级教学的时间和地点固定，教师依照教学程序按部就班地开展教学活动。班级教学存在的不足之处：一是受特定时空限制，组织形式灵活性差；二是班级教学内容与进程强调整齐划一，学生学习的时间、空间、内容、形式、进程等都只能被动地跟随教师的节奏，不利于因材施教和满足学生个性化发展需要。在线教学把原来学校的班级教学同步到互联网上，利用互联网的优势创新学习形态。北京师范大学陈丽教授认为在线学习第一次把人类"教与学"的所有行为都以数据的方式存储下来，国家第一次用大数据范式认识和支持教育实验。

但是在线教学也存在不少问题，比如：教师"一言堂"，教师讲，学生听，学生处于被动学习状态；教师实行同一步调的教学进度和同一难度，教学差异性难以体现，学生不能按照自己的节奏学习；没有充分利用网络构建学习共同体，隔着屏幕教学，缺乏师生、生生互动，师生和生生的在线交流比较困难，教学生成性欠佳，师生、生生的社交黏度差；学生长时间看屏幕，容易产生疲劳，学习效果不佳；无法满足不同程度学生的学习需求，在线教学班的逃课率较高。

钉钉班级群具有群直播、视频会议、家校本、通知、作业、打卡、接龙、班级圈、群投票和填表等功能，有效弥补了线上教学的不足。应用"钉钉"直播平台将在线教学与翻转课堂结合起来实施在线翻转课堂教学，可以应对当下在线教学的不足。

一、在线翻转议题式教学模式构建

相对于线上教师教学生学、课外学生独立做作业的在线教学模式，在线翻转教学将在线教学的课堂教学与课后作业"翻转"：将知识传递的过程提前到课前，学生根据导学指导单和微课视频，按照自己的学习节奏在课前自学质疑，解决"初级思维活动"对知识的"识记"和"理解"要求。而高难度的知识"应用""分析""评价"和"创造"过程则被放到课中，学生在教师的引导下，与其他学生互动完成。该模式旨在创建一个以学生为中心、小组协作的学习环境，腾出更多的课堂时间，增加师生、生生交流互动的机会，使学生在自主学习的基础上开展协作探究学习，促进深度学习（如图 6－16 所示）①。

---

① 王奕标. 透视翻转课堂：互联网时代的智慧教育［M］. 广东：广东教育出版社，2016. 有改动。

如图 6-16 所示，在线翻转议题式教学模式是基于大数据、人工智能、移动互联网等教学环境，应用网络教学平台，通过翻转传统的教学结构，融合教学过程的课前、课中、课后、课外各环节，开展以学生为中心的议题式教学活动，利用技术手段进行智能分析，实现教师、学生、家长三方互动，为学生提供个性化的学习解决方案，培养学生必备知识和关键能力，培育学生核心素养的教学模式。这一教学模式将教学过程分为三个阶段：一是课前课外"知识学习"阶段，主要培养学生初阶思维，包括"自主学习"和"思考问题"两个步骤，注重"学"和"思"；二是课中课内"知识内化"阶段，通过开展议题式教学，主要培养学生高阶思维，包括"解决疑难"和"延伸拓展"两个步骤，是更高要求的"学"和"思"。三是课中课外评价和反馈阶段，评价、反馈学生对知识的掌握情况。

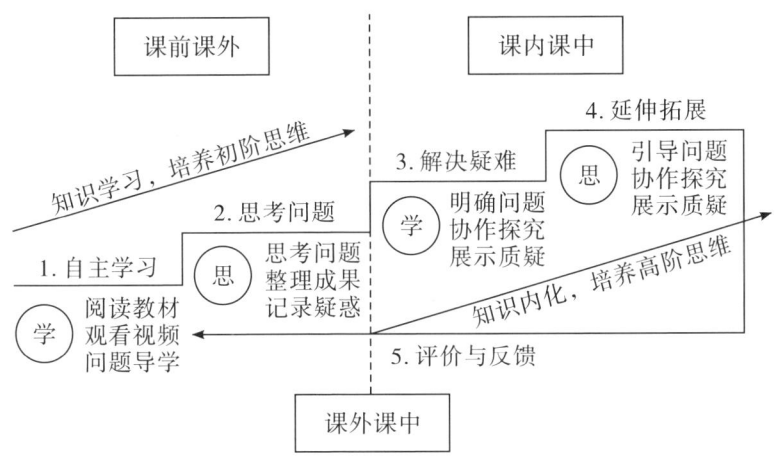

图 6-16　在线翻转课堂议题式教学模式

角色（教师/学生）、参与对象（个人/小组）、学习地点、交互方式（单项交互/双向交互）等因素对于设计"在线翻转课堂学习活动"至关重要，直接影响课程实施的效果。如表 6-4①所示的学习活动设计，指导教师在相应的阶段实施相应的教学活动，并合理恰当地设计学生角色和教师角色。

---

① 逯行，李芒，贾楠，等. 全网络空间在线翻转课堂的设计与实现：以北京四中网校在线翻转课堂试验为例[J]. 数字教育，2016（2）. 有改动。

表6-4 学习活动设计

阶段	学生	教师	学生小组
物理空间	提前将电脑或手机、网络、教材、笔记本等学习用具准备好，准时进入直播群	准备异步课堂的学习资料和同步课堂的教学资料	组建四人小组，建立小组微信（QQ）群
异步课堂	按照导学案，阅读教材，观看微课视频，完成课前在线测试。课后完成线下作业并上传，回看直播回放，分享学习反思，在线提问	发布导学案等学习资源，告知学生学习目标和预习任务，发布微课视频。课后在"家校本"批阅学生作业，在线答疑	小组成员讨论、分享学习成果，解决疑难问题
同步课堂	阅读议题资源，线上讨论、商议、分享议题讨论成果	依据课程标准确定议题，创设议题情境，布置议学任务，引导小组讨论和展示分享	在组内微信群（或QQ群）开展讨论，线上展示学习成果（连麦发言或在互动交流区呈现文字、图片等）

摒弃灌输式网课，使线上学习成为学习新样态，掀起课堂革命。要提高线上学习的效率，就应该提高自主学习的四个要素：建立在学生具有内在动机基础上的"想学"；建立在学生自我意识发展基础上的"能学"；建立在学生掌握了一定的学习策略、学习评价基础上的"会学"；建立在学生意志努力基础上的"坚持学"。① 这就对教师提出了很高的要求。

二、在线翻转思政课堂议题式教学模式操作流程

下面以《民主监督：守望公共家园》② 为例，阐述基于"钉钉"直播平台在线翻转思政课堂议题式教学模式的操作流程。

---

① 王红顺. 课堂革命的新契机［N］. 中国教师报，2020-02-26.
② 骆霞. 在线翻转课堂议题式教学培育学生核心素养的探索［J］. 思想政治课研究，2020（3）：136-139.

(一) 课前课外"知识学习"阶段

"初级思维活动"前置到课前。学生按照电子导学案的"学习目标"和"学习指引"阅读教材,观看微课视频,在"钉钉"平台的"家校本"上完成"课前诊断",在教师指导下自主学习,落实问题导学,完成初步的知识建构。

教师从教学目标中分离出学习目标。在制定学习目标时,要清晰地描述学生在学习活动中所要达到的结果,体现核心素养的培育要求。

【自主学习】
学习目标
(1) 区分公民民主监督的四种途径和方式,掌握负责任行使监督权的做法,增强法治意识,理解公民正确行使监督权的重要意义,强化政治认同。
(2) 懂得在法律允许的范围内,坚持实事求是的原则积极参与民主监督,提升科学精神。
(3) 懂得运用法律武器维护自己的合法权益,增强公共参与的意识和能力。

学习指引(在课本上画线、书写旁注)
(1) 监督权是公民的政治权利之一,监督对象是谁?监督权的主要内容有哪些?
(2) 公民行使监督权有哪些合法渠道?这些渠道各自有哪些特点?
(3) 实行民主监督有什么意义?
(4) 公民应如何行使民主监督?

微课视频
教师提前录制微课视频,课前发到"钉钉"平台。学生下载微课视频,依据自己的学习进度观看、学习,激活先期知识。

课前诊断
教师推送五道单项选择题,学生通过"钉钉群"投票功能提交给教师。

【思考问题】
学生在课前自主学习这个过程中,提交"课前诊断"习题,思考问题,整理成果,记录疑惑。教师通过"钉钉"平台可以看到全班学生的答题情况,根据学生的预习情况了解学情,适时调整教学。

(二) 课中课内"知识内化"阶段

"高级思维活动"安排在课堂上完成。教师直播授课,开启摄像头,拉近和学生的心理距离,使学生产生真人互动的临场感。通过开展议题式教

学,引导学生在线阅读议题资源、线上讨论、商议,分享议题讨论成果,突破重难点,避免出现"线下减负,线上增负"的现象。

1. 依据课程标准确定议题

议题是课堂教学的起点,是连接社会生活与学生学习的桥梁。议题源于现实生活,服务于学科教学。《普通高中思想政治课程标准(2017 年版)》对本课的内容要求是"领悟基层群众自治制度是我国人民依法直接行使民主权利的基本政治制度"。2020 年 1 月下旬以来,为科学防控新冠疫情,广州市政府为市民购买口罩想了很多办法,广大群众积极参与民主监督,解决了口罩需求问题。因此,可以设置"积极参与解决新冠疫情下口罩购买困难"的总议题和三个子议题来对应本课知识(三层议题)。通过议题层级来展示议题式教学的样态(见表 6-5)。

表 6-5 《民主监督:守望公共家园》议题层级

情境素材	总议题	子议题	主干知识
经市民热议和监督,政府将"线上预约,线下购买"口罩购买方案调整为"线上预约,免费并快递到家",后又调整为实行"线上预约,线上支付,快递到家",最后调整为"线上预约、摇号中签,线上支付、快递到家",逐步解决了市民的口罩需求问题	积极参与解决新冠疫情下的口罩购买困难	1. 公民用什么方式解决口罩购买困难?	1. 公民行使民主监督的途径有哪些?
		2. 公民监督为什么能让政府对口罩方案"闻过即改"?	2. 公民参与民主监督的意义是什么?
		3. 如何监督能让政府制定的口罩方案变得更好?	3. 公民应怎样行使监督权利?

2. 围绕教学议题创设情境

情境是知识和能力的载体,它能够把理论还原为日常生活。只有在情境中学习与探究、思考与行动,才能真正激发起学生学习的积极性和主动性,促进学生知行合一,体现实践性和参与性。

议题情境

为抗击新冠疫情,广州市政府推出"穗康"微信小程序,通过"线上预约,线下购买"方式解决"口罩荒"的问题。不少市民聚集在指定药店排队买口罩。这一做法随即引来市民热议。

"穗康"微信小程序"线上预约，线下购买"的通知发布之初，有很多"一罩难求"的市民为此兴奋不已，小陈就是其中一个。1月31日晚通过"穗康"小程序预约到口罩的小陈，第二天早上经过深思熟虑后放弃了出门去买口罩的念头，原因是"冒着增加交叉感染的风险排队买口罩，得不偿失"。有人提出"把口罩放到社区，街道每个小区派送，再以家庭单位去领"。也有市民直接联系记者，请求记者通过相关渠道对此方案作出提醒，以期改进发放方式。

在市民的热议和监督之下，政府将"线上预约，线下购买"的口罩方案调整为"预约成功，口罩快递到家，口罩费和快递费全免"。方案调整后，很多市民表示口罩依旧难买。经过六天免费期的测试后，政府第二次调整方案，实行"线上预约、线上支付、快递到家"。最后，第三次调整方案为"线上预约、摇号中签、线上支付、快递到家"。"穗康"实施摇号首日（2月17日）至3月16日，累计超过680万人中签，共发放口罩超过6600万个，逐步解决了市民口罩需求问题。

（资料来源：《广州调整"线上预约买口罩"方案 民众感到欣慰》，中国新闻网，2020－02－01；《广州：口罩"线上预约、线上购买、快递到家"》，广州日报，2020－02－02；《"穗康"口罩预约登记期缩短为3天！儿童口罩预约只需出示……》，金羊网，2020－03－17。）

3. 根据真实情境开展活动

在这个环节，教师引导学生在线阅读议题情境和议学任务，开展线上讨论、商议，分享议题讨论成果，生成学科核心知识。

（1）公民用什么方式解决口罩购买困难？
答案提示：公民行使民主监督的途径：信访制度、人大代表联系群众制度、舆论监督制度，此外，还有监督听证会、民主评议会等。
（2）公民监督为什么能让政府对口罩方案"闻过即改"？
答案提示：公民参与民主监督的意义。
（3）如何监督能让政府制定的口罩方案变得更好？
答案提示：公民应负责任地行使监督权利。

根据议题情境，联系书本知识，思考、讨论、商议议学成果。

法治意识是指公民依法行使权利履行义务，尊法、学法、守法、用法的意识。子议题"公民用什么方式解决口罩购买困难"，引导学生通过采用多种合法的途径和方式参与民主监督，做到"心中有法""心中敬法"，培育法治意识素养，着眼点是培养学生的自觉意识。

科学精神是一种内在的精神取向、一种正确的价值判断，其外在表现为正确的行为选择。求真求实精神是科学精神的灵魂。子议题"如何监督能让政府制定的口罩方案变得更好"，引导学生负责任地采取合法方式，坚持实事求是的原则，积极行使监督权，培育科学精神。

4. 小组展示交流，反思践行

小组展示交流环节既是全班学生共同分享议学成果的过程，也是思维交流碰撞的过程，更是对学生在自主学习的基础上合作探究能力的培养。这也是在线翻转和常态翻转的显著区别——实时互动环节在网络平台上进行。教师要积极引导学生小组深度讨论，诱导学生生成知识，为学生提供可视化展示的机会。应用"钉钉"平台互动面板进行实时交流，还可以让各小组"连麦"分享展示，教师和学生可以同步看到展示学生的实时情况，洞察学生的学习状态，关注不同群体学生的反应。此外，应用"群视频会议"功能可以发起在线多人会议，教师观察每一名学生的上课状态，通过屏幕共享，师生之间、生生之间实现"面对面"的"连麦"交流，使在线课堂的互动性大大增强。要把议题真正内化为素养，还需要经历反思和践行。知识和能力只有外化为行动，才能内化为素养。

【解决疑难】

课堂上，学生通过教师展示的议题情境和议学任务，协作探究、展示、讲解、复述、质疑、观点碰撞、成果分享，解决问题。教师在这个过程中，适时点拨、追问、激疑，使新知识得以巩固与转化。

【延伸拓展】

实践作业：疫情期间，口罩作为一种宝贵的防疫物资需要合理配置。以小组为单位，请围绕给医院医务工作人员配置口罩，写出监督方案。

公共参与是公民有序参与公共事务，承担社会责任，积极行使人民当家作主的政治权利。培养青少年公共参与素养，有益于他们感受民主监督的作用，增强公德意识和参与能力，追求更高的道德境界。在本课中，教师为了引导问题，让学生通过协作探究学以致用，设计了延伸拓展的课后实践作业，目的是为了培育学生的公共参与素养。

（三）课中课外评价和反馈阶段

在课中，教师要及时对学生的分享展示给予评价。新课结束后，教师推送习题给学生用于线下巩固。学生提交作业后，通过教师的线上作业批改反馈，了解自己的掌握情况，并可查看所做练习题的详细解析。遇到疑难问题时，借助直播回放及时、任意地温习，有利于复习、理解和巩固，体现了在线教学和信息技术教育的个性化学习优势。学生可以通过平台在线发起疑问，与助学同伴进行深入交流，教师在线辅导、答疑，实现异步互动。教师上传优秀学生作业给其他学生作示范，促进学生自我反思，但要引导学生避免出现"线上视频随意看，线下学习盲目干"的情况。

"钉钉"平台的可视化数据帮助教师了解学生听课轨迹、作业情况反馈、学生的学习差异和学生对知识点的掌握情况，实现了评价从"经验主义"向"数据主义"、从"滞后反馈"向"即时反馈"的转变，做到数据把脉、精准反馈，使教师能够有针对性地调整教学。教师可以向学生推送适合其自身水平的资源，促进学生的个性化学习。

"钉钉"直播平台有其技术上的优越性，一键直播、全视角、全融合、全终端、全流程安全可控，多终端无缝切换，远程协同的高质量、高可靠保障，给教、学和管相互协调提供了极大的便利，大大提高了管理效率。"钉钉"直播平台在使用中也有不足：一是在线视频会议时窗口不能时时显示，学生在线学习时长不能显示，导致教师不能很好地了解、监控学生在线学习情况；二是个别作业无法翻查；三是阅卷功能有待提升，如遇到选择题较多时，用手机或者电脑在线圈画会让人眼花缭乱。如果系统能自动识别考试中的选择题，省去教师手动批阅的烦琐程序，那将会更加完善。

目前有很多在线平台可提供在线教学功能，比如超星学习通、天翼云课、教育云、和教育、腾讯课堂、雨课堂、快手直播、CCTalk、ClassIn、哔哩哔哩（Bilibili）等。对于这些在线平台的选择，只要熟练操作且简易上手、低成本、高效、稳定、交互性好即可，适合自己的就是最好的。

综上所述，人工智能技术与课堂教学深度融合，人工智能赋能并优化课堂环境，人工智能赋能并翻转课堂教学，人工智能赋能转变教学方式并提升学习效率，在优化课堂资源配置、突破学习时空限制、促进课堂公平、适应学习个体差异、满足个性化学习需求、促成教学方式和学习方式转型、丰富学科课程内容等传统课堂教学长期的梦想和追求方面，具有不可替代的赋能加力功能和促进课堂变革的内生性动力。①

当讲授、传授、背诵、记忆的课堂被体验、发现、探究、创新的课堂取代后，传统教师的课堂中心地位便被彻底颠覆了。互联网、大数据和人工智

---

① 蔡宝来. 人工智能赋能课堂革命：实质与理念［J］. 教育发展研究，2019，39（2）：10-11.

能将辅助教师完成信息化时代教师角色的转型，单纯讲授将被在线课堂替代，以讲授传授为主要专业工作的教师面临失业的风险。① 线上线下的混合教学使师生共同实现了类似于实际课堂的基于视频、音频、文本、图片等的互动，使学生在教师的指导下主动地开展个性化学习，有助于提高学生自主学习能力和混合学习的效率。在线翻转教学重视以学生为中心，在在线学习和课堂教学、校内学习和校外学习相融合等方面迈开探索的步伐。线上线下融合、学生自由自主学习的 3.0 版本是我们当前的课堂探索。

未来，以 5G 技术为代表的前沿信息技术有望带来更好的教育体验，为我国教育事业带来新一轮的深化改革，成为我国教育信息化建设的基石。

教育信息技术支持下的在线翻转课堂，构建以学生为中心的教学结构，促进学生深度学习，改革教学评价方式，对传统的教学理念、学习评价进行变革，从以教师为中心的讲解传授进程转变为在教师主导下探索发展、自主学习、协商讨论、意义建构等以学生为主体的进程，发生了很大的变化（见表 6-6）。

表 6-6 课堂变化对照表

变化方面	黑板+粉笔	投影幕布	技术融合课堂
教学目标	强调知识传授	强调基本知识和技能	课程从整体入手，强调大概念
教学理念	以教师为中心	以教师为中心，大容量输出	以学生为中心、以学习为主线，教师提供学习支架
内容呈现方式	黑板、幻灯机、挂图、实物	图片、视频、音频	互动平台的投屏、广播、聚光灯、抢答、随机点名等播放工具
互动方式	板书、对话	演示文稿展示	互动平台实现师、生、技术多方位实时交流
学习评价	经验评价，课后纸笔测试评价	课中评价，难以鉴别学生的学习效果	平台数据实现课前、课中、课后精准评价
资源获取	教师口授	保存演示文稿	平台推送、录播、直播
师生关系	教师主导	教师主导	以学生为中心，学教并重

---

① 张治，李永智. 迈进学校 3.0 时代：未来学校进化的趋势及动力探析 [J]. 开放教育研究，2017，23 (4).

本章探讨的"信息技术与高中思想政治教学融合的生态课堂应用模式"具有"三融教育"的特质。"三融教育"即融汇教育、融慧教育、融会教育，实现技术与课程融合、教法和学法融合、数据和反馈融合，旨在以融促减，以融提质，助力教育教学向智能化、精准化与个性化迈进。

融汇教育借助于云智能融汇庞大信息，通过信息技术与课程融合，汇集形象直观的多种教学资源，创设交互学习情境，促进教学内容与学习情境深度融汇，让学生在学习中开拓视野，开放思维。

融慧教育是通过创建信息化环境下"中心—主线—支架"的教学结构，即"以学生为中心、以学习为主线、教师提供学习支架"，催生教师"教"的智慧和学生"学"的智慧，将教法和学法融合。融慧教育转变教学方式，实施议题式教学方式；转变学习方式，实施辨析式学习方式，培养学生的思辨思维和辨析能力，帮助学生从知识走向能力、从认知的低阶思维走向批判与质疑的高阶思维，实现知识向学科关键能力转化，推进深度学习。

融会教育是在复杂挑战冲突的文本研读中激发生生之间、师生之间的思想冲突与思维碰撞，将精准化的"教"与个性化的"学"融合，将数据和反馈融合，做到真学、真懂、真信、真用，促进学生在能力与素养上达到"融会"之效，实现"教师之教""学生之学"和"课堂之得"的有机融合。

第七章
信息技术与高中思想政治教学融合的生态课堂教学模式的思考

> 学而不思则罔,思而不学则殆。
>
> ——《论语》

第一节 从理论上审视,生态课堂是有效的教学模式

教学论的观点认为,科学完整的教学模式一般应由"理论依据、达成目标、操作条件、活动程序和评价方式"五个基本因素构成。生态课堂教学模式以生态教育、多元智能、主体性教育等理论为指导,以构建"阳光、开放、向上、平等、民主、和谐"的课堂、激发学生的潜能为目标,以组建学习小组、实施学案教学为操作条件,以独学、对学、群学、反馈为主要活动程序,以捆绑式评价、星级评价等为主要评价方式。从教学论的角度来看,生态课堂教学模式具备了以上五个基本因素,是科学的、符合教学规律的教学模式。

生态课堂教学模式的宗旨是以生为本,相信学生、解放学生、利用学生、发展学生,学生在教师的引导下能自由开放地、独立自主地学习,在课堂学习生活过程中学会感悟、体味生活,在与知识、思想的"相遇"中,将知识、思想融入生命。生态课堂教学模式以独学为前提,以合作活动为宗旨,把讨论、展示、反馈作为常规化的教学策略,以生生之间、师生之间相互依存、相互促进、共同提升生命质量为目标,展现新课程改革背景下课堂

教学效益和生命质量整体提升的美好愿景，是在教学论指导下追求的有效教学。

中国教育学会原副会长郭永福、教育部基础教育课程教材发展中心原副主任曹志祥到我校视察调研。郭永福副会长说："在课堂上看到城乡结合地区的孩子阳光自信；教师课堂上充满激情，相信学生；校长具有高度的使命感，充分信任教师，形成了学校具有合力的改革团队。"曹志祥副主任认为，学校的教育改革从课堂改革作为切入点是很好的，"生态教育，生态课堂"符合学校实际。①

原国家教委副主任柳斌教授到我校视察。柳斌教授说："'生态教育，自主课堂'提炼得非常好！"②

评估专家东莞中学高级教师黄安生老师对"生态课堂"评价时说"这样的课堂不睡觉、互监督、促表达、练胆量、讲合作、重交流、讲礼仪"。

学生何宇曦在感想中写道："课堂改革，让我成了课堂上爱思考的学生。我学会了一个人一生应该具备的三种素质：激情、谦虚、执着。激情地讨论展示；谦虚地接受别人的质疑、提问；执着地追问自己不懂的知识点。战胜自己是最宝贵的胜利。没有正确的方向，再大的本领也是没用的；没有正确的方向，再多的努力也是没有效果的。我坚信，课堂改革就是我们学生的正确方向！"③

2012年12月12日，《中国教育报》刊发《生态课堂让教育回归本真》：在白云成功的区域课改"生态样本"中，有一所办学条件曾受到多种因素制约的农村中学，却勇于反思和追问，主动靠改革寻找出路，从变化中寻找希望，让教育回归本真，让学生成为学习的主人，奏响了一曲南粤教育界"生态教育"变革的最强音。一种展现了"自主、平等、生态、发展"课改理念的"生态课堂"教学模式，为这个跨越世纪的追问提供了新时代的注解：课前学生先做、独学，课中群学、展示、质疑，教师点评、点拨、讲解，课后学生再做再学进行反思巩固的突破。④

---

① 袁闽湘，吕晓花. 自主课堂"生态化"重构[M]. 南京：江苏人民出版社，2015：163.

② 袁闽湘，吕晓花. 自主课堂"生态化"重构[M]. 南京：江苏人民出版社，2015：161.

③ 袁闽湘，吕晓花. 自主课堂"生态化"重构[M]. 南京：江苏人民出版社，2015：164-165.

④ 袁闽湘，吕晓花. 自主课堂"生态化"重构[M]. 南京：江苏人民出版社，2015：161.

图 7-1　裴娣娜教授观摩课堂

从教育专家、评估专家、教师同行和学生、媒体的评价中，可以看出教育信息技术与思想政治教学融合的生态课堂教学模式是成功的。实践证明，这一教学模式对于提高学生的学习兴趣、改善学习效果、提高学习成绩以及增强学科素养等方面具有积极的促进作用。

2011年之后，生态课堂教学模式得到不少学校的认可。广州市番禺区大岗中学、广州市开发区中学、广州市白云区龙归中学、湖南省桃源县第八中学等省内外学校先后主动与广州大同中学缔结为友好学校，学习生态课堂教学模式，并且取得了较好的成效。湖南省桃源县第八中学借鉴生态课堂教学模式，构建了"六环节高效课堂学案"教学模式。2012年5月，《湖南教育》以《课改不走虚步》为题，专题报道了湖南省桃源县第八中学的课改情况。广州市开发区中学认为："生态课堂课堂教学模式在我校的推广，从根本上改变了教师的教学观念和陈旧的课堂教学模式，真正体现学生的主体地位，提高课堂教学质量，使各学科教师的教学都有章法可循，使教学过程科学化、高效化。"

此外，还有湖北省潜江市教育考察团、贵州省遵义市务川自治县教育考察团、贵州省贵阳市第三实验中学、北京创新国基教育咨询中心等来校考察学习，美国在华"影子校长"培训班、德国莱布尼茨中学的校长、教师来校参观访问。在交流中，学校的办学理念得以丰富、提升与发展，课改得以不断深化。2013年，生态课堂模式作为广州市课堂教学五大新模式之一，被编入广东教育出版社出版的新坐标丛书《课堂教学新模式》中重点推介。

第二节 在实践中思索，
生态课堂存在实践困惑

华东师范大学叶澜教授曾说，教学改革要改变的不只是传统的教学理论，还要改变千百万教师的教学观念，改变他们每天都在进行着的、习以为常的教学行为。在生态课堂的教学实践中，教师也产生了不少困惑。

一、关于课堂中提问谁

大部分课堂中都或多或少地存在着学习的"边缘人"，这和教师"提问谁"有一定的关系。"提问谁"关系到教师是否真正尊重、关爱每一个学生以及能否建立和谐平等师生关系的问题。

在课堂教学过程中，教师通过提问引发学生思考，检查学生对知识的掌握程度。但应该提问谁呢？只从一节课来看，这不是什么问题。因为一节课上不可能提问所有的学生，总会有成绩较好或胆量大、表现欲强的学生，当教师提出问题之后，他们会抢着举手发言。教师为了顺利地完成教学任务，也往往会习惯性地提问这些学生。但从长期来看，这却是一个大问题。一个班里总会有一些成绩不太好或胆量较小、性格内向的学生，他们不敢发言。在教师看来，如果提问这些学生，往往会影响教学任务的完成，于是让他们当"观众"，久而久之，这些学生就成了课堂学习的"边缘人"。

这种习惯性的行为不符合生态课堂的要求——每一个学生都是有思想情感的生命个体，在课堂中都应该得到尊重和关爱。从学生的角度来看，教师的提问是对自己的重视，其内心会因得到满足、感到愉悦；长期得不到提问的学生，会有一种被遗弃的感觉，学习越发没有劲头。所以，在课堂教学过程中，教师"提问谁"是值得思考的一个问题，要让学生成为课堂学习的主人并愉快地学习。运用智能教学平台"随机挑人""抢答"等功能是一个不错的方法。

二、关于学生中途发问

学生在课堂中发问，向教师提出问题或表达自己不同的意见，是对教师

的专业知识和课堂教学智慧的考量。学生向教师提出不同的意见，说明他们在教师的启发下积极地思考问题。因此，教师在课堂教学中应该鼓励学生大胆表达自己的不同意见或发问，营造轻松、宽容的课堂氛围。

三、关于整合教学内容

有些教师在教学过程中唯教材（教参）是从，唯考试大纲是从，教学内容不符合学生的认知水平（过难或过易），这让一些学生失去了学习兴趣。对学生来说，鲜活、生动、形象的学习内容可以提高他们的学习兴趣，从而提高学习效率。学生的学习内容在一定程度上不是取决于他们自己，而是取决于教师。所以，教师应该站在学生的角度整合教学内容，让教学内容符合学生的学习实际，从而提高学生的学习兴趣，为提高课堂教学效率奠定基础。

四、关于课堂时间的舍得

课堂中舍得很重要。如果课堂上学生讨论时间太少，学生讨论就会不充分，效果差；如果课堂上学生讨论时间过多，则会导致课堂任务无法完成。在生态课堂中，教师应舍得时间，让学生充分讨论，呈现合作学习的结果，即使学生会出错，有时候错误也是一种收获。哪怕会影响课堂任务的完成，教师也要学会等待，可以通过调整教学节奏引导学生把握时间，展示时使用简练的语言来调控。教师应舍得时间等待学生提高表达能力、自学能力、自我纠错能力，增强合作意识、资源共享意识、共同进退意识。教师应舍得时间做好学生学习的组织者、引导者、合作者，以及学生个性张扬的促进者，让每一个生命都能焕发出活力，激励、唤醒学生学习的内在动力，教会学生思考与解决问题的方法，让每一个学生都享受生命的快乐和学习的乐趣。

第三节　在实践中优化，
生态课堂焕发精彩课堂魅力

生态课堂的"效"很重要。这个"效"，一是指教师指导学生学习的高效率；二是指学生课堂学习的高效益；三是指学习达到的高效果；四是指高效课堂改革带动教育改革所生发的高效能。课堂教学改革的基本目标是真正让学生做课堂的主人,把课堂还给学生,优化课堂教学内容、结构,提升教师教学行为能力,提高课堂教学效率、效果、效益和效能。只有在教师指导下,高效率的学生学习取得了高效益的回报,这样的课堂才是真正意义上的生态课堂。构建生态课堂的目的在于让学生掌握知识,养成良好的习惯,锻造各方面的能力,培养丰富的情感,满足终身发展的需要,感受到生命成长的快乐。要达到这样的目标,生态课堂就不应仅仅是一个模式化的课堂,而应是一个充满魅力的课堂。

提升课堂教学的魅力是当前深化生态课堂的关键和根本要求。"只有充满魅力的教师,才能造就(充满)魅力的课堂。"

一、科学的教学理念是魅力生态课堂的源

一名优秀的教师不仅要有扎实的专业素质和高尚的教师职业道德,而且要具备自我学习、自我进修、自我内省的能力,用新的教学理念指导教学工作,才能在课堂上游刃有余,不怕学生质疑,与学生共同探讨,与时俱进,让自己的课堂充满魅力。

对教学活动的全过程进行线性的、伸展性的考察,就会发现,生态课堂教学活动是沿着"教学理念(教师的教学理念)→教学准备(教师编写学案,学生课前根据学案指引独学,收集问题;教师进行学情调查)→教学实施(对学、群、展示)→教学效果(课堂检测)→教学评价(学生评价,教师个人反思)"这样的轨迹发展的。在这样的活动中,教学理念是先导,它在很大程度上影响着教师的教学准备行为、教学实施行为和对教学效果进行评价的行为。"把课堂还给学生"的教学理念旨在尊重学生的主体地位,将课堂变成学生学习的"学堂",而不是教师的"讲堂"。

教师要努力打造魅力课堂,首先是形成科学的教学理念,它是教师在生态课堂的学习与实践基础上所构建和发展起来的、经过内化的教师个体的教学观,是教师将先进的教学理念与自己的教学实践感受联系起来构建的、属于自己的教学理念。只有这样的理念才能对教师的人格修养起着深刻的影响作用,对实践中的教师行为起到有效的指导和支配作用,从源头上成为魅力课堂的先决因素。

可以说,教学理念影响着人格修养,支配着教学行为。如果教师没有自己内化的教学理念,课堂上就始终只有生态课堂教学模式的"形",而没有"神"。没有魅力的生态课堂是无本之木、无源之水。

二、明晰的教学目标是魅力生态课堂的根

教学目标在教学中发挥着导向功能、激励功能、评价功能和聚合功能，是教学的出发点和归宿，是对学生学习达到的标准和取得的效果的预期。教师只有制定科学、准确、切合实际的教学目标，才能避免课堂教学的随意性和盲目性，提高教学的实效性，让课堂焕发魅力。

三、教师的人格魅力是魅力生态课堂的魂

俄国著名教育家乌申斯基说，在教学工作中，一切都应以教育者的人格为依据，任何章程和纲领，任何人为的管理机构，无论他们说得多么精巧，都不能代替人格在教育中的作用。没有教师给学生以个人的直接影响，深入到学生品格中，真正的教育是不可能的。由此可见，教师的人格对学生的影响是多么重要。课堂有没有魅力，要看教师有没有人格魅力。教师的人格魅力体现在性格、品行、才学、爱心、责任感等多个方面，其中主要从师德、风度、才学这三个方面提高课堂魅力。

（一）教师的人格魅力源于高尚的师德

在学生心目中，教师是智慧的代表，是高尚人格的化身。他们往往把教师的言行举止作为自己仿效的榜样。因此，一个优秀的教师必须具备高尚的师德、健全的人格素养和强烈的责任感，对学生友善关爱，对教育事业执着追求，具有教育情怀。

（二）教师的人格魅力体现为儒雅的风度

教师严谨认真的作风、庄重得体的着装、温文尔雅的谈吐、稳重大方的举止，无一不是儒雅风度的具体体现，直接反映了教师的审美情趣，对学生有着示范作用，是一种"润物无声"的教育。教师的仪态仪表风度是教师内在素质和个人修养的外在体现。教师仪表应整洁、大方、端庄、优雅，展现美好形象。

（三）教师的人格魅力表现在渊博的才学

著名教育学家叶圣陶先生说，唯有教师善于读书，深有所得，才能教好书。只教学生读书，而自己少读书或不读书，是不容易收到成效的，因此，在读书方面，也得要求"教师下水"。教师应紧跟时代步伐，开阔视野，拓宽学习领域，不仅自己所学专业要"精深"，其他知识也要"广博"，成为专博相济、一专多能的教师。

四、有效的教学行为是魅力生态课堂的桥

教学行为体现了教学智慧。教师需要从每一堂课的教学行为着手，把推敲课堂、追求课堂的完美、追求课堂的魅力当成工作和习惯。从根本上来说，教学行为体现了一名教师的专业素养。一个专业素养高的教师，在学生苦思冥想不得其解时，要做到"不愤不启，不悱不发"，不急于将答案告诉学生，而是恰当引导，让学生体验思考的乐趣；在学生学习倦怠时，在"道而弗牵，强而弗抑"的基础上以负责的精神与和蔼的态度，让学生始终保持高度的学习积极性。只有这样的教学行为，才能让课堂具有持久的魅力。

魅力生态课堂的打造，不是对以往课堂教学的彻底变革，而是"扬弃"。当然，有魅力的生态课堂不是流水生产线上的制造品，它需要我们在全面审视过去的实践与研究中，不断总结反思，不断提升自己的教学认知和专业素养。

第四节 在实践中探索，生态课堂要处理好四对关系

一、处理好课本与数字教学资源的关系

课本知识是基本的结构性教学内容，而数字教学资源促进了课本内容和教学空间的拓展。在具体的教学中，只有充分利用网络等丰富的数字教学资源重组教材，才能更好地进行生态教学。

二、处理好教师主导与学生主体的关系

生态课堂中教师与学生的交流是双向的、相互沟通的。学生的主体作用通过教师的引导得以更好地体现。如果教师没有搭好教学引导的支架，则容易使学生的自主学习或合作学习流于形式，学生的主体性便无法体现。因此，必须在民主、平等、和谐的关系下充分发挥教师的主导作用，发展学生的主体作用。

三、处理好课内教学与课外拓展的关系

生态课堂通过指导学生课外学习的方法,提供学生课外学习的平台,鼓励学生结合网络等工具,主动进行课外拓展性学习、研究性学习等,将课内与课外有机结合起来,促进学生知识升华和综合能力发展。

四、处理好个体与全体的关系

生态课堂鼓励个性化发展,提倡因材施教。在面向全体的班级教学中,要善于结合网络开展个性化学习。通过网络个性化测评和学习资源个性化智能推送,把面向全体学生的教学与个体的因材施教有机结合起来,使每个学生都能得到最大限度的发展和提升。

附录一　教学设计

"消费及其类型"教学设计[①]

广州大同中学　骆霞

扫码观看视频

【教材分析】

本课主要让学生能够解释影响消费的因素,知道消费的类型以及理解消费结构的变化的经济意义等经济现象及相关的经济知识。

【教学目标】

1. 展示关于"消费"的论述,拥护中国共产党的领导,坚信中国特色社会主义是国家富强、民族振兴、人民幸福的根本保障。

2. 结合实例,分析人们消费水平提高的表现,感悟人民生活水平提高的原因;激发学生热爱生活、拥护改革开放政策的热情,增强民族自豪感;能结合实例解释消费的类型;能结合实例解释消费结构和恩格尔系数,分析恩格尔系数与消费结构的关系,正确看待我国消费结构的变化;能结合实例解释影响消费的因素;能归纳图表题的解题方法。

3. 说出提高居民消费水平的措施,增强公民意识和提高公共参与的能力。

4. 通过合法途径和渠道增加收入,提高消费水平,增强法治意识。

【教学重难点】

重点:影响消费的因素、图表题的解题方法。

[①] 本节课是骆霞 2018 年 5 月 17 日下午在广州市高二政治教研活动中上的一节公开课(复习课)。

难点：消费结构、提高居民消费水平的措施。

【教学方法】

情境教学法、问题探究法。

【教学过程】

导入

展示党的十九大报告、2017年中央经济工作会议、李克强总理在十三届全国人民代表大会第一次会议上所作政府工作报告中关于"消费"的论述，引入话题。

第一环节：情境创设，直击消费

教师活动：暑假要到了，一些外地人想来广州游玩一天。但他们都不太了解具体情况，小明同学作为广州人为他们提供了旅游攻略。四组游客的情况如下：

张大妈夫妻双人游，旅游经费1600元

王爷爷一人游，退休金2500元

小陈，国企工程师，一家三口游，旅游经费3000元，信用卡额度5万元

小李和闺蜜双人游，旅游经费500元（人均），储蓄卡一张

小明同学设计的旅游攻略：

早上吃完早茶，到陈家祠和中山纪念堂参观。中午吃煲仔饭，品甜点，短暂休息后，到粤剧院观赏粤剧表演。傍晚吃冬瓜盅消暑，短暂休息后，登广州塔，最后是夜游珠江。

出行方面是滴滴打车或出租车。选择经济实惠的连锁酒店住宿。购买一幅广绣作品作为纪念品，因价格高，用信用卡透支支付。

问题1：小明设计的旅游攻略里的消费行为属于什么消费？如何进行分类？

学生活动：通过给定的情境，回忆消费的类型和分类标准。

教师引导学生总结：辩证区分消费类型，正确看待贷款消费。

（设计意图：创设学生熟悉的关于消费的情境内容，以小明设计的旅游攻略为线索贯穿整节复习课，吸引学生注意力，激发学生兴趣，引发学生思考，让学生自主地投入到复习课中，促使学生回忆消费的类型，增强课堂内容与现实生活的贴近度）

第二环节：剖析现象，洞察消费

教师活动：提出问题，引导学生思考。

问题2：随着经济的发展，按消费目的分类，哪一类消费占比会增加？哪一类消费占比会减少？消费结构发生怎样的变化？

拓展延伸：《2017年中国居民消费升级指数报告》。

教师引导学生总结：全面理解恩格尔系数。

现场练兵，理解消费。

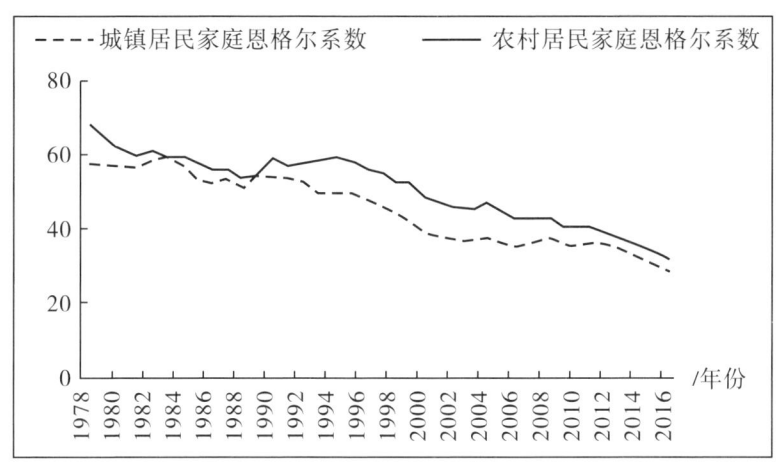

图附录-1

材料：2017年我国城镇居民家庭和农村居民家庭的恩格尔系数分别为28.6%和31.2%。根据联合国粮农组织提出的标准，恩格尔系数在59%以上为贫困，50%～59%为温饱，40%～50%为小康，30%～40%为相对富裕，20%～30%为富裕，低于20%为极其富裕。

根据图和材料，提炼经济信息，归纳图表题的解法。

教师引导学生总结图表题的解法：纵比比变化趋势，横比比差距差异；从数据到术语；从现象到本质。

学生活动：回忆消费结构的内涵、公式，思考消费结构和恩格尔系数的关系，提炼图表题的解法。

（设计意图：引入当前经济热点，引导学生观察生活、关注时事。通过图表题的训练，归纳图表题的解法）

教师活动：提出问题，引导学生思考。

问题3：小明设计的攻略是基于哪些因素？收入是如何影响旅游消费的？

问题4：工程师家庭和王爷爷的消费水平哪一个高？影响总体消费水平的因素又是什么？

教师引导学生总结：影响消费的因素。

拓展延伸：基尼系数。

教师引导学生总结图表题的解法：纵比比变化趋势，横比比差距差异；从数据到术语；从现象到本质；从理论到实践。

第三环节：窥探消费，明理究因

教师活动：拓展延伸"政策红利推动消费升级"。

问题5：国家为什么要扩大消费，促进消费升级？

学生活动：讨论探究国家扩大消费，促进消费升级的原因。

教师引导学生归纳。

（设计意图：引入当前经济热点，引述政府对策，引导学生观察生活、关注时事、思考原因，整合教材前后的知识，挖掘本课背后的知识）

第四环节：理性消费，寻求对策

教师活动：拓展延伸"消费者信心指数"。

问题6：从影响消费的因素角度说明如何进一步提高这一信心指数。

学生活动：讨论探究提高消费者信心指数（居民消费水平）的措施。

教师引导学生归纳：提高消费水平的措施。

表 附录-1

影响因素	对消费的影响		应对措施
经济发展水平（根本因素）	生产决定消费		贯彻新发展理念观，转变经济发展方式；大力发展生产力，提高我国经济发展的总体水平
居民收入（主要因素）	收入是消费的基础和前提	当前可支配收入	实施更加积极的就业政策，增加居民收入
		未来收入预期	完善社会保障制度，扩大中等收入者比重保障低收入者基本生活
		社会收入差距	完善收入分配政策，调节社会收入差距，推进基本公共服务均等化
物价变动（重要因素）	物价影响人们的购买力，引起消费量的变化		实行科学的宏观调控，稳定物价
消费观念（主观因素）	影响消费水平和习惯		树立正确的消费观，践行正确的消费行为

（设计意图：学生通过探究提高居民消费水平的措施，突破这一教学难点。引导学生根据所复习的知识分析问题，引导学生从多角度分析问题。以表格的形式呈现知识，有利于学生清晰地掌握知识的内在联系）

"伟大的改革开放"教学设计[①]

广州市从化区第五中学　李辉云

扫码观看视频

【教材内容分析】

本框主要内容为"伟大的改革开放",在全书中起着承上启下的作用。改革开放是坚持和发展中国特色社会主义的必由之路,只有改革开放才能发展中国特色社会主义,才能实现中华民族伟大复兴。

【学情分析】

上课对象是高一年级学生,学生的好奇心较强,探索和合作想法明显,具备一定自主能力和探究精神,对中国改革开放等宏观政策的敏锐度较高。

学生经过初中学习已有一定的知识储备,喜欢阅读历史事件并有一定的史学知识积累,但对于改革开放的深层次原因和改革开放时空版图的把握等知识有所欠缺。学生以前没有接触过议题式教学,对新颖的教学方法抱有期待。

【教学目标】

在总议题"改革开放是一条怎样的路"引领下,学生逐步深入探究改革开放之路是一条新路、长路、好路,更是一条可持续发展之路。引导学生运用辩证思维,懂得中国对外开放的基本国策不能动摇,改革开放是决定当代中国命运的关键一招,也是决定实现"两个一百年"奋斗目标、实现中华民族伟大复兴的关键一招;加深对我国改革开放这一基本国策的理解,提升政治认同。激发学生参与改革开放,参与实现"两个一百年"奋斗目标和实现中华民族伟大复兴的使命担当,培育公共参与意识。

【教学重难点】

教学重点:改革开放的意义。

教学难点:改革开放的引导力和生命力。

【教学方法】

议题式、讲授式、启发式教学。

[①] 本课为课题组成员李辉云2021年9月16日下午在广州市高一政治网络教研活动中展示的一节公开课(新授课)。

【教学流程】

表 附录-2

总议题：改革开放是一条怎样的路？			
课堂导入：播放歌曲《春天的故事》			
议学情境	教师活动	学生活动	设计意图
歌曲《春天的故事》	课前播放歌曲《春天的故事》	听美妙歌曲，思小平同志，忆改革开放	欣赏优美歌曲，引导学生迅速聚焦改革开放教学主题，调动积极情绪，激发积极性，进入议学状态
环节一：新路——历史转折			
议学情境	教师活动	学生活动	设计意图
中共十一届三中全会	播放视频《中共十一届三中全会》	议学任务：为什么说中共十一届三中全会是改革开放新路的开始？	中共十一届三中全会是改革开放的起点和历史转折点，是学习改革开放的背景。用视频再现当时情境，学生记忆更为深刻，有利于学生掌握改革开放的背景，为了解改革开放的历程做好自然引线
	议学提示： 中共十一届三中全会的伟大意义：重新确立了马克思主义的思想路线、政治路线和组织路线，确定把党和国家的工作重点转移到社会主义现代化建设上来，做出了实行改革开放的重大决策，是具有深远意义的伟大转折，开启了改革开放和社会主义现代化建设新时期		
环节二：长路——历程			
议学情境	教师活动	学生活动	设计意图
中国改革开放40多年发展史	引导学生阅读教材文本，指导组内绘制改革开放推进的时空版图，进行组际成果展示	议学任务：改革开放之路是如何一步步变长的？ 组内绘制改革开放推进的时空版图，进行组际展示，派代表发言展示议学成果	学生对改革开放这一基本国策的形成和发展有一定的历史知识积累。本课的学习目标不仅是让学生梳理对内改革、对外开放逐渐打开的时空版图，更是让学生在意识形态层面认可国家政策制定的智慧和生命力。学生动手、动脑主动绘制时空版图，有利于认识改革开放正当时，培养政治认同和科学精神

（续上表）

议学情境	教师活动	学生活动	设计意图
中国改革开放 40 多年发展史	议学提示：改革开放的进程 （1）起点：1978 年 12 月。 （2）起步阶段：1979—1992 年。 （3）新阶段、新水平：1992—2013 年。 （4）全面深化改革阶段：2013 至今。 四个阶段，两个角度（对内改革和对外开放）		

环节三：好路——意义

议学情境	教师活动	学生活动	设计意图
1. 学生畅谈"我眼中的改革开放变化"。 2. 观看视频《厉害了，我的国》。 3. 我心中的改革先锋（享受幸福生活，不忘改革先锋）	1. 引导学生畅谈"我眼中的改革开放变化"。 2. 播放视频《厉害了，我的国（成龙版）》。 3 展示议学情境：我心中的改革先锋（享受幸福生活，不忘改革先锋）	议学任务 1：改革开放 40 年春华秋实。请你结合家庭或家乡的事例，谈谈改革开放以来家庭、家乡发生了哪些翻天覆地的变化。 议学任务 2：观看视频之后你有什么感受？结合家庭、家乡和祖国的发展，谈谈改革开放的意义。 议学任务 3：给你所了解的广东籍国家改革先锋撰写颁奖词。 分组讨论，代表发言展示议学成果	"家庭小变化，国家大发展。"学生在自身体验中深刻理解改革开放以来我国取得的历史性发展成就，为深刻理解改革开放的意义做好实践支撑，同时引起思想共鸣和情感共振，从而引发对改革开放这一正确决策和中国特色社会主义道路的政治认同。 解读改革先锋人物的事迹，提升学生精神境界，使学生深化对改革开放意义的理解，提升对国家坚持改革开放的政治认同，坚定走中国特色社会主义的道路自信
	议学提示：改革开放的意义 （1）改革开放极大地改变了中国的面貌、中华民族的面貌、中国人民的面貌、中国共产党的面貌。 （2）中华民族迎来了从站起来、富起来到强起来的伟大飞跃，中国特色社会主义迎来了从创立、发展到完善的伟大飞跃，中国人民迎来了从温饱不足到小康富裕的伟大飞跃。中华民族正以崭新姿态屹立于世界的东方。 （3）实践充分证明，改革开放是党和人民大踏步赶上时代的重要法宝，是坚持和发展中国特色社会主义的必由之路，是决定当代中国命运的关键一招，也是决定实现"两个一百年"奋斗目标、实现中华民族伟大复兴的关键一招		

(续上表)

议学情境	教师活动	学生活动	设计意图
环节四：可持续发展之路——永无止境			
《习近平总书记在庆祝改革开放40周年大会上的讲话》	展示议学情景：播放视频《习近平总书记在庆祝改革开放40周年大会上的讲话》	议学任务： 1. 为什么说改革开放永无止境？ 2. 未来的我，如何担当改革开放和民族复兴大任，争做未来"改革先锋"？ 分组讨论2分钟，代表发言展示议学成果	引导学生畅想"未来的我"，调动学生思维，让学生有话可说、能说、敢说。引导学生顺应潮流、勇于担当，"一棒接着一棒跑下去"，跑好自己这一棒，每个人都有机会成为"改革先锋"
	议学提示： 实践发展永无止境，解放思想永无止境，改革开放也永无止境，停顿和倒退没有出路。对外开放是中国的基本国策。当今世界是开放的世界，开放带来进步，封闭必然落后。改革开放只有进行时，没有完成时。 一代人有一代人的使命，一代人有一代人的担当。我们广大青年生逢其时，也重任在肩，理应勇做改革开放的弄潮儿、担当民族复兴大任的时代新人			

【教学反思】

1. 议题设计比较巧妙。紧紧围绕总议题"改革开放是一条怎样的路"展开，层层推进、步步深入。议题既承载了学科的重点内容和知识，又有效地实现了价值引领，把领悟改革开放"关键一招"落到了实处。

2. 活动设计突出合作。通过"小组商议""代表发言""组际交流分享"等活动，让学生在"议"的群体性活动中深化认知、增强体验，更好地把知识转化为行动。

3. 学科任务不断递进。从"绘制改革开放的线路"，到"写颁奖词"，再到"改革先锋"的畅想，学科任务难度逐步提高。

"法治政府"教学设计

广州大同中学 何婉莲[①]

扫码观看视频

表 附录-3

总议题	法治政府的内涵和意义是什么?
课程标准	3.3 列举事例,阐明建设法治国家、法治政府、法治社会的意义 2-3 描述法治国家、法治政府、法治社会的基本表征
教材分析	本框共安排两目内容: 第一目"法治政府的内涵" 第二目"建设法治政府"
学情分析	学生已经系统学完了"坚持党的领导""人民当家作主"(国体、根本政治制度、基本政治制度),在"依法治国"这个单元,在了解了我国法治建设的进程、全面依法治国总目标和原则的基础上,学习了法治国家的相关内容后,进行框题"法治政府"的学习
教学目标	通过广州市政府提升政务服务效能、"穗好办"APP、全国营商环境评价中广州综合排名第一、深化行政执法体制改革、加强执法监督、全面提升执法水平、广东省政府数字化执法、我国政府2020抗击新冠疫情的作为等系列情境,让学生理解法治政府的内涵,拥护法治政府的建设;树立全民学法、懂法、守法、用法,拥护建设法治国家、支持法治政府建设
教学重点	法治政府的内涵,建设法治政府的要求和意义
教学难点	建设法治政府的要求
教学方法	情境教学法、议题式教学法、合作探究法、讲授法
教学媒体	"慧学君"教学平台

[①] 本课为课题组成员何婉莲在广州大同中学"研学助教"活动中展示的一节校公开课(新授课)。

（续上表）

教学环节	教学活动预设	设计意图
课前准备	课前的周末，教师推送学习资源至"慧学君"教学平台，包括视频《法治政府——让权力在阳光下运行》，广州南沙综合执法高效透明、有效避免重复执法的案例资料。学生课前阅读《法治中国建设规划（2020—2025年）》	课前，通过"慧学君"教学平台推送视频、文档等相关学习素材，激发学生的学习兴趣，拓宽学生的视野
课堂导入	法治政府是法治建设的主体，国务院和地方各级人民政府作为国家权力机关的执行机关，作为国家行政机关，负有严格贯彻实施宪法和法律的重要职责。这节课我们重点学习法治政府的内涵以及建设法治政府的要求和意义	温故而知新，帮助学生梳理知识，把握逻辑联系以及本课与上一课的关系，明确本节课的学习逻辑
环节1	展示情境1：播放视频《广州政务服务推出"穗好办"APP，为了让市民拥有最好的服务体验》，让学生认识到广州市政府在加速提升政务服务效能。 问题1：结合以上材料和视频，假如你是需要办事的老百姓，广州市政府给你留下什么印象？假如你是创业者或者经营者，广州市政府加速提升政务服务效能对你有什么影响？	通过生生、师生的互动与合作，了解政府践行法治政府的做法，理解法治政府的内涵，拥护法治政府的建设
环节2	展示情境2：放学路上，发现某小店售卖的口罩明显不合格（用所学化学知识判断和发现使用的不是合格的熔喷布）。通过小组研究性学习发现某工厂偷排污水、污气的情况。 问题2：作为中学生，发现以上情况，你希望政府如何作为？作为某小店和某工厂负责人，你又希望政府如何处理？ 播放视频片段《"指尖办公"综合执法 广东省数字化执法提高效率》和《广州进一步深化行政执法体制改革，加强执法监督，全面提升执法水平》	模拟情境应用，理解法治政府的内涵，拥护法治政府的建设。 教学过程贯彻启发性原则，引导学生经过思考和发现，得出教材结论

（续上表）

教学环节	教学活动预设	设计意图
环节3	展示情境3：《2020抗击疫情，政府在行动》 问题3：我国政府履行什么基本职能？ 师生活动预设：（师生活动、生生互动达成共识） 与素材一一对应，了解政府的基本职能	在具体情境中生成知识
课后作业	1. 登录广州市人民政府网，浏览相关信息，熟悉政府部门设置，查阅自己感兴趣的相关文件。 2. 选取最近一周的广州市内的新闻，从依法行政的角度写一份时评	学以致用，践行生活，提高公共参与的能力

"精准分析 高效复习"期中考试试卷讲评反思课教学设计[①]

广东广雅中学 蔡曼娜

扫码观看视频

【教学目标】

让学生通过分析农村基层治理现状和解决措施，培养辩证分析问题的能力，掌握评析类主观题的解题方法，培养法治精神、爱国主义情怀和政治认同感。通过分析选择题错题原因，提高学生解题能力；通过试卷讲评引导学生养成反思总结的习惯，促进学生深度学习。

【学情分析】

学生在上学期已经完成了《政治生活》内容的复习，对《政治生活》的知识内容遗忘率较高，对评析类主观题缺乏正确的解题思路和方法。

【教学重难点】

突破评析类主观题解题方法。通过智能平板同屏功能展示典型答卷，再通过智能平板全班作答功能引导学生对该答卷进行评分并说明理由，引导学生明确问题逻辑，把握知识逻辑，分析事实逻辑，通过主观题解题方法的"四步"统一"三重逻辑"和答案组织的"六化"，提高主观题得分。

---

① 本课为课题组成员蔡曼娜2021年6月10日在广州市高二网络教研活动中展示的一节公开课（讲评课）。

【教学过程】

表 附录-4

教学环节	环节目标	教学内容	学生活动	媒体作用及分析
课前环节	课前调动学生自主学习	通过平板"班级空间任务布置"功能推送影响本次考试成绩因素的调查问卷,发放纸质版《考试自我分析及反思》引导学生对本次考试进行反思	对本次考试从知识点、错题原因2个角度进行错题分析,提出相应解决对策,并对本次考试进行整体反思	通过平板电脑的"班级空间任务布置"功能向学生推送调查问卷,帮助教师快速统计本次考试考情;发放纸质版错题分析及反思,帮助学生落实考后错题整理和考后分析反思,调动学生自主分析反思的积极性,改变以往讲评课教师讲、学生听的教学模式,转化为课前学生自主分析反思,课堂上分享思维碰撞,课后强化训练提升
导入:调查问卷及考后分析反思结果反馈	分享课前调查问卷统计及考后自主分析反思结果反馈,帮助学生明确影响本次考试的主要原因并找到对策,明确讲评课的学习目标	分享课前调查问卷统计及考后自主分析反思结果反馈	结合教师分享调查问卷结果及自主分析反思结果进行自主思考	通过希沃智慧课堂屏幕共享调查问卷结果及学生自主分析反思结果,精准分析影响本次考试成绩的主要原因,引导学生提高自主分析反思的能力,为提高复习效率提供依据

(续上表)

教学环节	环节目标	教学内容	学生活动	媒体作用及分析
成绩对比分析	从班级3月月考及期中考试对比，各学习小组成绩变化对比，表扬在本次考试中成绩优秀及进步较大的学生，帮助学生树立信心	教师课前统计班级3月月考及本次期中考试成绩对比，肯定一轮复习效果，表扬成绩进步较大的学习小组及个人	通过教师的成绩分析对比明确自己目前的成绩在班级和学习小组中的排位，做到合理定位	充分运用智学网成绩统计功能，完整记录班级及各学习小组、学生个人的成绩变化轨迹，帮助教师精准把握班级及学生复习状态，做到精准分析，用数据帮助学生树立信心
答题情况分析	通过智学网考试答题情况统计，精准把握本节课讲评重点题目及知识点，提高课堂讲评实效	分享智学网本次考试答题情况统计分析，确定本节课重点讲评题目及知识点	根据教师分享的答题情况统计，结合个人答题情况确定课堂分析反思重点	通过智学网考试答题情况统计，快速精准把握讲评课需要重点分析的题目及知识点，提高课堂讲评实效
主观题讲评：假如你是阅卷老师	通过屏幕共享展示一份典型答案，引导学生进行换位思考，假如你是阅卷老师，对这份答案进行点评并说明理由，帮助学生掌握评析类主观题解题的三重逻辑并提高解题能力	运用智能平板全班作答功能，引导全班学生对答案进行分析反思，教师总结评析类主观题试题特点及解题方法，帮助学生把握主观题解题的三重逻辑，规范化答案组织，提高答题的有效性	在智能平板上对教师展示的答案进行评分并说明理由，掌握评析类主观题解题方法并订正自己的答案	运用智能平板全班作答功能，调动学生课堂参与，积极主动进行思考，改变以往传统讲评课少数学生参与课堂讨论的情况，每个学生都可以在讨论区发表自己的看法。教师在学生充分讨论后总结评析类试题的特点及解题方法，帮助学生把握主观题解题的三重逻辑，规范化答案组织，提高答题的有效性

（续上表）

教学环节	环节目标	教学内容	学生活动	媒体作用及分析
选择题精讲解惑	运用智能平板抢答功能，由抢答到的学生进行题目分析，教师总结选择题解题方法，集合学生的智慧快速解决选择题疑惑	通过智能平板推送正答率较低的选择题，运用智能平板抢答功能，调动学生课堂参与热情及思维，帮助全班学生快速解决选择题疑惑	进行抢答，分享自己对该题的解题思路，总结选择题解题方法	通过平板推送正答率较低的选择题，运用智能平板抢答功能，教师可以调动学生课堂参与积极性，集合学生的智慧，改变以往讲评课教师讲、学生听的情况，快速解决选择题疑惑
课后训练提升	评析类主观题课后提升训练	运用智能平板作业功能推送2020年江苏高考真题进行课后提升训练，巩固讲评课效果	在智能平板提交提升训练题目答案	通过智能平板作业功能推送针对性训练，师生可以不受时空限制进行交流反馈，进一步提高试卷讲评课及复习效果

"运动是有规律的"教学设计[①]

广州大同中学 李婉健

扫码观看视频

【课标要求】

辨析实例，说明世界是物质的，物质是运动的，运动是有规律的，阐述从实际出发、"实事求是"的意义。

【学情分析】

经过前面的学习，学生对世界的物质性有了初步了解，初步能树立马克思主义的物质观，知道世界是物质的，物质是运动的，这为本课题的学习打下了良好的基础。在本课堂教学中通过运用议题式教学法，同时使用"慧学君"教学平台，充分发挥课前导学反馈、课中展示互动、课后巩固评价的功能，引导学生获取和领悟新知。

【教学目标】

1. 围绕总议题"尊重规律，科学防疫，打赢疫情防控阻击战"，结合新冠病毒源头和感染、传播机理等材料解释规律的含义，总结规律的客观性和普遍性的两个特征，懂得物质世界运动的规律是客观的、普遍的，培养学生的科学精神素养。

2. 列举我国新冠病毒疫苗研发的材料突破方法论要求，引导学生树立马克思主义科学的规律观，树立按规律办事的意识，在生活、学习和工作中自觉地遵循规律，提高自觉按客观规律办事的能力，增强公共参与能力。认同马克思主义的规律观来指导学习、生活与实践，感受人类卫生健康共同体的理念，体会中国政府负责任的担当作为。

【教学重难点】

教学重点：规律的客观性与普遍性及其方法论要求。

教学难点：规律的含义。

【教学方法】

议题式教学法、探究法。

[①] 本课是课题组成员李婉健 2020 年 11 月 26 日在广州市白云区高二网络教研活动中展示的一节公开课（新授课）。

【教学过程】

表 附录-5

教学环节	学生活动	教师活动	评价活动	设计意图
课前自主预习	根据"慧学君"平台发布自主预习提纲，把预习自主成果拍照上传至慧学君平台，展示交流	通过"慧学君"平台发布自主预习提纲	利用"慧学君"平台上传功能，拍照上传的预习情况并在课堂做出即时反馈	教师通过发布自主预习提纲，引导学生阅读教材，并在讲前对新课知识形成认知框架，为新课学习打好基础
导入新课	学生观看材料与图片，思考回答问题	展示材料：10月26日，据《武汉晚报》消息，"人民英雄"、中国工程院士、天津中医药大学校长张伯礼表示，病毒已发生变异，传染性增强但毒性减弱，表现为无症状感染者越来越多。提问：新冠病毒的变异说明事物具有什么属性？	了解学生关注时政的情况，对复习情况进行评价	激发学生兴趣，温故知新，从而顺利导入课题
议题一：从新冠病毒源头和感染、传播机理认识规律	学生在教师的层层引导下，说出新冠病毒源头和感染、传播机理，思考问题	师生互动之下展示新冠病毒源头和感染、传播机理的相关文字材料。提问：人们是如何发现新冠病毒源头和感染、传播机理呢？	对学生的思考和作答情况做出评价	从贴近学生生活话题入手，引导学生明白新冠病毒的运动变化过程是有规律可言的，为学习哲学上规律的概念做好铺垫

（续上表）

教学环节	学生活动	教师活动	评价活动	设计意图
议题一：从新冠病毒源头和感染、传播机理认识规律	阅读文字材料，围绕议题，结合书本知识，在独立思考与小组讨论相结合的基础上，在限定时间内充分讨论出结果并由小组代表展示结论	引导学生以小组形式限时讨论判断下列事物是否属于规律 1. 喜鹊叫喜，乌鸦报丧 2. 苹果落地 3. 种瓜得瓜，种豆得豆 4. 商品价格围绕价值上下波动 5. 守株待兔 6. 人的思维速度是光速的100倍 √ 7. 生产关系一定要适应生产力状况 √ 规律是事物运动过程中固有的联系（源自自身固有的） 不是：凡识别过程中呈现出来的事物，不是：现象的联系，深刻的内在，不是现象的联系 规律是事物运动过程中稳定性的联系，不是偶然的联系 规律是事物运动过程中必然性的联系，不是偶然的联系 图附录-2	对学生的小组合作学习能力做出评价	引导学生理解并识记规律的含义
	在理解规律含义的基础上，进一步思考总结规律的特点	图附录-3 提问：以上规律能被创造或被消灭吗？说明规律具有什么特点？	对学生的思考和作答情况做出评价	引导学生理解并识记规律两个特征，明确物质世界运动的规律是客观的、普遍的，落实科学精神核心素养目标

239

（续上表）

教学环节	学生活动	教师活动	评价活动	设计意图
议题一：从新冠病毒源头和传染、传播机理认识规律	在理解规律含义的基础上，进一步思考总结规律的特点	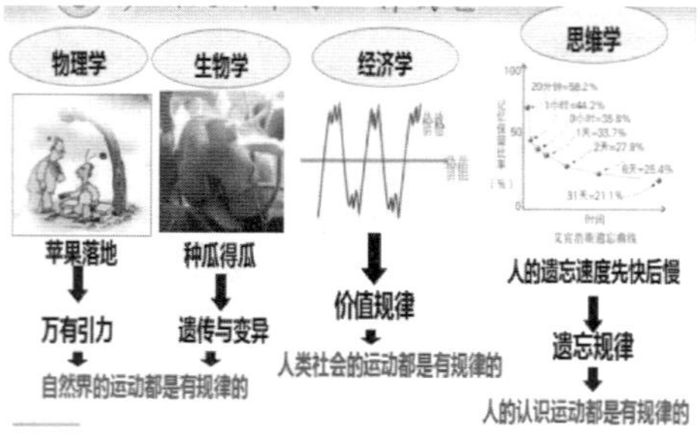 图附录-4 提问：以上规律分别属于哪个领域？说明哲学概念中的规律具有什么特点？	对学生的思考和作答情况做出评价	引导学生理解并识记规律两个特征，明确物质世界运动的规律是客观的、普遍的，落实科学精神核心素养目标
议题二：从新冠病毒源头和传染、传播机理把握规律	在掌握规律普遍性和客观性的基础上，结合新冠疫情实际情况思考并回答人类采取哪些行动能进行科学防疫	思考：人类在微小却无情的新冠病毒面前是否无能为力？	对学生的思考和作答情况做出评价	为理解客观规律与主观能动性的辩证关系做铺垫

240

(续上表)

教学环节	学生活动	教师活动	评价活动	设计意图
	阅读电子屏幕的文字材料，在限定时间内小组讨论、交流，然后展示反馈讨论结果	展示材料：新冠病毒疫苗被称为是战胜新冠病毒的终极武器。到底什么是疫苗？思考：说明我国新冠病毒疫苗研发给我们的启示	对学生的小组合作学习能力做出评价	引导学生结合材料理解客观规律与主观能动性的辩证关系，引导学生认同并坚持马克思主义的物质观指导我们的学习、生活与实践，落实政治认同核心素养目标
议题二：从新冠病毒源头和感染、传播机理把握规律	观看视频，了解我国新冠病毒疫苗研发的最新情况，感受领悟人类命运共同体理念	观看视频《中国加入"新冠肺炎疫苗实施计划"》	对学生的课堂专注度进行评价	感受人类卫生健康共同体的理念，体会中国政府负责任的担当作为
	联系生活实际情况，思考问题	在中国共产党的坚强领导下，举国同心，尊重规律，科学防疫，一定可以打赢疫情防控阻击战。由于新冠病毒已发生变异，传染性增强但毒性减弱，在秋冬季节，我们具体要做到什么从而科学防疫？	评价学生理论联系实际的能力	引导学生树立按规律办事的意识，在生活、学习和工作中自觉地遵循规律，提高自觉按客观规律办事的能力，增强公共参与能力

（续上表）

教学环节	学生活动	教师活动	评价活动	设计意图
知识总结	梳理课堂知识，形成系统的知识框架	图附录-5	评价学生梳理知识点的能力	引导学生形成思维导图，巩固新知
课中检测	思考并回答问题	略	评价学生学以致用的能力	检测学生学习效果，引导学生进一步巩固新知
课后练习	通过慧学君完成相关练习并进行反思	通过"慧学君"平台发布课后习题	评价学生的学习主动性、积极性和知识掌握程度	把课程讲授成果进一步落实到位

附录二 导学案设计

"司法公正"[①] 导学案设计

【学习目标】

1. 理解公正司法的内涵、表现，领悟公正司法对维护社会公平正义和公民权益具有重要意义，在日常生活中自觉做到尊法、学法、守法、用法，增强法治观念，树立法治意识。

2. 掌握推进公正司法的具体要求，并认同公正司法是全面依法治国的基本要求。

【总议题】

公正司法——社会公平正义的最后防线。

【核心概念】

公正司法。

【议题导与学】

(一) 议题情境

张××案简介：

27 年前，两具男童尸体在江西省某县的某水库中被发现。1993 年，26 岁的张××因涉嫌故意杀人被捕入狱。2020 年，53 岁的张××最终迎来迟

[①] 司马术云."议题式翻转课堂"导与学.政治与法治[M].广州：广东高等教育出版社，2021.本篇由骆霞编写。

来的正义，被无罪释放。张××自1993年10月27日起失去人身自由，直到2020年再审判决作出之日，他已经被羁押了27年（合计9778天）。

2020年8月4日，江西省高级人民法院下达的再审判决书定格了法治中国的历史瞬间。根据再审判决书，原审判决事实不清、证据不足，张××最终被宣告无罪。在张××案中，江西省高级人民法院主要从四个方面来证明本案应该适用"无罪推定、疑罪从无"这一法律原则。

第一，在案物证与本案或张××缺乏关联。（1）抛尸现场附近提取的麻袋与本案或张××缺乏关联。（2）张××家中提取的麻绳与本案缺乏关联。

第二，原审认定被害人张××将张××手背抓伤出血，缺乏证据证明。这属于检验证明不具有排他性的问题。

第三，原审认定的第一作案现场缺乏痕迹物证证明，张××哥哥的房间是否是第一作案现场存疑。

第四，张××的有罪供述真实性存疑，不能作为定案的根据。

真实合法且有关联的证据是现代刑事司法正义的必然要求，不能够排除合理怀疑的证据不可以作为定罪的依据，"无罪推定、疑罪从无"在证据规则的运用上展现了它的价值。

（二）课前学习准备

任务1：江西省高级人民法院用"无罪推定、疑罪从无"的法律原则审判张××案，根据再审判决书，原审判决事实不清，证据不足，张××被无罪释放，说明公正司法的表现和意义。

任务2：我们可以从哪些渠道获取张××案庭审案件的信息？

（三）课堂合作探究

议题1：从杭州莫××纵火案看公正司法。

2016年9月，莫××到浙江省杭州市某公寓被害人朱××、林××夫妇家从事保姆工作。由于赌博成瘾，2017年3月至6月，莫××为筹集赌资，多次窃取朱××家财物，并找借口向朱借款，上述钱款均被莫赌博输光。6月21日晚，莫××为继续筹集赌资，决定采取在朱××家中放火再帮助灭火的方式骗取朱的感激，以便再向朱借钱。22日4时55分，莫××在朱××家客厅用打火机点燃书本，引燃客厅沙发、窗帘等易燃物品，导致火势迅速蔓延，造成屋内的朱××及其三名未成年子女共四人被困火场，吸入过多一氧化碳中毒死亡，并造成该室和邻近房屋部分设施损毁。

2018年2月9日，杭州市中级人民法院依法判处被告人莫××死刑，剥夺政治权利终身，并处罚金人民币一万元。莫××不服一审判决，上诉至浙江省高级人民法院，浙江高院终审判决驳回上诉，称案件事实清楚，证据确凿，维持原判。9月21日，经最高人民法院核准，莫××被执行死刑。

结合材料，从杭州莫××纵火案思考什么叫公正司法，公正司法有什么表现？从杭州莫××纵火案的判决说明公正司法的重要性。

知识小结1：_____

_____

学习指引：
1. 阅读教材P103，了解公正司法的内涵和表现。
2. 从不同角度思考公正司法的重要性。

议题2：新时代我国应怎样推进公正司法？

材料1：习近平总书记指出，司法体制改革成效如何，说一千道一万，要由人民来评判，归根到底要看司法公信力是不是提高了。每年全国人民代表大会的表决，某种程度上就是一面检验公信力的镜子。2013年，最高人民法院的工作报告曾得到605张反对票。然而，从2014年开始，两高报告的赞成票越来越多。2020年5月28日，2886名代表出席十三届全国人民代表大会第三次会议闭幕会，会议以"赞成2794票、反对76票、弃权16票"，表决通过最高法院院长周强所作的工作报告；以"赞成2811票、反对58票、弃权16票"，表决通过了最高检察院检察长张军所作的工作报告。最高法院2020年工作报告的赞成率约为96.8%，最高检察院2020年工作报告的赞成率为97.4%。

材料2：2019年9月12日，国务院新闻办公室发表《中国司法领域人权保障的新进展》白皮书。白皮书指出，中国贯彻疑罪从无原则，积极防范和纠正冤假错案。最高人民法院发布《关于建立健全防范刑事冤假错案工作机制的意见》，规定对定罪证据不足的案件应当依法宣告被告人无罪，确保无罪的人不受刑事追究。同时，中国确立非法证据排除制度，保障犯罪嫌疑人合法权利。

联系以上材料，思考国家推进公正司法的做法和具体要求有哪些。

知识小结2：_____

_____

学习指引：阅读课本第104～105页，联系材料，思考推进公正司法的做法和具体要求。

（四）基础训练（略）

（五）自我评价

结合学习过程、答题情况，对照第一部分"学习目标"，如目标达成，请在括号内用"√"表示。

表附录 – 6　自我评价表

学习目标	课前学习	课堂合作	思维突破	基础训练	目标是否达成
目标1：理解公正司法的内涵、表现，领悟公正司法对维护社会公平正义和公民权益具有重要意义，在日常生活中自觉做到尊法、学法、守法、用法，增强法治观念，树立法治意识	任务1	议题1	思维训练1、2	基础训练1、2	
目标2：掌握推进公正司法的具体要求，并认同公正司法是全面依法治国的基本要求		议题2	思维训练3、4、5	基础训练3、4、5	

参考文献

一、专著

[1] 何克抗. 信息技术与课程深层次整合理论 [M]. 北京：北京师范大学出版社，2008.

[2] 何克抗，吴娟. 信息技术与课程整合 [M]. 北京：高等教育出版社，2015.

[3] 何克抗，吴娟. 信息技术与课程整合：信息技术与课程深度融合的理论与实践 [M]. 2版. 北京：高等教育出版社，2019.

[4] 王奕标. 透视翻转课堂：互联网时代的智慧教育 [M]. 广州：广东教育出版社，2016.

[5] 田爱丽. 基础教育慕课与翻转课堂教学理论和实践 [M]. 上海：华东师范大学出版社，2016.

[6] 郝琦蕾. 信息化时代少教多学模式的发展研究 [M]. 北京：科学出版社，2017.

[7] 袁闽湘，吕晓花. 自主课堂"生态化"重构 [M]. 南京：江苏人民出版社，2015.

[8] 袁闽湘. 爱是教育的灵魂 [M]. 北京：北京师范大学出版社，2017.

[9] 于鹏，陈三军，倪小伟，等. 云智能教育探索 [M]. 北京：电子工业出版社，2017.

[10] 吴鼎福，诸文蔚. 教育生态学 [M]. 南京：江苏教育出版社，2000.

[11] 贲友林. 贲友林与学为中心数学课堂 [M]. 北京：北京师范大学出版社，2016.

[12] 吴立岗. 教学的原理、模式与活动 [M]. 南宁：广西教育出版社，1998.

[13] 余文森. 核心素养导向的课堂教学 [M]. 上海：上海教育出版社，2017.

[14] 徐世贵. 怎样听课评课 [M]. 辽宁：辽宁民族出版社，2000.

[15] 陈玲，刘禹. 跨越式实现高效课堂 [M]. 南京：江苏教育出版社，2011.

[16] 裴娣娜. 教学论 [M]. 北京：教育科学出版社，2012.

［17］皮连生．学与教的心理学［M］．上海：华东师范大学出版社，2009．

［18］李秉德．教学论［M］．北京：人民教育出版社，1991．

［19］闫寒冰．学习过程设计：信息技术与课程整合的视角［M］．北京：教育科学出版社，2005．

［20］张海晨．高效课堂导学案设计［M］．山东：山东文艺出版社，2010．

［21］赵加琛，张成菊．学案教学设计［M］．北京：中国轻工业出版社，2009．

［22］邓锐．慕名而来，课不容缓：慕课建设与教学实践［M］．北京：电子工业出版社，2016．

［23］王绪溢．数字时代的学与教：给教师的建议40讲［M］．长春：东北师范大学出版社，2019．

［24］乔爱玲．翻转课堂教学［M］．北京：高等教育出版社，2019．

［25］郭元祥．深度教学：促进学生素养发育的教学变革［M］．福州：福建教育出版社，2021．

［26］刘月霞，郭华．深度学习：走向核心素养（理论普及读本）［M］．北京：教育科学出版社，2019．

［27］孙双金，等．为素养而教：深度学习的实施策略［M］．南京：江苏凤凰教育出版社，2019．

［28］司马术云．"议题式翻转课堂"导与学：政治与法治［M］．广州：广东高等教育出版社，2021．

［29］中华人民共和国教育部．普通高中思想政治课程标准（2017年版2020年修订）［S］．北京：人民教育出版社，2020．

［30］中华人民共和国教育部．普通高中思想政治课程标准（2017年版）［S］．北京：人民教育出版社，2018．

［31］郑葳．学习共同体［M］．北京：教育科学出版社，2007．

二、期刊

［1］何克抗．如何实现信息技术与教育的"深度融合"［J］．课程·教材·教法，2014（2）．

［2］何克抗．学习"教育信息化十年发展规划"：对"信息技术与教育深度融合"的解读［J］．中国电化教育，2012（12）．

［3］何克抗．如何实现信息技术与学科教学的"深度融合"［J］．教育研究，2017（10）．

［4］张雪莹．"慧学云"平台在高中化学教学中的应用［J］．中国现代教育装备，2017（2）．

［5］李晓红．新兴的教学平台："慧学云"［J］．中国现代教育装备，2016（4）．

［6］王海英．"慧学云"翻转课堂走向简单的学习：高中物理翻转课堂教学研究［J］．中国现代教育装备，2016（2）．

［7］李运林．论教育与信息·信息技术：四论"信息化教育"兼解读"信息技术对

教育发展有革命性影响［J］．电化教育研究，2013（3）．

［8］于翠翠．信息技术驱动的课堂教学结构变革［J］．课程教材教法，2018，38（3）．

［9］李克东．数字化学习（上）：信息技术与课程整合的核心［J］．电化教育研究，2001（8）．

［10］杨宗凯，杨浩，吴砥．论信息技术与当代教育的深度融合［J］．教育研究，2014（3）．

［11］解文明，欧少闽．信息技术与教学深度融合实践：以大学英语教学为例［J］．中国医学教育技术，2014，28（1）．

［12］唐敏，黄彦新．基于贝罗传播模式的中学有机化学教学设计［J］．化学教育，2016，37（23）．

［13］吴晗清，孙目．生态学视域下"生态课堂"的构建［J］．教育理论与实践，2017（2）．

［14］王一帆，王东东．教育生态学视角下高校生态课堂的构建［J］．阜阳师范学院学报（社会科学版），2019（6）．

［15］邵迎春．高中思政课堂生态系统特征及教学对策［J］．中学政治教学参考，2021（7）．

［16］孙芙蓉，谢利民．国外课堂生态研究述评［J］．外国中小学教育，2006（4）．

［17］袁闽湘．生态教育激扬生命［J］．课程教学研究，2012（9）．

［18］荆婷．高校生态课堂的要义与建构研究［J］．黑龙江科学，2020，11（5）．

［19］祝智庭，彭红超．深度学习：智慧教育的核心支柱［J］．中国教育学刊，2017（5）．

［20］骆霞．描绘政治课堂的"微笑曲线"，提高课堂附加值［J］．思想政治课研究，2017（2）．

［21］骆霞．信息技术与情境探究教学整合：培养学生政治核心素养的基本路径［J］．中学政治教学参考，2017（2）．

［22］林华．信息技术助推思想政治课堂上的深度学习［J］．中小学数字化教学，2019（6）．

［23］沈雪春．显性与隐性相统一的议题式教学双重架构模式探析［J］．中小学德育，2021（2）．

［24］钟启泉．从"知识本位"转向"素养本位"：课程改革的挑战性课题［J］．基础教育课程，2021（11）．

［25］李克东．信息技术与课程整合的目标和方法［J］．中小学信息技术教育，2002（4）．

［26］曾燕．命题精益求精，讲题入木三分：学生"命题+讲题"模式在高三政治复习备考中的实践与思考［J］．课程教育研究，2017（31）．

［27］骆霞．思想政治综合探究课教学实践与反思［J］．广州教学研究，2011（10）．

[28] 骆霞, 王红军.《坚持党的领导、人民当家作主、依法治国有机统一》教学设计及点评[J]. 教学月刊（教学参考版），2021（1-2）.

[29] 骆霞. 在线翻转思政课堂培育学生核心素养的探索：以《坚持党对一切工作的领导》为例[J]. 师道：教研，2020（5）.

[30] 骆霞. 在线翻转课堂议题式教学培育学生核心素养的探索[J]. 思想政治课研究，2020（3）.

[31] 骆霞.《政治生活》和法治意识[J]. 思想政治课教学，2017（5）.

[32] 逯行, 李芒, 贾楠, 等. 全网络空间在线翻转课堂的设计与实现：以北京四中网校在线翻转课堂试验为例[J]. 数字教育，2016（2）.

[33] 张治, 李永智. 迈进学校3.0时代：未来学校进化的趋势及动力探析[J]. 开放教育研究，2017，23（4）.

[34] 蔡宝来. 人工智能赋能课堂革命：实质与理念[J]. 教育发展研究，2019，39（2）.

[35] 黄艳. 信息技术促进教育变革的原理及作用点探析[J]. 中国校外教育，2017（1）.

[36] 王波. 教师如何适应"信息技术与课程深度融合"的大趋势[J]. 中小学电教，2015（6）.

[37] 唐烨伟, 庞敬文, 钟绍春, 等. 信息技术环境下智慧课堂构建方法及案例研究[J]. 中国电化教育，2014（11）.

[38] 江思容. 技术隐身教育凸显[J]. 楚天教论，2017（1）.

[39] 商得远. 信息技术与语文教学深度融合的探索[J]. 广西教育，2017（6）.

[40] 梁建国. 生态课堂视阈中值得反思的教师行为[J]. 教育艺术，2015（12）.

[41] 沙卫, 姚巍. 浅谈课堂观察视角的选择[J]. 广东教育（高中），2015（11）.

[42] 李宏军, 徐世成. 冲出圈子, 走出围城：信息技术与学科融合的方向[J]. 中小学电教，2017（3）.

[43] 雷洪峰, 窦宗玥. 建立微信移动在线教学体系的思考和探索[J]. 北京教育（高教版），2018（5）.

[44] 罗礼进. 传统课堂与微课相融合的大学物理翻转课堂教学模式的研究[J]. 教育现代化，2019（36）.

[45] 刘振天, 刘强. 在线教学如何助力高校课堂革命？[J]. 华东师范大学学报（教育科学版），2020（7）.

[46] 张其标, 曹文慧. 基于"钉钉群直播"打造高效在线课堂的应用实践探究[J]. 中国教育信息化，2020（8）.

[47] 张伟丽."互联网+"钉钉远程教学模式探索[J]. 教育，2020（6）.

[48] 钟志贤, 杨蕾. 21世纪的教育技术：走进教育信息化——华东师范大学祝智庭教授访谈[J]. 中国电化教育，2002（3）.

[49] 南国农. 教育信息化建设的几个理论和实际问题（上）[J]. 电化教育研究，2002（11）.

[50] 余胜泉. 信息技信息技术与课程整合的目标与策略[J]. 人民教育，2002（2）.

[51] 余胜泉,马宁. 论教学结构——答邱崇光先生 [J]. 电化教育研究,2003 (6).

[52] 吴晗清. 新课改以来我国教学模式研究及对它的思考 [J]. 教育导刊,2009 (3).

[53] 陈凤燕. "翻转课堂":信息技术与教育的深度融合 [J]. 教育评论,2004 (6).

三、报纸

[1] 陈宝生. 努力办好人民满意的教育 [N]. 人民日报,2017 - 09 - 08 (7).

[2] 任永生. 用"课堂革命"撬动基础教育人才培养改革 [N]. 中国教师报,2017 - 10 - 11.

[3] 王红顺. 课堂革命的新契机 [N]. 中国教师报,2020 - 02 - 26.

四、论文

[1] 陈怡. 基于混合学习的翻转课堂教学设计与应用研究 [D]. 华中师范大学,2014.

[2] 叶晓辉. 基于 Blackboard 平台的适时教学模式构建与应用研究 [D]. 西南大学,2012.

[3] 李智清. 翻转课堂教学模式在高中数学教学中的实验研究 [D]. 云南师范大学,2017.

[4] 叶新东. 未来课堂环境下的可视化教学研究 [D]. 华东师范大学,2014.

[5] 陈海花. 新课改背景下信息技术与高中生物课程整合的实证研究 [D]. 内蒙古师范大学,2011.

[6] 李薇. 微信平台在初中英语教学中的应用研究 [D]. 上海师范大学,2018.

[7] 薛舒文. 微信公众平台在初中生数学课外自主学习中的应用研究 [D]. 沈阳师范大学,2018.

后记：向幸福再出发

本书是我主持广州市教育科学"十二五"规划 2015 年度课题"教育信息技术与高中政治学科教学有效整合的实践研究"（编号：1201542848）、2019 年广州市教学成果培育项目"教育信息技术与思想政治课教学融合的生态课堂模式"（编号：201982209）和广东省教育科学"十三五"规划 2020 年度"强师工程"项目"云智能翻转课堂促进思想政治课深度学习的实践研究"（课题批准号：2020YQJK025）的研究成果。

研究"教育信息技术与高中思想政治教学融合"是我在成为广州市中小学新一轮"百千万人才培养工程"第二批名教师培养对象、广州市中小学新一轮"百千万人才培养工程"第四批教育专家培养对象后的课题研究考核作业。

广州市中小学新一轮"百千万人才培养工程"从 2012 年启动。2014 年 3 月，袁闽湘校长推荐我申报广州市中小学新一轮"百千万人才培养工程"第二批名教师培养对象，非常幸运通过遴选入围。2019 年 9 月，曾丽芬校长推荐我申报广州市中小学新一轮"百千万人才培养工程"第四批教育专家培养对象，非常幸运通过遴选入围。早在 2020 年第四批教育专家培养对象名单公布后，我就积极申报广东省教育科学"十三五"规划 2020 年度"强师工程"项目，顺利通过立项。

第二批名教师培养对象的培训团队是华南师范大学基础教育培训与研究院。我所在的文科三班高中政治组的理论导师华南师范大学邝丽湛教授、实践导师广州市黄埔区开元学校陈祖力常务副校长对我们关爱有加、倾囊相授，令我收获很大。

四年多时间 12 次集中学习，聆听专家讲座约 40 场，讲座涉及教育、科研、文化、课程、课改等多个领域。在北京大学培训学习两周，学习了 21 门课程，课程涉及大数据与移动互联网数字化学习、国学、课堂教学、课改政策、学校团队建设、国际安全新形势、领导科学等方面的前沿热点和形势分析。在培训学习中,我了解了国家课程改革,更新了教育教学理念,对突破新时代教育教学中的一些"瓶颈"问题,提供新的解决思路与方法。尤其是信息技术和课程教学的融合发展是我比较关注的话题。

第四批教育专家培养对象培训团队是华南师范大学教师教育学部,2021年第一期集中学习期间,共听专家讲座多场,这些讲座涉及教育家专业发展、课堂教学范式、德育意识和能力、科研课题、育人方式改革、课程与教学改革、心理健康和基础教育高质量发展政策解读等多个领域。这些讲座为我的教育科学理论注入了源头活水,让我了解了国家的课程改革和相关政策。

邝丽湛教授鼓励学员申报课题。2015年5月,我结合校情以及信息技术和课程融合的教学实践,起草课题申报书,幸运地通过立项。我主持的广州市教育科学"十二五"规划课题"教育信息技术与高中政治学科教学有效整合的实践研究"于2015年11月立项(实验学校除我校外,还有广州市第八十六中学、广州市从化区流溪中学、广州市从化区第五中学),2018年7月通过验收结题。本研究积极开展"信息技术与高中思想政治教学融合的生态课堂教学模式"探索实践,"生态课堂模式"作为广州市课堂教学五大新模式之一,被编入由广东教育出版社出版的新坐标丛书《课堂教学新模式》中重点推介。该课题研究结题后,我申报的"教育信息技术与思想政治课教学融合的生态课堂模式"获广州市白云区首届教育教学(基础教育)成果奖一等奖、广州市教学成果奖,被遴选为2019年广州市教学成果培育项目。项目实验学校除课题研究的实验学校外,新增广州市第六十五中学。

随着信息技术的广泛应用,智慧课堂成为信息化教学的热点问题。为了持续进行信息技术和课程融合的教学实践,加深课题研究,我申报并立项了广东省教育科学"十三五"规划2020年度"强师工程"项目"云智能翻转课堂促进思想政治课深度学习的实践研究"。在前期课题研究和广州市教学成果培育项目研究的基础上不断完善、深化,又增加了广东华侨中学、广东广雅中学、广州彭加木纪念中学、广州市天河外国语学校、广州市第二中学和广东外语外贸大学实验中学等实验学校,积极实验、推广、检验教学成果和省课题研究成果。

2009年12月,我带领课题组成员积极开展学校"生态课堂"教学模式实践,致力于思想政治学科教学研究。从2015年9月开始,在信息化教学的背景下,结合我校学生和高中思想政治学科的特点,开展了高中思政课教学改革实践,创设和完善了"信息技术与高中思想政治教学融合的生态课堂模式"。

  "生态课堂"经过十几年的艰难探索，经历了以"学、议、展、导、用"课堂模式为代表的1.0版本和以"问题驱动、情境商议、互动探究"为课堂基本要求的2.0版本，目前走向线上线下高度融合、学生学习自由自主的3.0版本，即翻转课堂议题式教学模式。

  回想课题研究和教学成果项目研究的这几年，研究过程着实艰辛，成果也颇为丰厚。写作此书，从目录、提纲到定稿，几易其稿。尤其是2017年，在我40岁高龄生育了二孩以后，常常待到小儿晚上熟睡之后才能在电脑上码字。2018年夏天，课题"教育信息技术与高中政治学科教学有效整合的实践研究"结题，初稿完成。在课题研究中，我取得多项成果。2018年11月，课题研究成果"教育信息技术与思想政治课教学融合的生态课堂模式"获广州市白云区首届教育教学（基础教育）成果奖一等奖，我受邀在白云区科研年会中作汇报交流。2019年5月，该成果获得广州市教学成果奖。2019年12月，该成果获得广东省第30届教育创新成果奖三等奖。2021年12月，课题研究成果"云智能翻转课堂促进思想政治课深度学习的实践研究"获广东省第32届教育创新成果三等奖。初稿完成时，高中思想政治新课程标准刚颁布不久，统编新教材还没有启用。书稿在后续的教学成果培育项目和省课题研究中不断修改和完善，增加了统编新教材课例和最新研究成果，历经五年时间终于完稿。

  在写作过程中，我参考了不少专家学者的资料，主要引用了何克抗教授、吴娟副教授、袁闽湘校长、吕晓花老师、王奕标老师、黎加厚教授、刘月霞副主任、郭华教授的观点，在此向他们表示由衷的感谢。

  本书得以顺利出版得到不少专家学者的悉心指导，我要特别感谢华南师范大学邝丽湛教授对我的关心和指导。我在华南师范大学本科学习期间，邝教授是我非常敬重的授课老师。2013年，我在毕业12年后的一次教学研讨活动中见到邝教授，她居然能够认出我，鼓励我努力工作争取入选"百千万人才培养工程"名教师培养对象。2014年，我有幸入选了"百千万人才培养工程"名教师培养对象，能够在邝教授的教导下不断成长。正是在她的关心支持和提议下，我开始利用业余时间写作此书。

  感谢邝丽湛教授对我的课题研究书稿写作进行了细致入微的指导。特别是邝教授父亲病重期间，她一边照顾父亲，一边对我的书稿目录、框架设计和正文提出了修改意见和建议，并在华南师范大学教工俱乐部会见我，面对面和我交流看法。邝教授还帮我联系广东高等教育出版社洽谈出版事宜，让我感动。邝教授为了一线教师出书，真的是劳心劳力。在此，我向邝教授表示衷心的感谢和深深的敬意。

  在书稿出版之际，我要感谢袁闽湘校长、曾丽芬校长、陈祖力校长对我的关心和帮助。特别感谢华南师范大学教育信息技术学院副院长胡小勇教授、华南师范大学哲学与社会发展学院何亮副教授、广州市第七中学正高级老师陈吉君为此书作序。感谢华南师范大学教育信息技术学院博士生曹宇星对书稿修改提出的中肯建议。感谢广东高等教育出版社管晓芹编辑的辛勤付出,五年来她一如既往地对本书的出版给予关心帮助和指导,给我许多启发和建议,历经数次订正审校后使得书稿得以面世。

感谢广州市白云区教育研究院王应江老师、李小平老师对我的关心、支持,以及在书稿撰写过程中对我的帮助。感谢从 2015 年至今和我一起参与研究的课题组、项目组成员们的付出和努力,感谢他们提供的公开课教学设计和教学实录视频。

感谢我的先生孙涛老师。没有孙老师的支持和关爱,我不可能专心工作,耐心写作。没有孙老师一如既往的鼓励和承担家庭事务,这本书不可能得以出版。

这些年的培训让我在教育科研和教学方面有了较大的发展和收获,让我有了新的奋斗方向,向幸福再出发,不忘初心,砥砺前行。教书育人工作的罗盘指引我走向幸福的彼岸。

从 2015 年开始至今六年半时间里,我边实验边研究边写作,书稿虽先后修改了数次,但难免还有不足之处,衷心希望能够得到同行和读者的批评指正,将在后续研究中不断修订。

骆 霞
2021 年 12 月